KATKIDA BULUNANLAR

Yazarlar hakkında

Hollanda doğumlu **Remmert Wielinga**, 12 yaşında başladığı bisiklet sporunda Tour de France da dâhil olmak üzere pek çok uluslararası yarışı tamamlamış eski bir profesyonel bisikletçidir. 1999 yılında Hollanda ulusal turnuvasında zamana karşı yapılan yarışları kazanmıştır. Ertesi yıl *Rabobank Continental* takımına katılarak zaferini ulusal turnuvalarda tekrarlamıştır. 2001 yılında ilk profesyonel anlaşmasını İtalyan bisiklet takımı *De Nardi-Pasta Montegrappa* ile imzalayan Wielinga, burada fiziksel egzersiz ve kondisyon tutma konularında devrim niteliğinde yöntemler öğrendi. Profesyonel kariyeri boyunca *Rabobank, Quick-step* ve *Saunier Duval* gibi dünyaca ünlü takımlar adına yarışan Wielinga, dünyanın tanınmış bisiklet sporcularıyla birlikte pedal bastı ve yarıştı. 2003 yılında İspanya'da iki yarış kazandı ve 2006 yılında İsviçre'deki GP Chiasso'da ikinciyle arasını 150 km (93 mil) açarak etkileyici bir birincilik aldı. Remmert halen özel kişisel koçluk hizmetleri veren *Cycling Promotions* (www.cyclingpromotions.mc) adlı şirketini de yönettiği Monaco'da yaşamaktadır.

Paul Cowcher, önceden profesyonel bir dansçı (Londra'nın batı yakasında müzikaller ve turneler) olarak sürdürdüğü kariyerinin ardından, 2001 yılından beri sağlık ve fitness endüstrisinde çalışmaktadır. Dans kariyeri bittikten sonra, dans ile spor ve bilim arasında birçok benzerlik olduğunu fark etti. Gelişmiş teknikler öğretmeni olarak çalışmış, (CYQ), Pilates yer hareketleri (More Fitness) gibi eğitmenlikler yapmıştır ve fitness ile dans alanlarında 10'dan fazla eğitmenlik sertifikası bulunmaktadır. Halen kişisel eğitmen olarak çalışmaktadır.

Tommaso Bernabei, Londra Metropolitan Üniversitesinden mezun olmuştur ve televizyon yazarlığı ile roman dışı türlerde yazarlık yapmaktadır. Televizyondaki deneyimi, İtalyan yemek programlarıyla birlikte çalışma olanağı sağlamış ve ona spor beslenmesi dünyasının kapılarını açmıştır. Şu anda bir İtalyan yüzme kulübünün diyet planlama uzmanlığını yapmakta ve spor beslenmesi tarifleri içeren bir kitap yazmaktadır.

Kees Wielinga'ya teşekkürler...

Fotoğraflar

iStockphoto.com ve jacket, p18 Fabian-serwis – www.wikimedia.org. p18 Qw345 – www.wikimedia.org. p18, p57 Paul Chessare – http://www.generalatomic.us. p22, p156 David Ritter – www.sxc.hu. p22 Cienpies Design – http://www.cienpies.net, www.sxc.hu. p22 Ramasamy Chidambaram – www.studiosrishti.com, www.sxc.hu. p43 TJBlackwell – www.wikimedia.org. p47 Horemu – www.wikimedia.org. p53 Becky Brandt – http://brandt-photography.com, www.sxc.hu. p59 ve p60 Press Association Images. p88 John Evans – www.thetippingpoint.co.uk, www.sxc.hu. p88 Scott Moore – www.typer.ca/~sgm, www.sxc.hu. p88 Wojtek Mysliwiec – www.highteckstudios.com, www.sxc.hu. p117 Jonathan Ruchti, İsviçre – www.sxc.hu. p117 Lukas – www.blogonade.de – www.sxc.hu. p117 Jonathan Ruchti, İsviçre – www.sxc.hu. p120 Pedro Simao – www.editae.com.br, www.sxc.hu. p120 Rob Owen-Wahl – www.LockStockPhotography.com, www.sxc.hu. p120 Agata Urbaniak – www.xero.prv.pl, www.sxc.hu. p124 Ove Tøpfer – www.pixelmaster.no, www.sxc.hu. p124 Ove Tøpfer – www.pixelmaster.no, www.sxc.hu. p124 Emre Nacigil – www.atolyekusadasi.com, www.sxc.hu. p128 Anna H-G – www.sxc.hu. p128 Alaa Hamed – users2.titanichost.com/alaasafei, www.sxc.hu. p128 Gunnar Brink – www.sxc.hu. p135 Rob Owen-Wahl – www.LockStockPhotography.com, www.sxc.hu. p136 Kliverap – www.sxc.hu. p136 Brandon Kettle – www.sxc.hu. p136 Johan Bolhuis – www.natuurarts.nl, www.sxc.hu. p137 Pedro Simao – www.editae.com.br, www.sxc.hu. p137 Michael Grunow – www.sxc.hu. p137 Monika M – www.sxc.hu. p145 Guenter M. Kirchweger – www.redfloor.at, www.sxc.hu. p145 Jimmy Lemon – www.jlproductions.co.uk, www.sxc.hu. p145 Torli Roberts – www.sxc.hu. p155 Nils N Kristensen – www.oadata.dk, www.sxc.hu. p155 Mateusz Kapciak – magic.4.pl, www.sxc.hu. p156 Iwan Beijes – www.beijesweb.nl www.sxc.hu. p156 Richard Dudley – www.bluegumgraphics.com.au, www.sxc.hu. p158 Andreas Just – www.justus-art.com, www.sxc.hu. p158 Gavinmusic – www.streetwisepimp.com, www.sxc.hu. p158 Cezary Porycki – wpw.24.pl, www.sxc.hu. Notepad graphic Davide Guglielmo – www.broken-arts.com, www.sxc.hu. Diğer metinler Dan Cross.

Remmert Wielinga, Paul Cowcher ve Tommaso Bernabei

Russell Murphy, Daniel Ford, Remmert Wielinga ve Dan Cross

Türkçesi: Cüneyt Halu

İçindekiler

- **9** giriş
- **10 temel bilgiler**
  - 12 Başlarken
  - 15 Hız artırmak için hazırlanmak
  - 17 Depar hakkında daha fazla bilgi
  - 20 Güç ve hız
  - 22 Antrenmana ilişkin temel ilkeler
  - 24 Uyku, beslenme ve sıvı alımı
  - 26 Malzeme
- **34 teknik ve taktik**
  - 37 Temel bilgiler
  - 38 Akıcı pedal devri
  - 42 Rüzgârına girmek (Drafting)
  - 46 Tepe tırmanışı (Yokuş çıkma)
  - 50 Dönüşler
  - 52 Yokuş aşağı
  - 56 Yağmur ve nemli hava
  - 60 Rüzgârlı hava
- **62 kondisyon ve antrenman**
  - 65 Temel bilgiler
  - 68 Anaerobik eşik
  - 71 Dayanıklılık antrenmanı
  - 74 Hız ve güç için yapılacak antrenmanlar
  - 76 Aşırı antrenman ve aşırı zorlanma
  - 79 Esneme hareketleri
  - 80 Esneme – oturarak gövdeyi yana açma
  - 81 Esneme – öne eğilme
  - 82 Esneme – baldır
  - 83 Esneme – (oturarak) iç bacak kasları
- **84 çapraz antrenman**
  - 86 Temel bilgiler
  - 90 Bacaklar – çömelme
  - 91 Bacaklar – öne hamle
  - 92 Bacaklar – diz bükme
  - 93 Bacaklar – basamak çıkma
  - 94 Bacaklar – baldır çalıştırma
  - 95 Bacaklar – sıçramalı çömelme
  - 96 Omuzlar – omuz press
  - 97 Omuzlar – rotator manşon
  - 98 Sırt – öne doğru eğilerek kürek hareketi
  - 99 Göğüs – şınav
  - 100 Kollar – biceps (pazu) bükme
  - 101 Kollar – triceps (arka kol)
  - 102 Gövde – (plank) kalas duruşu
  - 103 Gövde – yan cephe duruşu
  - 104 Gövde – mekik
  - 105 Gövde – omuz köprüsü
  - 106 Gövde – çakı duruşu
  - 107 Gövde – ters mekik
  - 108 Sırt - ters mekik
  - 109 Kuvvet antrenman programı – yeni başlayanlar için
  - 110 Kuvvet antrenman programı – orta seviye için
  - 111 Kuvvet antrenman programı – ileri seviye için
- **112 beslenme**
  - 114 Temel bilgiler
  - 116 Beslenme alışkanlıklarınızı gözden geçirin
  - 119 Karbonhidratlar
  - 122 Proteinler
  - 126 Yağlar
  - 130 Sıvılar
  - 132 Yarış öncesi ve sonrası için beslenme planı
  - 136 Tarifler
- **138 antrenman programları**
  - 140 Temel bilgiler
  - 146 Antrenman yoğunluk seviyeleri
  - 150 Antrenman programları

Giriş

Bu kitabın içinde, bisiklet sporuyla geçirdikleri zamanı ve duydukları hazzı geliştirmek isteyen tüm bisikletçiler için zengin bilgiler bulunmaktadır. Bisiklet sporundan en yüksek verimin elde edilebilmesi için, sele üzerinde geçirdiğim uzun yıllar boyunca öğrendiklerimi aktarmak istiyor ve bunu ileriki sayfalarda başarabilmeyi umuyorum.

Pek çok bisikletçi performanslarını geliştirmeye çalışırken bir yerlerde takılır; çünkü gerekli bilgilere erişimleri yoktur. Internet bisikletle ilgili konularda sonsuz bir bilgi kaynağıdır; ancak daha iyi bir bisikletçi olabilmeniz için ihtiyaç duyduğunuz tüm unsurları toplayıp birleştirmek genelde zordur.

Bu kitabın öğretici olması amaçlanmış, yollarda geçen yıllar boyunca edinilmiş pratik bilgiler üzerine kurulmuş detaylı bilgiler ve ipuçları verilmiştir. Konuları basit ve yalın tutarak aşırı "bilimsel" bilgilerden kaçınmaya odaklandım ama burada anlatılan her şeyin sağlam bir altyapısı vardır ve bisiklet konusunda uzun saatler süren araştırmalar sonucunda derlenmiş verilerden oluşmaktadır.

Bu kitap, profesyonel bisiklet kariyerim ve koçluk zamanlarım boyunca edindiğim bütün deneyimleri size aktarmakta, bunun yanı sıra bu sporda nelerin gerekli olduğunu daha iyi anlamanız için ihtiyaç duyacaklarınızı anlatmaktadır. İster yeni başlayan bir gönüllü, ister daha deneyimli bir yarışçı, isterseniz sadece vücudunu biraz forma sokmak isteyen bir sağlık delisi olun, bu kitabın bisiklet performansınızı geliştirmek için gerek duyduğunuz ana becerilere odaklandığını ve kişisel hedeflerinizle uyumlu ilerlemenize faydalı olacağını göreceksiniz.

Birinci bölüm bisiklet sporunun temellerine ayrılmıştır; çünkü yollara düşmeden önce bu spor hakkında basit bir bilgi birikiminizin olması her zaman için önemlidir.

Daha sonra bisiklet tekniklerinin gerçek dünyasına geçeceğiz ve açık, net, görsel bir yöntem izleyeceğiz. Belli bazı becerilerde ve tekniklerde ustalaşmak tüm bisikletçilerin yapması gereken bir şeydir ve bunların arasında düzgün bir pedal basışı, önünüzde giden bisikletin hava akımından faydalanmak, yokuş yukarı çıkmak, yokuş aşağı gitmek ve viraj dönmenin yanı sıra soğuk ya da yağmurlu havalarda veya rüzgâra karşı bisiklete binmek de vardır.

Sonra başlıca antrenman becerilerini özetleyen ve dayanıklılık ya da antrenman çalışmalarınız için size temel oluşturacak olan bir bölüm gelmektedir. Bisiklet konusunda hedefleriniz ne olursa olsun, bu yöntemlerin ve eğitimlerin meyvelerini çok geçmeden toplayacaksınız.

Bir sonraki bölüm, bisiklet konusunda ciddi bir çalışma yapmak isteyen herkesin antrenman programında vazgeçilmez bir kısım olan cross-training çalışmasına ayrılmıştır.

Daha sonra beslenme ile ilgili olarak bilmeniz gereken tüm bilgilerin verildiği, diyet stratejilerini nasıl verimli şekilde uygulayabileceğiniz konusunda ipuçlarının olduğu bölüm gelmektedir.

En son gelen ama önemli olan başka bir bölümde de, yollarda bisiklete binenler için çok ayrıntılı bir antrenman programının tanımı verilmektedir. Burada özel antrenman yöntemleri ve eğitim tekniklerini hayata geçirmek konusunda detaylı profesyonel bilgiler verilmiştir.

Bütün bu bilgiler, bisiklet sporuna zaman ve enerji ayırdığınız takdirde, performansınızı artırmanız için temel bir çalışma tabanı oluşturacaktır. Hepimizin inanılmaz sportif becerileri vardır ve sıkı, disiplinli bir çalışmayla potansiyelimizi açığa çıkarabiliriz.

Kendinizi adamanız, bu kitapta özeti verilen doğru teknikler ve antrenman ipuçlarıyla birleşince, bisiklet sporunda başarıyı yakalamanıza yardımcı olacaktır. Keyifli bir şekilde okumanızı, bisiklet antrenmanlarımızın eğlenceli geçmesini ve bu harika sporda daha büyük başarılar elde etmenizi dilerim.

Remmert Wielinga
Temmuz 2010

temel bilgiler

// HIZINIZI ARTIRMA
// ANTRENMAN PRENSİPLERİ
// UYKU, BESİN VE SIVI ALIMI

TEMEL BİLGİLER

Başlarken

Kendinizi tanıyın ve sınırlarınızı bilin. Güçlü ve zayıf yönlerinizi iyi kavrayın. Eğer zayıf bir kısa mesafe yarışçısıysanız, hızınızı geliştirmek için pistte zaman harcamaya gönüllü olabilir misiniz? Eğer yokuş çıkma kapasitenizi geliştirmeyi arzu ediyorsanız, tepelik ve dağlık bölgelerde düzenli olarak antrenman yapma imkânınız olur mu?

Motivasyonunuzu yüksek tutun ve kendinize amaçlar, hedefler koyun. Fiziksel ve teknik yönlerinin yanı sıra bisiklet sporunun zihinsel tarafı da ilgi gerektirir. Motivasyon, irade, konsantrasyon, endişe ve kararlılık gibi faktörler, bisikletteki isteklerinizi gerçekleştirip gerçekleştiremeyeceğiniz üzerinde çok belirleyici bir rol oynar. Antrenman ve yarış programınızı düzenli takip etmek konusunda motivasyonunuzu sürekli kılmak, doğru amaçlar ve hedefler belirlemekle başlar. Gelecek yarışlarda, bu sezon ve önünüzdeki sezon neleri elde etmeyi amaçlıyorsunuz?

Uygun hedefler seçme tekniği, hedeflerinizi üst düzeye çıkarmanızı ama aynı zamanda gerçekçi olmanızı sağlayacaktır. Her zaman her şeye aşırı hevesli olmak ve hiçbir zaman başarıya ulaşamamak anlamlı değildir. Benzer şekilde, elde edilmesi kolay sonuçlarla her zaman yetinmek de sizi hiçbir yere taşımaz. İsteklerinizle gerçek dünyayı dengelemek, bisiklet kariyerinizde ilerlemek için önemli bir öğrenme sürecidir.

Hedef belirlemek aynı zamanda yarışmanın belli yönleriyle de ilgili olabilir; örneğin bir grubun ortasında bisiklet kullanmayı öğrenmek, depar yarışlarında yer almak ve rakiplerinizle arayı açma konusunda başarı elde etmek gibi. Bu hedefleri sezonun belli bir aşamasında gerçekleştirmek, asıl amaçlarınıza ulaşmak için size güven verebilir.

Bisiklet kariyeriniz boyunca en az bir defa motivasyon eksikliği yaşamış olma ihtimaliniz yüksektir. Bir ya da iki antrenmanı atlamakla yavaş yavaş başlayabilir; ancak giderek ilerleyerek artık bisiklete seyrek binen biri olmanıza kadar gidebilir. Motivasyon kaybına etki edebilecek çok çeşitli faktörler olabilir, örneğin yollarda hayal kırıklığı yaratacak performanslar, özel hayatınızdaki sorunlar, can sıkıntısı, kas ağrıları, hatta zamansızlık bile... Bunları engel olarak değil, sizi zorlayıcı durumlar olarak görün ve hedef koyma tekniğini uygulayın.

- Antrenman programlarınızı planlayın. Antrenman programınızın uygun şekilde planlanması, başarının temelidir. Gerçekçi bir bakış açınız ve sağlam bir stratejiniz olmasını garanti eder. Bir antrenman programını tasarlamanın en önemli yönleri arasında fizyolojik becerileriniz ve tempo düşürme (antrenman hacminizi ve yoğunluğunuzu yavaş yavaş azaltmak), zirveye çıkma (önemli yarışlardan önce maksimum potansiyelinize ulaşmak) ve toparlanma (antrenmanlar ve sezonlar arasında dinlenme) gibi antrenman prensipleriniz bulunur. Bu öğelerin bir antrenman programı oluşturacak şekilde birleştirilmesi sonucu ortaya periyodlama kavramı çıkar. Periyodlama, antrenman ve yarışların uzun vadeli planlanması ve programlanmasıdır ve pek çok değişken içerir; örneğin sıklık (ne kadar "sık" aralıklarla antrenman yaptığınız), süre (bir seferde ne "uzunlukta" antrenman yaptığınız), "hacim" (belli bir hafta ya da döngü boyunca ne kadar "çok" çalıştığınız) ve yoğunluk (belli bir zamanda ne kadar "sıkı" bir antrenman yaptığınız) gibi. Bu değişkenlerden, hedeflediğiniz ana yarış(lar)a yönelik olarak performansınızın zirvesine ulaşmanıza yardımcı olacak bir reçete yaratılır. Nereye doğru gittiğinizi ve oraya nasıl ulaşacağınızı bilin.

TEMEL BİLGİLER

Hız artırmak için hazırlanmak

Birçok dayanıklılık sporunun, fizyolojik beceriler konusunda aşırı gereksinimleri yoktur (mesela maratoncuların hızlı depar atabilmeleri gerekmez). Ancak depar atabiliyor olmak, bisikletteki başarınızda hayati önem taşır.

Hız antrenmanları ile interval antrenmanlar birbiriyle karıştırılmamalıdır. Benzerlikleri vardır; ancak aradaki fark toparlanma süresidir. İnterval antrenmanı, 20 saniyeden birkaç dakikaya kadar uzayabilen süratli koşular ve ardından koşulan sürenin en fazla iki katı uzunluğunda kısa toparlanma süreleri sayesinde aerobik ve anaerobik kapasitenizi geliştirir.

Bu antrenman, tekrar eden aralıklarla yoğunluk seviyenizi sürekli artırmak ve azaltmak yoluyla, yüksek yoğunluklu çalışmalardan sonra toparlanma becerinizi geliştirmeyi amaçlar. Yoğun interval antrenmanı sırasında vücudunuzda yüksek düzeyde laktik asit birikimi olur ve nabzınız bazen maksimum hızının %95-100'üne kadar ulaşır.

Hız antrenmanı, çabukluk ve güç kazanımı için yapılır. Yoğun kısmın uzunluğu 20 saniyeyi aşmamalıdır. Burada önemli olan nabız değil, "hız" ve "maksimum güç" bileşenleridir. Bu tür sürat koşularından sonra, interval süresinin 6 ila 15 katına kadar uzayabilen nispeten uzun bir toparlanma süresi gelmelidir; bu sayede kaslarınızda laktik asit birikmesi olmaz.

Depar atma beceriniz, reaksiyon sürenizden ve hareket sürenizden etkilenir. Reaksiyon süresi, "patlayıcı kuvvet" ile ilgilidir ve ne kadar çabuk hızlanabildiğinizin ölçüsüdür. Bir dürtünün gelmesiyle onun ardından sizin verdiğiniz tepki arasındaki süredir. Örneğin, bir rakibin depara kalktığı andan (dürtü) itibaren sizin depara kalkmanıza kadar geçen zamandır.

Reaksiyon süresi genç yetişkinlerde en iyi seviyededir ve ilerleyen yaşla birlikte giderek yavaşlar. Pratik yaparak belli bir noktaya kadar geliştirilebilir, ama yorulduğunuz zaman kötüleşir. Reaksiyon sürenizi geliştirmenin bir yolu, grup koşularında yer almaktır. Bu çalışma, sizin rakiplerinizin davranışlarına odaklanmanıza yardımcı olur ve gitgide ilerleyerek birisi atağa kalktığı zaman anında tepki verebilmeyi öğrenirsiniz.

Hareket süresi, hareketin başından sonuna kadar olan aralığı tamamlamak için gerekli süredir ve hızınızın tepe noktasıyla (yani depar atarken ulaşabileceğiniz maksimum hızla) ilintilidir. Yolda yapılan bir yarışın sonlarındaki depar genellikle nispeten hızlı bir noktadan başlar (tipik olarak 50 km, yani 31 milden yüksek bir hızla). Bu durumda, hızınızı tepe noktasında koruyabilme beceriniz büyük önem taşır. Peki depara kalkma becerinizi nereye kadar geliştirebilirsiniz?

Tabii ki ilerlemeniz mümkündür; ancak iş, sonunda gelip genetik mirasınıza dayanır: Eğer yüksek oranda (yüzde 50'den fazla) IIb tipi kasa sahip değilseniz (hızlı kasılan/beyaz kaslar), asla tam bir deparcı olamazsınız. I ve IIa (kırmızı) tip kasların aksine, IIb tipi kasların belirgin şekilde gelişme becerisi yoktur (özel antrenman programlarıyla bile). Bisikletin tüm yönlerinde olduğu gibi, elinizde bulunanlardan en iyi şekilde faydalanmanız lazımdır.

TEMEL BİLGİLER

Depar hakkında daha fazla bilgi

Depar atmayı ya seversiniz ya da sevmezsiniz. Bisikletle geçen yıllarınızın başlarında, depar atma kapasitenize güvenip güvenemeyeceğinizi fark edersiniz. Eğer deparınız güçlü değilse, bisikletin dayanıklılıkla ilgili alanlarına konsantre olmayı tercih edebilirsiniz. Bazı bisikletçiler doğuştan şanslı olarak daha fazla hızlı kasılan kas lifine (IIb tipi) sahiptir ve bu sayede üst düzeyde güç üretebilir ve grup deparlarında kendilerine çok güvenli olurlar. Tersine, yavaş kasılan kas lifleri fazla olan bisikletçiler de yorgunluğa çok dayanıklıdırlar ve mükemmel bir dayanıklılık kapasitesi geliştirebilirler. Bir yarışı grup deparının içinde kazanmaktansa, yalnız bitirmeyi tercih ederler.

Ancak depar kritik önem taşır; çünkü pek çok yarış sonuçta gelip bir deparda düğümlenir, ister küçük bir kopuş olsun, isterse yarışın sonunda bir grup deparı olsun... Yine de birçok bisikletçi antrenmanın bu yönüne hiç dikkat etmez. Eğer kazanma şansınızı artırmak için yollar arıyorsanız ya da sadece sürelerinizi iyileştirmek istiyorsanız, haftalık bazda birkaç depar antrenmanı koymak hem kendinize olan güveninizi artıracak hem de depar becerinizi geliştirecektir.

Bir başka faydası da yüksek hızda yarış koordinasyonunuzu ilerletmeniz olacaktır. Bu sayede yarışın kritik anları boyunca yüksek tempolu yarışa adapte olursunuz; örneğin biri atağa kalktığı zaman ya da ana grup yüksek bir hızla ilerlerken çapraz bir rüzgâr grubun kopmasına sebep olduğu zaman...

Depar becerilerinizi, özellikle de tepki sürenizle ilgili yanınızı geliştirmenin bir başka yolu da her yarışta fırsat bulduğunuz her seferde deparlara katılmaktır. Eğer bisiklet sporunda deneyimin faydalı olduğu bir yer varsa, o da depardır. Kariyerinizin ilerideki aşamalarında, gerçekten önemli olacağı zamanlarda aynı hataları tekrarlamamak için, kariyerinizin başlarında yaptığınız yanlışlardan ders almalısınız.

Kopan grup uzaklaşıp gittiyse ve depar atıp zafere ulaşma imkânınız kalmadıysa bile, yarış esnasında her zaman için depar kapasitenizi geliştirme imkânınız vardır (sadece eğlence olsun diye bile yapabilirsiniz). Başka bir gün daha iyi bir konumda olursunuz ve bütün depar deneyiminizi kendi avantajınıza kullanabilirsiniz.

Depar teknikleri

Atağa kalkmak için hazırlık yaptığınızda, ellerinizin gidon üzerindeki konumu çok önemlidir; ellerinizi her zaman gidonun alt kısmına yerleştirin. Böylece vücudunuz aşağı inecek ve aerodinamiğiniz artacaktır. Depara kalktığınız zaman, başlangıcı çok düşük bir hızla yapın, giderek artırın ve seleden kalkarak kollarınızı hafifçe bükün, böylece pedallar üzerinde koşuyor gibi olursunuz.

Bisikletinizi sağa ve sola doğru hafifçe yatırarak gidonu itin ve çekin, bu arada kalçalarınızı da bisikletinizle dik bir şekilde hizalanmış tutmaya odaklanın; böylece vücudunuzun kütlesi pedallar üzerine ağırlık yapacaktır. Gitgide, gücünüz tepe noktasına ulaştıktan sonra hızınız arttıkça, omuzlarınız ileri ve aşağı gitmelidir, bu esnada dirsekleriniz de bükülmelidir; çünkü aerodinamizm bu noktadan itibaren giderek daha çok önem kazanır.

Vites değiştirmek de depara kalkmanın kritik bir yanını oluşturur. Her şeyden önce, zindelik düzeyinizle ve belli bir antrenman periyodu süresince koyduğunuz hedeflerle örtüşmelidir. İkincisi, maksimum güç düzeyinizi artırmayı özel bir hedef olarak koymadıysanız, çok yüksek viteslere çıkmaktan kaçının; çünkü bu aşırı bir güç gerektirir.

Dakikadaki devir sayısını artırdığınızda, daha az kuvvet uygulamaya başlarsınız ve böylece maksimum güç düzeyine daha

TEMEL BİLGİLER

kolay ulaşırsınız. İdeali, dakikada yaklaşık 130 devirdir. Bir yarışın son kilometrelerinde, asıl depardan önce, daha düşük bir viteste gitmek de daha çabuk hızlanmanıza yardımcı olur. Bu gittikçe daha faydalı hale gelir; çünkü bir yarış grubu içinde bir tekerlekten diğerine hamle yapmanız ya da son birkaç kilometrede arayı açma umuduyla gruptan kopan bisikletçilere cevap vermeniz gerekebilir. İki durumda da daha küçük bir vites daha hızlı cevap vermenize veya daha çevik hareketler yapabilmenize imkân tanıyacaktır.

Depar taktiklerinizi geliştirmek

1. Yarıştan önce parkurun haritasını iyice inceleyin, mekânı önceden kendi gözlerinizle görün ve yarışın son 1000 metresine (ya da son 1000 yardaya) özel ilgi gösterin. Rüzgârın yönünü ve uzun yokuşları, virajları ve dar geçitleri kontrol edin. Bir referans noktası belirlemeye çalışın ve o noktadan itibaren atağa kalkıp varış çizgisine kadar aynı tempoyu sürdürebileceğinizden emin olun. Depara kalkmaya hazırlanırken, her zaman için önünüzdeki bisikletçilerin rüzgârına girin.

2. Yarışta son birkaç kilometreye (ya da mile) girildiği zaman, mümkün olduğu kadar ana grubun ardına takılın ve hava boşluğundan faydalanarak rüzgârdan korunun, böylece enerjinizden tasarruf edersiniz. Grubun ön kısmındaki ilk 20-30 bisikletçinin arasında bulunmak önemlidir. Ancak fazla önlere gitmekten de kaçının, diğerleri sizin tekerleklerinizin dibinde kolayca pedal çevirirken siz enerjinizi grubu ileri çekmek için harcamamalısınız, yoksa depar için ihtiyacınız olan enerjiyi hızla tüketirsiniz. Son kilometreye (yarım milden biraz daha uzun bir mesafe) kadar, ana grubun en önündeki bisikletçilerin arkasındaki hava boşluğunda kalmaya odaklanın. Grubun hızını ayarlayan bisikletçilerin ardında kalın; çünkü onlar son deparda sizi ileri taşıyabilecek ideal birer "pilottur."

3. Değinilmesi gereken son nokta, en son deparınızın zamanlamasıdır. Gruptaki en hızlı bacaklara siz sahip olabilirsiniz ama eğer zamanlamanız doğru değilse kazanmanız da garanti olmayacaktır. Sona yaklaşıldıkça, gergin bisikletçiler çok erken depar atarlar ama bunlar hızlarını varış çizgisine kadar koruyamayacaklardır. Bu hataya düşmeyin. Diğer deparcıların arkasında oluşan hava boşluğunda mümkün olduğunca uzun süre kalın, sonra bir boşluk bulun ya da açın ve en sonunda bitişe kadar sürekli götürebileceğinizden emin olduğunuz zaman son atağınıza kalkın. Varış çizgisine kadar sürekli olarak deparınızı devam ettirin ve bitişe ulaşmadan asla pedal basmayı bırakmayın: Siz çizgiyi geçene kadar yarış bitmez!

TEMEL BİLGİLER

Güç ve hız

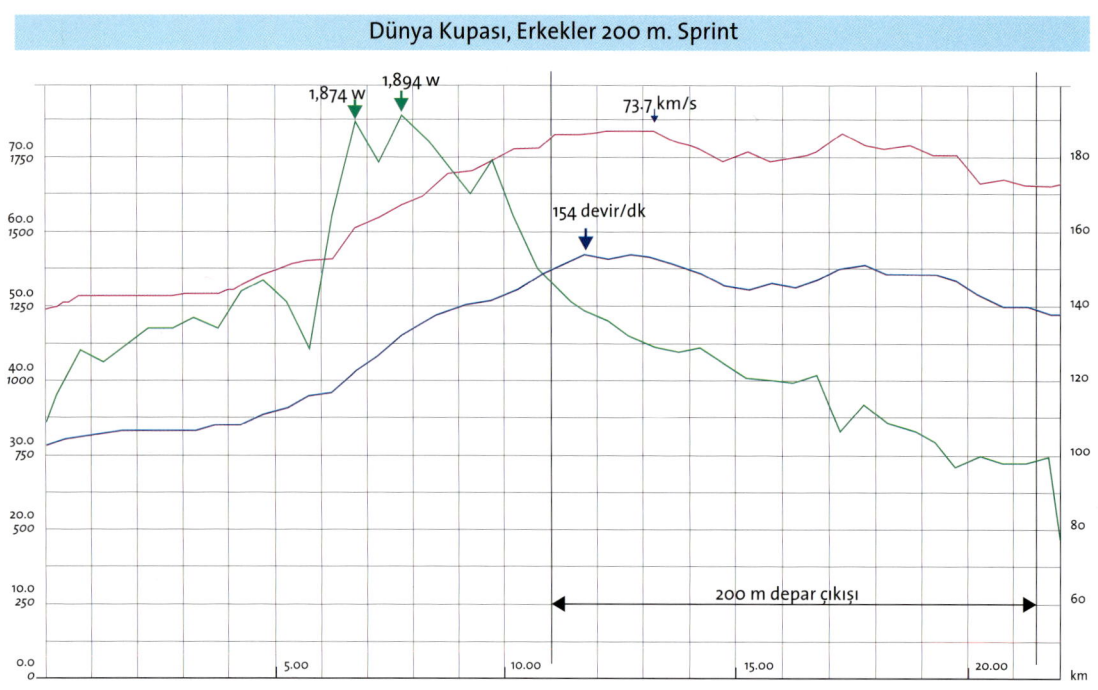

Güç (vat) yeşille • hız (km/s) morla gösterilmiştir.   Tempo (devir/dk) mavi ile gösterilmiştir.

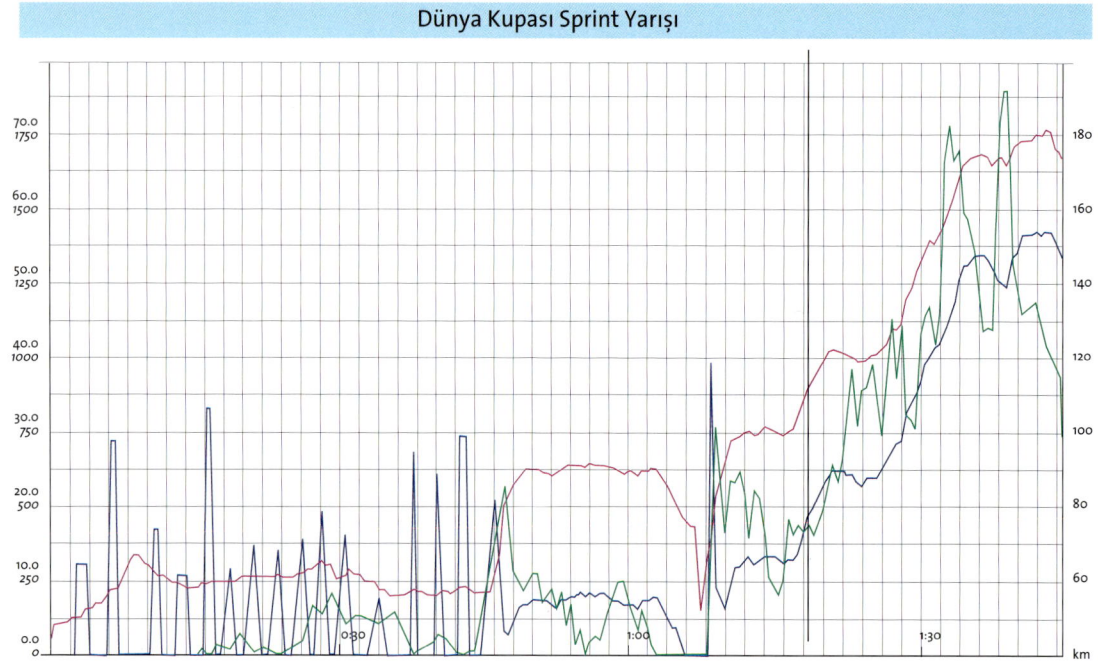

Güç (vat) yeşille • hız (km/s) morla gösterilmiştir.   Tempo (devir/dk) mavi ile gösterilmiştir.

TEMEL BİLGİLER

Erkekler kısa mesafe yarışlarından bir örnek

Bu yarışçılar hangi hızlara ve hangi güç seviyelerine ulaşırlar? Bu dalda Dünya Kupası kazanmış olan bir bisikletçinin dosyasına göz atalım (bu dosya başka bir dünya kupasından alınmış olsa da). Önce, 200 m. sprint ısınma turlarına (karşı sayfada üstteki grafiğe bakın) bakalım.

1. Bu yarışçının aşırı efor sarf etmeye başlamasından varış çizgisine kadar 22 saniye geçmiştir ve bu süre boyunca sporcu ortalama 1184 W güç harcamıştır.

2. Ulaşılan maksimum güç noktası 1894 W olup, bu değere son 200 metre başlangıcından 3,5 saniye önce erişilmiştir.

3. 200 m boyunca ortalama güç 975 W, ortalama hız ise 70,95 km/s (44,09 mil/s) olmuştur.

4. 10,5 saniye süren son 200 m mesafedeki ortalama tempo 148 devirdir. En büyük eforun 200 metrelik kısımdan önce, depara kalkmadan hemen önce hızı ve tempoyu zirve noktasına çıkarmak için sarf edildiğini görebilirsiniz.

Kısa mesafe yarışlarında, bu profil kullanılan taktiklere bağlı olarak oldukça farklı görünür. Ancak varış çizgisi için her zaman bir depar vardır. Şimdi, sıralama turları ile aynı gün yapılan kısa mesafe yarışlarından birine bakalım.

1. İlk 100 metredeki hız yaklaşık 10 km (altı mil) civarında ya da daha az, yani çok yavaştır.

2. Sonraki 100 metrede, yaklaşık 575 W güç harcanarak ortalama hız biraz yükselerek 25 km (16 mil) civarına çıkmıştır.

3. Bisikletçi hemen ardından yine yavaşlamış ve sonra daha büyük ama yine kesintili bir eforla hızı 55 km/s (34 mil) düzeyine çıkarmıştır.

4. Bu noktadan itibaren "atağa kalkan" yarışçı, 1781 W'lık büyük bir güç harcayarak (yine de bu bisikletçinin sarf edebileceği en fazla güç bu değildir) hızı 67 km/s (42 mil) seviyesine çıkarmış ve tempoyu 148'e kadar yükseltmiştir.

5. Son patlama varış çizgisinden yaklaşık 100 metre önce olmuş, yarışçı burada 1898 W güç harcayarak saatte 70,7 km (43,9 mil) hıza ulaşmıştır.

Bu yarışçıların ulaştıkları güç ve hız seviyeleri inanılmazdır; ancak asıl etkileyici olan, efoları ve bisikletleri üzerinde olan kontrol seviyesidir. Pist bisikletçileri, görebileceğiniz en iyi bisiklet becerilerine sahiptirler ve genellikle 70 km/s (43 mil) civarında hızlarda başka bisikletçilerle temas halindeyken bile bisikletlerinin kontrolünü kaybetmezler.

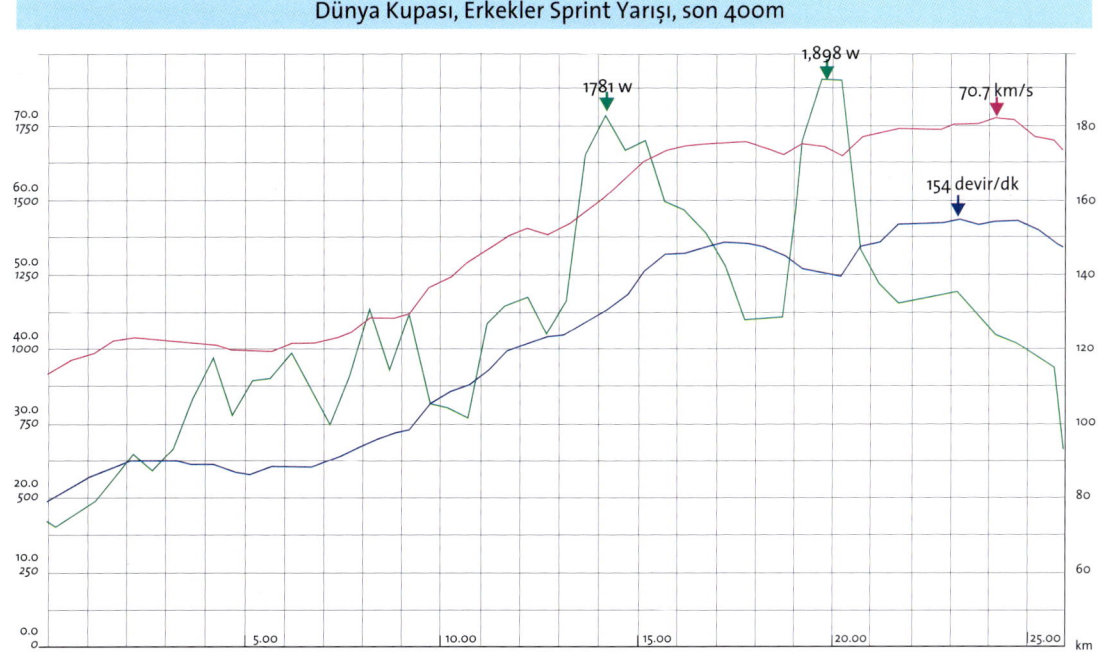

Güç (vat) yeşille • hız (km/s) morla gösterilmiştir.   Tempo (devir/dk) mavi ile gösterilmiştir.

www.srm.com'un izniyle kullanılmıştır.

TEMEL BİLGİLER

Antrenmana ilişkin temel ilkeler

Antrenmanın ilkeleri, antrenman sürecini kavramanıza ve böylelikle sürekli ilerlediğinizi gözlemleyebileceğiniz bir süreci planlamanıza yardımcı olur.

Uygunluk – Antrenman programınız kendi amacınıza yönelik olarak özgün olmalıdır. Basitçe söylemek gerekirse, eğer uzun mesafe bisiklet becerilerinizi ilerletmek istiyorsanız, zamanınızın hepsini depar antrenmanlarıyla harcamayın!

İlerleme – Vücut giderek artan antrenman yoğunluklarına uyum sağlar. Bu da form tutmaya ve rekabet performansımızın artmasına yol açar.

Zorlanma – Sizi ilerletecek bir düzeyde antrenman yapın. Hep aynı yoğunlukta ve hızda antrenman yaparsanız amaçladığınız ilerlemeyi gösteremezsiniz. Güç ve form kazanıp bunu geliştirmek için kaslarınıza ve kardiyo sistemine sürekli yüklenmelisiniz.

Gerileme – Antrenmanları aksatır veya yoğunluğunu düşürürseniz kondisyonunuzu kaybettiğinizi ve sonuç olarak da genel performansınızın düştüğünü görürsünüz. Kendinizi iyi hissetmiyorsanız ve uzun bir dönem antrenman yapamadıysanız performans düzeyinizin düştüğünü görecek ve başa dönmek zorunda kalacaksınız.

Çeşitlilik – Antrenmanı eğlenceli hale getirmek gerekir. Sıkıldığınızı hissederseniz antrenman yapmayı istemezsiniz, motivasyonunuz otomatik olarak düşer, eforunuz azalır ve hatta antrenmanları aksatmaya bile başlayabilirsiniz. O zaman da sil baştan yeniden başlamak durumunda kalırsınız. Antrenman programınızı planlarken yukarıdaki hedeflere ulaşabilmek için diğer bir grup prensipten faydalanabilirsiniz. Örneğin spor yaparken ilerleme ve zorlanma hedeflerine bağlı kalabilmek için antrenmanlarınızı sıklaştırabilir, antrenmanların yoğunluğunu ya da süresini yükseltebilirsiniz. Gerilemeyi yavaşlatmak için kendinizi iyi hissetmediğiniz dönemlerde antrenmanlarınızın yoğunluğunu düşürebilirsiniz. Tekdüzeliğin önüne geçmek içinse antrenman yöntemlerinde değişiklik yapabilirsiniz. Fakat her şeyi bir anda değiştirmek vücudunuzu aşırı zorlayarak yaralanma riskini yükseltebilir. Bu yüzden arzu ettiğiniz değişiklikleri yavaş yavaş gerçekleştirmeniz, tek seferde antrenmanınızın sadece bir yönünü değiştirmeniz önemlidir.

Sıklık – ne kadar sıklıkla antrenman yaptığınız.

Yoğunluk – hangi yoğunlukta antrenman yaptığınız.

Zaman – ne süreyle antrenman yaptığınız.

Yöntem – hangi yöntemlerle antrenman yaptığınız.

 TEMEL BİLGİLER

Uyku, beslenme ve sıvı alımı

Dinlenmeye yeterince zaman ayırmanız çok büyük önem taşır. Bu konuda oluşabilecek bir dengesizlik aşırı yorulmanıza, dolayısıyla antrenman ve yarış sırasındaki performansınızın düşmesine yol açar. Kısacası, dinlenme, antrenmanın kendisi kadar önemlidir. Kondisyonunuz geliştikçe daha uzun süreli antrenman yapabilmeniz yeterince dinlenmenize bağlıdır.

- Planlı bir şekilde dinlenin: Uyku düzeninize bağlı kalın. Hafta sonları dâhil her gün aynı saatte uyuyup uyanmaya ve mümkünse en az sekiz saat uyumaya özen gösterin. Bu planın dışına çıktığınızda uykusuzlukla yüzleşmek zorunda kalırsınız. Hafta sonları eksik saatleri "telafi etmek" için fazladan uyumak uyku döngünüzü değiştireceğinden pazartesi sabahı erken kalkmayı zorlaştırır.

- Antrenman: Günlük antrenmanlar düzenli uyumanıza yardımcı olur; ancak uykudan hemen önce spor yapmak uykuya dalmayı güçleştirir. Spordan gerektiği şekilde faydalanabilmek için egzersizlerinizi yatma vaktinden beş altı saat önce yapmaya özen gösterin.

- Kafein, nikotin ve alkolden uzak durun. Bu uyarıcıları yatma zamanınıza yakın kullanmaktan kaçının. Kafeinin kahvede, çikolatada, meşrubatlarda, bitki çayları hariç tüm çay çeşitlerinde, diyet ilaçlarında ve ağrı kesicilerde bulunduğunu unutmayın. Yatmadan önce sigara içmemeye çalışın; nikotinin doğrudan beyninizdeki uyku merkezlerine yöneleceğini ve kalitesiz uykuya yol açacağını bilin. Alkol uykuya dalmanızı kolaylaştırabilir. Ancak yatmadan önceki son bir saatte tüketilen yüksek miktarda alkol derin uykuya ve REM uyku sürecine (vücudunuzun yenilenmesine ve enerji toplamasına yardımcı olan sürece) geçmenize engel olacak, dinlenme sürenizi hafif uykuyla sınırlı bırakacaktır.

- Yatmadan önce gevşeyin: Okumak, müzik dinlemek, sevişmek ya da sıcak bir banyo yapmak uykuya dalmanızı kolaylaştırır. Birtakım etkinlikleri uykuyla ilişkilendirmek için bunları uyku hazırlığınızın değişmez bir parçası haline getirebilirsiniz. Eğer uykuya dalmakta zorlanıyorsanız yatakta öylece yatıp beklemeyin. Gevşeyin ve yorulduğunuzu hissedinceye dek yukarıda önerilen etkinliklerden birine yönelin.

- Oda sıcaklığınızı gözden geçirin: İdeal olanı 18-19 °C (64-65 °F) sıcaklığında, nem oranı % 65 olan karanlık ve sessiz bir odada uyumaktır.

Sıkı antrenman yapıp düzenli dinlenin. Bunun yanı sıra sağlıklı beslenme ile antrenmanınız için gerekli olan enerji dengesini sağlayabilir, antrenman sonrasında toparlanmanızı sağlayacak olan protein, vitamin ve mineralleri temin edebilirsiniz. Yeterince karbonhidrat, protein, yağ ve vitamin almadığınızda spor sırasında çok çabuk yorulduğunuzu, spor sonrasındaysa uzun süre kendinize gelemediğinizi hissedebilirsiniz. Hatta bu durum bitkinliğe, baş dönmesine ve yaralanmaya bile yol açabilir. Ayrıca yeterince sıvı tüketmeniz de bir o kadar önem taşır. Vücudunuzun yüksek performans sergileyebilmesi için sıvı tanklarının tepeleme dolu olması gerekir. Sıvı dengesindeki yüzde birlik düşüş bile performansınızı önemli ölçüde etkiler. Bu nedenle mümkün olduğunca sık sıvı tüketmeye özen göstermelisiniz.

TEMEL BİLGİLER

Malzeme

Bisiklet üzerinde doğru pozisyon

Eğer bisiklete binme becerinizi değerlendirmek istiyorsanız, bisiklet üzerindeki en doğru konumunuzu bulmak çok önemlidir. Bisiklete binerken rahatlık ve verimlilik, size uygun bir bisiklete sahip olmakla başlar. İyi bir pozisyon almak, hiçbir kasınızı gereksiz yere çalıştırmadan verimli bir şekilde daha fazla güç üretebilmenizi sağlar. Ellerin, ayakların ve vücudun doğru pozisyonda olması, başarıya ulaşmak ve yaralanmalardan kaçınmak için esastır. Eğer sırtınızda, boyun ya da omuz bölgesinde veya dizlerinizde ağrı varsa, sele çok rahatsız ediyor ve parmaklarınız uyuşuyorsa, bisikletiniz büyük ihtimalle size uygun değildir.

Hepimiz farklıyız ve her birimizin birbirinden çok farklı boylarda kolları, bacakları, gövdeleri olabilir. Bisiklet üzerinde doğru pozisyonu ararken, bütün bu faktörler değerlendirilmelidir. Aşağıda, neredeyse mükemmel bir oturuş pozisyonu bulmanıza yardımcı olacak öneriler bulacaksınız. Deneyim kazandıkça, bu düzeni kendi ihtiyaçlarınıza uyacak şekilde değiştirebilirsiniz.

Kadro boyu

Doğru bisiklet boyunu bulmak için çalışmaya başlarken, ayaklarınız çıplak bir şekilde yere düz basacak şekilde bisiklet gövdesinin üzerinde durun. Doğru boyda bir yol bisikletinin gövdesi, kadronun üst çubuğuyla bacak aranız arasında iki buçuk ila beş santim boşluk bırakmalıdır. Gövde boyunu hesaplamak için daha hassas bir yöntem de şu formülü kullanmaktadır: pantolonunuzun iç dikiş boyu x 0,64.

Bu formülün sonucu çok net bir şekilde doğrudur; ancak bunun geleneksel gövde geometrisine uygun olduğunu da akıldan çıkarmamak gerekir. Bu yöntem, gövde boyunu "merkezden merkeze" ölçmenin alışılagelmiş yoludur ve sele borusunun alt köşebendin ortasından sele sapının ortasına (sele borusunun orta çizgisiyle üst demirin orta çizgisinin birbirini kestiği nokta) kadar olan uzunluğunu belirtir.

Merkezden üste

"Merkezden üste" terimi, alt köşebendin merkezinden sele sapının üst tarafına kadar olan mesafeyi belirtir. Kural olarak, bu kadro boyu, merkezden merkeze olan boyun 15 ila 20 mm fazlasına eşit olmalıdır.

TEMEL BİLGİLER

Kompakt kadro boyu
Pek çok bisiklet üreticisi, eğimli/kompakt bisiklet kasalarının kadro boyunu sele borusunun uzunluğuna göre belirtir (bu uzunluk merkezden merkeze olabileceği gibi, merkezden tepeye de ölçülebilir). Bu durumda kadro boyu rakamsal bir değer olarak değil, basitçe "küçük, orta ya da büyük" diye tarif edilir. Bu şekilde ölçüm yapmanın sakıncası, hele bir de üretici firma "kompakt" tanımlamasına ek olarak alışılmış şekilde merkezden merkeze ölçülen değerleri de vermemişse, ideal kadro boyunu hassas bir şekilde hesaplamanın karmaşık bir iş olup çıkmasıdır.

Doğru sele-boru açısı olan bir kadro seçin
Bir bisiklet iskeleti üzerindeki en önemli açı, sele-boru açısıdır. Bu, sele borusuyla sanal, yatay bir çizginin yaptığı açıyı gösterir. Bu açı, selenin gerileme konumunu önemli ölçüde etkiler ve bu sebeple iskeleti satın almadan önce sele açısını belirlemek hayati önem taşır.

Sele-boru açısı, bacağınızın üst kısmının (uyluk kemiği) uzunluğu ile ilgilidir. Standart bir kadro açısı 72 ila 75 derece arasında olur ve ortalama uzunlukta bir uyluk kemiği olan bir bisikletçinin dizlerini, selenin ufak ileri ve geri hareketleri yardımıyla pedal ekseninin tam üzerinde konumlandırabilmesini sağlar.

Uyluk kemiğiniz ne kadar uzunsa, sele-boru açısı o kadar küçüktür ve selenin o kadar geriye alınması gerekecektir.

Bisikletinizin üzerindeki temas noktalarını ayarlamak
Bir bisiklet üzerinde, vücudunuzun ağırlığı üç yerden desteklenir:

- Pedallar ayaklarınıza,
- Sele kalçanıza,
- Gidon ellerinize destek olur.

Bunlardan her birinin, aşağıda anlatıldığı şekilde doğru ayarlandığından emin olun.

Kilikli pedallar
Bisiklet üzerindeki duruşunuzun diğer yönlerini ayarlamaya başlamadan önce, pedal kalini doğru şekilde yerine oturtmanız gereklidir. Pedal basarken üst düzeyde verim alabilmek ve sonrasında dizlerinizde ağrı meydana gelmesini önlemek için pedal kalleri, ayağınızın orta çukuru pedal ekseninin merkez çizgisinin tam üzerine gelecek şekilde ayarlanmalıdır. Bu sayede en üst düzeyde kuvvet uygulayabilirsiniz ve meşhur ayak yanması hissini duyma riskiniz hatırı sayılır ölçüde azalır, hatta bazı durumlarda tamamen ortadan kalkabilir.

Sele yüksekliğini ayarlamak
Doğru kadroyu seçtikten ve pedal kallerinizi düzgün şekilde taktıktan sonra, sıra selenin yüksekliğine bakmaya gelir; çünkü bisiklet üzerindeki duruşunuzun en önemli kısmı budur. Sele yüksekliği, bacaklarınızın kas hareketlerini etkiler. Eğer sele çok yükseltilirse kasların aşırı gerilme riski doğar, fazla alçakta tutulursa o zaman da uyluğun ön tarafındaki kaslarda oluşan basınç orantısız bir biçimde yüksek olabilir.

Doğru sele yüksekliği, kaslarınızın dikey açıdan en iyi şekilde çalışmasını sağlar ve böylelikle pedallara üst düzeyde kuvvet uygulayabilirsiniz. Sele yüksekliği, alt pedalın tam ortasından selenin üst bölümüne kadar, sele borusuyla paralel bir çizgide ölçülür. Sele yüksekliğinizi hesaplamak için, pantolon iç dikiş ölçünüzü bilmeniz gereklidir. Bacağınızın iç kısmının dize kadar olan bölümünü belirten bu uzunluk, şöyle ölçülür:

1. Çıplak ayakla, topuklarınız, sırtınız ve başınız duvara yaslanacak şekilde dik durun.

2. Ayaklarınızın iç kısmını birbirinden yaklaşık 15 ila 20 santimetre açık şekilde tutun.

3. Üç buçuk ila yedi buçuk santimetre çapında bir silindiri (örneğin plastik bir şişe) bacak aranıza yerleştirin, yaklaşık olarak selenizin vereceği basıncı vermeye çalışın.

4. Silindirin kenarı yatay ve tabanı da duvara dayanıyor olmalıdır.

5. Bir arkadaşınızdan, tüpün duvarda denk geldiği en yüksek noktayı işaretlemesini isteyin.

En uygun sele yüksekliğini ölçmek için kullanılacak doğru formül = iç dikiş boyu x 0,88 kabul edilir.

Not: Bu sele yüksekliği hesaplaması Look Keo pedalları üzerine kurulmuştur ve diğer pedalların farklı yükseklik ölçüleri vardır (Bkz. Tablo 1). Bu, kalın tepesinden, pedal milinin merkezine kadar olan mesafedir. Ayağınız mile ne kadar yakın durursa, gücü bisikletinize o kadar verimli bir şekilde aktarırsınız. Pedal değiştirdiğinizde, ayaklarınız mile daha yakın hale gelebilir. Bu yükseklik azaldıkça sele yüksekliği de azalır. Örnek olarak 87,5 (iç dikiş ölçüsü) x 0,88 = 77 cm sele yüksekliği (yüksekliği 17,1 mm olan Look Keo pedallarla). Bundan sonra mesela Shimano SPD SL pedallara geçiş yaparsanız (yüksekliği 13,7 mm), sele yüksekliğinizi iki pedalın arasındaki farka göre, yani 17,1 mm – 13,7 mm = 3,4 mm azaltmanız gerekir ve yeni sele yüksekliği 76,6 cm olur.

Eğer sele yüksekliğinizi tamamen değiştirmek istiyorsanız, ayarlamaları yavaş yavaş yapın ki vücudunuz yapılan değişikliğe zorlanmadan adapte olabilsin! Eğer şu anda normalden çok sapmış ayarda bir sele kullanmaya alışkınsanız, sele yüksekliğinizi haftada 2 milimetre (bir inçin bir kısmı) kadar ayarlayın.

Selenin ön ve arka konumu

Selenin öne ve geriye doğru ayarlanması (ön ve arka konumu) da önemli bir rol oynar. Eğer seleniz çok geride konumlandırılmışsa, pedalınız saat 3 konumunda maksimum güç pozisyonuna ulaştığı zaman (Bkz. Akıcı pedal devri, Sayfa 38-41) topuğunuzun abartılı bir şekilde alçalmasına sebep olur. Tersine, eğer sele çok ileri giderse bu defa da ayak parmaklarınız gereğinden fazla aşağı gösterir. Bunun sonucunda da güç ve verim kaybı olur. Aşağıdaki yöntem, ön ve arka konumunu doğru bir şekilde ayarlamanıza imkân verir.

Önce, rahat bir şekilde oturun ve bisiklet ayakkabılarınızı pedallara kilitleyin. Bu arada pedal kolları ve ayakkabılarınız yere yatay pozisyonda dursun (bir arkadaşınıza kontrol ettirin). Ön ve arka lastiklerdeki hava basıncının eşit olduğundan ve daha da önemlisi zeminin düz olduğundan emin olun!

Sonra, öndeki diz kapağınızın ön kısmından bir çekül sarkıtın. Çekül, ön pedalın eksenini doğrudan kesmelidir. Çekül çizgisi pedalın ekseninin önüne ya da arkasına düştüğü zaman, seleyi rayları boyunca gerektiği kadar öne ya da arkaya hareket ettirmeniz gerekir.

Selenin altındaki rayların, ileri ve geri hareket edebilmeleri için, yaklaşık 55 milimetrelik (2,2 inç) bir açıklığı vardır. İleri ya da geri yönde ayarlama yaptıktan sonra sele yüksekliğini yeniden kontrol etmeniz gerekir. Seleyi ileri hareket ettirmek, onu hafifçe aşağı indirmeniz anlamına da gelir, benzer şekilde seleyi geri itmek de sele yüksekliğinin biraz artması demektir.

Seleniz, vücudunuzun tüm ağırlığını taşıyabilecek şekilde dengeli olmalı ve gerektiği zaman sele üzerinde hareket edebilmenize olanak vermelidir. Önü yukarı kalkmış bir seleyle bisiklete binmek, hiçbir durumda iyi bir fikir değildir.

Yukarı doğru fazla kalkmış bir sele, baskı noktalarına sebep olur. Sele önden kalkık olduğu zaman, siz öne doğru kaydığınızda en hassas bölgelerinizi seleye doğru bastırmış oluyorsunuz, bu da ileride sağlık sorunlarına yol açabilir. Aşağı doğru eğilmiş bir sele ise bisikletinize binerken ileri kaymanıza ve bunun sonucunda kol, el ve dizlerinize fazladan basınç uygulamanıza sebep olur, bu da sakatlanmalarla sonuçlanabilir. Selenin dengesini, bir su terazisi koyarak kolayca kontrol edebilirsiniz.

Sap uzunluğu

Vücudunuzun üst kısmının duruşunu en çok etkileyen ölçü, gidon uzantıları ve üst boru arasındaki "erişim" denen ölçüdür. Piyasada bulunan standart bir kadroda, üst borunun uzunluğu, sele borusunun uzunluğuyla doğru orantılıdır ve o kadro boyuna ihtiyacı olan ortalama cüssede bir bisikletçinin vücudunun üst kısmının ölçüleriyle uyumludur.

Doğru sap uzunluğunu belirlemek için, selenizde rahat bir şekilde oturur durumda ve dirsekleriniz hafifçe kırılmış durumdayken, ellerinizi aşağı düşürün (ya da fren kollarının üst kısmına koyun). Bunu yaparken zeminin düz olduğundan emin olun! Bu pozisyondayken, ön tekerleğin göbeği, gidonun orta kısmının arkasında kalarak gizleniyor olmalıdır. Eğer 105-135 mm'lik (4,1-5,3 inç) bir gövde ile uygun üst boru/sap uzunluğu oranını elde edemiyorsanız, daha büyük bir kadro deneyin.

Uygun bir aerodinamik pozisyonun ve vücudunuzun rahat şekilde durmasının her zaman aynı anda mümkün olamayacağı açıktır. Anatomik yapınıza, esnekliğinize ve yarıştığınız dala bağlı olarak, daha iyi aerodinamik ve yüksek hızlar için uzun bir sap kullanarak daha çok yatmanız gerekebilecekken sırtınızın ve boynunuzun rahat etmesi ve yokuş tırmanma verimliliğinizi artırmak için daha kısa bir sopaya da ihtiyaç duyabilirsiniz. Eğer gidonunuza erişim boyu yanlış ayarlanmışsa, bunu düzeltmek için selenizin konumunu ileri/geri ayarlamak yerine gövde uzunluğunu kullanın.

Sap yüksekliği

İşe sapın tepe noktasını selenin üst hizasından dört beş santim aşağı ayarlayarak başlayın. Bu pozisyonda gidona rahat bir şekilde erişebiliyor olmalısınız. Zaman geçtikçe, aerodinamik pozisyonunuza faydalı olması amacıyla sapı iki ya da üç

Tablo 1

Pedal Tipi	Yükseklik mm (inç)
Look PP 296	22,0 (0,86)
Look CX 6	21,3 (0,84)
Campagnolo Pro Fit	20,5 (0,81)
Look Keo (formülde referans olarak kullanılmıştır)	17,1 (0,67)
Time Equipe (3-delikli montaj)	16,5 (0,65)
Shimano SL	13,7 (0,54)
Time RSX	12,5 (0,49)
Time RXS / RXE	12,5 (0,49)
Shimano SPDR	12,0 (0,47)
Time Impact (3-delikli montaj)	12,2 (0,48)
Time Impact (4-delikli montaj)	11,5 (0,45)
Speed Play (3-delikli montaj)	11,5 (0,45)
Time Equipe (4-delikli montaj)	8,8 (0,35)

Tablo 2

Pantolon iç dikiş boyu cm (inç)	Pedal kollarının boyu mm (inç)
74-80 (29,1-31,5)	170 (6,69)
81-86 (31,9-33,8)	172,5 (6,79)
87-93 (34,3-36,6)	175 (6,89)

Tablo 3 – Measurements

Kısaltma	Açılımı
ÜÇ	Üst boru
SA	Sele açısı
SY	Sele yüksekliği
ÖA	Ön ve arka
SB	Sap boyu
SAY	Sap yüksekliği
SU	Sap uzunluğu
GG	Gidon genişliği
KU	(Pedal) kol uzunluğu

TEMEL BİLGİLER

santim daha indirebilirsiniz. Bundan da aşağı inmek, her ne kadar aerodinamiğinizi iyileştirse de, nefes alıp vermenizi kısıtlar ve belinizden veya boynunuzdan şikâyet etmeye başlayabilirsiniz. Genel olarak, sap ne kadar yüksekse o kadar iyi tırmanırsınız, sap ne kadar alçaksa aerodinamiğiniz o kadar fazla olur. Pek çok bisikletçi, sele sapını çok aşağıda tutar ve gidonun alt kısmından tutma avantajını çok nadir kullanırlar.

Gidon genişliği
Bir yol bisikleti için, gidon genişliği omuzlarınızın genişliği ile orantılı olmalıdır. Aşırı geniş olan gidonlar ön yüzey alanını artırır ve aerodinamik kaybına sebep olur. Genel kanının aksine, dar gidonlar oksijen alımı kaybına sebep olmaz ancak geniş gidonlardan daha zor döndükleri için bisiklete binmek daha rahatsız hale gelir.

Pedal kolu uzunluğu
Bisikletçilerin büyük bir kısmı 170-175 (6,7-6,9 inç) mm uzunluğunda pedal kolu kullanırlar. Pedal kollarının uzun olması, daha yüksek vitesleri daha düşük tempoda basabilmenize imkân verirken, daha kısa pedal kolları ise daha düşük viteslerde ve daha hızlı tempolarda etkilidir. Patlayıcı kuvvet gerektiren kısa mesafe yarışlarında kısa pedal kolu kullanımı daha yaygındır. Zamana karşı yarışanlar ve tırmanma yetenekleri kuvvetli olan bisikletçilerin favorisi ise uzun pedal kollarıdır. Pek çok disiplinde kullanabileceğiniz pedal kolu uzunlukları konusunda fikir edinmek için Tablo 2'ye bakın.

Elips şeklinde zincir halkaları
Alışılmış yuvarlak zincir halkalarının nesinin yanlış olabileceğini tahmin etmek biraz zor olabilir. Sonuçta, dünya çapında bir sürü bisikletçi, yuvarlak zincirlerle milyonlarca kilometre yol tepmiştir. Dahası, dünyadaki profesyonel yarışların tümü yuvarlak zincirlerle kazanılmış ve en iyi yarışçılar bunları kullanarak son derece verimli bir biçimde olağanüstü güç seviyelerine erişmenin pekâlâ mümkün olduğunu defalarca göstermişlerdir.

Yine de insan fizyolojisi, tam düzgün çemberler şeklinde pedal çevirmek için tasarlanmış olmayabilir. Pedala uygulanan kuvvet ölçümlerine bakıldığı zaman, bir bisikletçinin pedal çevirme döngüsünün ortasında aşağı basarken, döngünün en üst ve en alt kısımlarında olduğundan belirgin şekilde daha güçlü olduğu görülmektedir. Birçok bisikletçi bununla mücadele etmek için yıllarca çalışır ve bu meşhur "ölü noktaları" başarıyla ortadan kaldırarak pedal basma verimliliğini en üst seviyeye çıkarmak için çaba sarf eder.

Yuvarlak olmayan zincirlerin arkasında yatan fikir, pedal basma verimliliğinizi ve/veya güç değerlerinizi geliştirmek için fizyolojik değil mekanik yollar kullanmak ve bu amaçla bir devir boyunca zincir halkasının boyunu etkili bir şekilde değiştirmekten çıkmıştır. Zincirler genellikle, aşağı pedal basış esnasında (güç düzeyi en yüksek olduğu anda) daha büyük bir çarka, devrin üst ve alt kısımlarındaki ölü noktalarda (güç düzeyinin çok azaldığı anlarda) ise daha küçük bir çarka basacağınız şekilde tasarlanırlar.

O'symetrics (başka birçok ünlü bisikletçinin yanı sıra Bradley Wiggins'in de kullandığı, elips şeklinde zincir halkaları üreten firmalardan biri) örneği ele alındığında, standart bir yol zincirinde 52 diş vardır; ancak elips şekli dolayısıyla pratikte, pedal dönüşünün güçlü kısmında 56 dişli, bisikletçinin ayaklarının ölü noktalardan geçtiği anlarda ise 48 dişli bir zincir gibi davranır.

Üretici firmanın iddiasına göre bu sonuçlar, gösterilen çabaya bağlı olarak, normal yuvarlak zincirlere göre güç düzeyinde yüzde 5 ila 15 ve hızda da yüzde 3 seviyesinde bir artış sağlar. Dahası, rakamlarla ifade edilemeyen başka avantajları da vardır; örneğin yüksek gerilimli ölü noktalar için gereken çabanın azalmasından kaynaklı olarak diz çekmelerinin azalması, daha kararlı ve düzenli kuvvet uygulama ve yol dışı koşullarda, özellikle de düşük tempolarda daha iyi yol tutuşu gibi.

teknik ve taktik

// DAHA KESKİN // DAHA ZEKİ // DAHA VERİMLİ

TEKNİK VE TAKTİK

Temel bilgiler

Pek çoğumuz, bisikletimizi kapıp dışarı çıkmayı ve hemen binmeye başlamayı isteriz. Aslında bunun yanlış bir tarafı yoktur, sonuç olarak bisiklete binmeyi seviyoruz. Ancak binişinizden en fazla faydayı elde etmek, verimliliğinizi geliştirmek, enerjinizi korumak ve en önemlisi yarış sürelerinizi geliştirmek için, tekniğinizi ilerletmek üzerinde zaman harcamanız gerekir. Bisiklet tekniğinizin belli yönleri üzerinde sadece az bir zaman harcayarak kayda değer sonuçlar elde edebilirsiniz. Öğrendiğiniz teknikler üzerinde küçük ayarlamalar yapmaya devam edin ve mümkün olduğu kadar her şeyi kendi lehinize kullanın. Büyük yarışlarda, daha iyi bir teknik sayesinde elde edeceğiniz en ufak bir avantaj, birinci olmak ve grubun geri kalanlarından biri olmak arasındaki farkı belirleyebilir.

En önemlisi, pedal devirlerinizin akıcı ve yumuşak olduğundan emin olmanız ve pedal devrinin üst ve alt noktalarındaki 'ölü noktaları' yok edebilmenizdir. Pedal devrinin döngüsü esnasında, hem aşağı basarken hem de yukarı çekerken eşit bir kuvvet uygulamaya odaklanın, böylece hareketin verimliliğini artırmış olursunuz. 360 derecelik dönüşünüzde daima rahat bir ritim hissetmeli, bisiklet üzerinde dövüşür halde olmamalısınız. Bunu bir defa başardığınız zaman artık hiç düşünmeden pedal basacaksınız ve binişinizin diğer yanlarını geliştirmek için odaklanmaya fırsatınız olacak.

Tekniğinizi geliştirmek, en yorucu yokuşları bile kendinizi kuvvetli hissederek çıkabilmeniz anlamına da gelir. Ayrıca giderek daha yüksek hızlarda yokuş inerken ve viraj dönerken kendinize güveninizin geldiğini de hissedebilirsiniz.

Tepelerde (hem çıkarken hem de inerken) çok değerli süreler kazanabilirsiniz. Tekniğinizi geliştirin ve bütün bu süreler size kalsın. Dahası, derecelerinde gelişme görmeyi arzu eden hiçbir bisikletçi, bir grupla birlikte gitmenin ve onların rüzgâr boşluğunu kullanmanın, böylece yarışın geri kalanında kullanabileceğiniz enerjiden tasarruf etmenin rolünü göz ardı edemez. İster tepelerde, ister virajlarda, isterse büyük gruplarla bisiklete binmek konusunda olsun, kendinize olan güveniniz, bu durumların hepsinde sağlam bir teknik temeliniz olmasından kaynaklanır. Tekniğinize güven duymaya başladığınız zaman, bisiklet sürüşünüzün bütün yönlerinde sürekli iyileşmeler göreceksiniz.

Hava durumu da bisiklete binmekte önemli bir rol oynar, bu sebeple tekniğinizi gerektiği gibi adapte etmeyi ve bunları yağışta ve rüzgârda uygulamayı öğrenmeniz gereklidir. Tabii ki hepimiz hava koşullarının her zaman mükemmel olmasını arzu ederiz ama öyle olmaz. Tekniğinizi geliştirmeniz, gri bulutlar gördüğünüz ya da havada rüzgâr hissettiğiniz zaman artık homurdanmamanız gerektiği anlamını taşır. Ayrıca daha iyi tekniğe sahip olmanızın bir faydası daha vardır: Bunun üzerinde çalıştığınız zaman, zor durumlarla başa çıkabilme konusundaki motivasyonunuz da artacaktır. Artık gerçekten korkacağınız hiçbir şey kalmayacaktır.

Daha iyi bir bisikletçi olmanız yolunda pek çok öğenin birlikte etkisi bulunur (bunlardan bazılarını saymak gerekirse antrenman, beslenme, doğal yetenek vb.) ancak tekniğinizi geliştirmek için sürekli uğraşmanız ve onu sürdürebilmek için de çalışmanız şarttır ki eski kötü alışkanlıklara geri dönme olasılığınız kalmasın.

TEKNİK VE TAKTİK

Akıcı pedal devri

1 Devrin üçüncü ve dördüncü çeyreklerinde (saat üzerinde 6 ile 12 arasında) 'yukarı çekmeye' odaklanın ve ilave çekme kuvveti için topuğunuzu kaldırın.

2 Devrin birinci çeyreğinde (saat üzerinde 12 ile 3 arasında) 'aşağı basmaya' odaklanın.

3 Pedal devrinin ölü noktalarından (saat üzerinde 12 ve 6 noktaları) olabildiğince yumuşak geçmeyi hedefleyin.

TEKNİK VE TAKTİK

Akıcı ve yumuşak bir pedal devri, bisikletinizin ileri gitmesinde kritik bir önem taşır. Pedallarına çekiçle vurur gibi basan yorgun bir bisikletçiyle, pedallarını akıcı ve kuvvetli bir şekilde döndürerek onlara neredeyse okşar gibi basan güçlü bir bisikletçi arasındaki farkı düşünün. Pedal çevirme verimliliği arasındaki fark çok büyüktür. Profesyonel bisiklet tarihinde, büyük bisikletçilerin farklı pedal tekniklerini başarıyla uyguladıkları görülmüştür.

Jacques Anquetil yalnızca elde ettiği başarılarla değil, pedal çevirme verimliliği konusunda standartları belirleyen bir bisikletçi olmasıyla da ün kazanmıştır. Anquetil'in kendine özgü bir pedal tekniği vardı ve birçok sır içeriyordu. En iyi mühendislerin mekanik olarak taklit etmeye çalıştığı; ancak başarılı olamadığı şeyleri biyomekanik yollarla yapabiliyordu. Bahsedilen teknik, ayak bileklerini olağanüstü bir şekilde kullanarak pedal devrinin ölü noktalarını tamamen yok edebilmekti. Bu pedal tekniği sayesinde, pedal devrinin en etkili ve faydalı aşamasını uzatabilmiş ve bu sayede her bir pedal devrinin gerektirdiği maksimum gücü azaltmıştır.

O zamandan bu yana mühendisler pedal basmakla ilgili biyomekanik ve fiziksel faktörleri çalışmaktadırlar. Ancak pedal çevirme verimliliğini artıran bir ürün geliştirmek yoluyla mekanik bir çözüm bulmakta bu çalışmalardan sadece birkaç tanesi işe yaramıştır. Yine de uluslararası bisiklet pazarında, pedal çevirme verimliliğini ciddi oranda artırmayı hedefleyen bazı pedal zincirleri bulunabilir (Bkz. Temel bilgiler, Sayfa 32).

Pedal çevirme verimliliğini inceleyen biyomekanikçiler, pedal çevirme tekniği belirlemek ve öğretmek için bir bisikletçinin pedallara uyguladığı farklı kuvvetlere bakarlar. Pedal basma verimliliğine etki eden iki değişik kuvvet bileşeni olduğunu bulmuşlardır.

Bu bileşenlerden ilki, pedal kollarına dönme kuvveti ileten ve bisikleti ileri doğru iten kuvvet olduğu için etkin gücü belirleyen teğet (tanjant) kuvvet bileşenidir.

İkinci bileşen olan radyal güç bileşeni, pedal yüzeyi boyunca pedal kollarına paralel etki eder ve bu sebeple pedal kollarını "uzatarak" şeklini değiştiren ve hatta onların "formunu bozan" bir doğası vardır. Hiçbir dönme kuvveti oluşturmadığından, verimsiz bir kuvvet bileşenidir.

Pedal çevirme tekniği açısından bakıldığında, bu iki kuvvetin pedallara ne oranda uygulandığı, daha fazla (ya da az) bir pedal çevirme verimliliği getirecektir. Pedal koluna daha fazla teğet kuvvet uygulamak ve radyal kuvveti azaltmak, pedal çevirme verimliliğinizi artırmanın en etkin yoludur. Sonuçta daha fazla dönme kuvveti elde edersiniz; bu değer teğet kuvvet bileşeni ile pedal kol boyunun çarpımına eşittir.

Bisiklete binerken bunu fark etmeyecek olsanız bile, pedal çevrimi esnasında pedala uygulanan kuvvet hem büyüklük hem de yön bakımından sürekli olarak değişmektedir. Bir pedal devri dört çeyrekten oluşur: İlk çeyrek aşağı ve ileri, ikinci aşağı ve geri, üçüncü yukarı ve geri, dördüncü ise yukarı ve ileri dönerek başlangıç noktasına geri gelir.

Pedal devri boyunca meşhur "ölü noktalarla" ya da pedal döngüsünün üstteki ölü merkeziyle karşılaşacaksınız. Kuvvet ölçme aygıtlarıyla yapılan analizler göstermiştir ki pedallar en üst konumda ve pedal kolları yere dik haldeyken, pedal üzerinde uygulanan kuvvet sıfıra yakındır. İlk çeyrek boyunca, üst ölü noktadan geçtikten sonra, pedal kolu saat 3 pozisyonuna gelene kadar gücünüzü gittikçe artırırsınız. Bu noktada pedal devrinin en yüksek güç seviyesine ulaşmış olursunuz. İkinci çeyrekte, yani saat 3 pozisyonundan pedalın alt ölü noktasına kadar olan kısımda, pedal üzerindeki kuvvet belirgin bir şekilde azalmaktadır. Pedal devrinin üçüncü ve dördüncü çeyreklerinde (saat 6 ve saat 12 konumları arasında) ise ayağınızın ve bacağınızın ağırlığı negatif bir

TEKNİK VE TAKTİK

kuvvet uygular. Bu kuvvet pedalların yukarı hareketini yavaşlatır ve bu sebeple ters yönde bir etki oluşturur.

Peki, pedal çevirme tekniğinizi geliştirmek için ne yapabilirsiniz? Buna yanıt vermek kolay değildir; çünkü fiziksel ve mekanik faktörlerin oluşturduğu karmaşık ağ bisikletçilerin, antrenörlerin, üreticilerin ve bilim insanlarının, biyomekanik kurallarını bisiklet sporuna uygulamalarını zorlaştırmaktadır. Ancak ayarlanması mümkün olan ve bu nedenle performansınızı ve pedal basma verimliliğinizi ilerletmenize fayda sağlayabilecek belli faktörler vardır.

Pedal çevirmek için kullandığınız kaslarınız ve bilek hareketleriniz birbiriyle ilişkilidir; kadronun geometrisi, sele yüksekliği, pedal kolu uzunluğu, pedalların türü, ayak konumu, zincirlerin türü (yuvarlak olup olmaması) vb. mekanik faktörler de ayarlanabilir. Pedal çevirmenizin verimliliğini en üst seviyeye çıkarmak için, bisiklet ebatlarının size uygun olması ve pedalların düzgün konumlandırılması esastır (Bkz. Temel bilgiler, Sayfa 26-33).

Pedal çevirme verimliliğinizi artırmak için, bilek hareketlerinizden en yüksek düzeyde faydalanmanız gerekir. En doğru bilek hareketi, döngünün üst noktasından itibaren aşağı bastırmak ve alt noktadan itibaren yukarı çekmek ve bu hareketi kesintisiz şekilde yapmakla elde edilir. Bu harekette pedalların aşağı yönde hareketi esnasında topuğun alçaltılması ve benzer şekilde döngünün yukarı hareket kısmında pedal yükselirken topuğun kaldırılması detayı da vardır.

Bilek hareketlerinin anahtar noktası, her zaman pedal hareketinin geri dönme safhası boyunca yukarı çekmesiyle pedal kollarının dengelenmesine odaklı kalabilmektir. Bu teknik, döngünün tamamı boyunca pedallara sürekli ve sabit bir baskı uygulanmasını sağlar ve döngünün alt ve üst kısımlarındaki ölü noktaları bir nebze de olsa ortadan kaldırabilir.

Sonuç olarak, kasların sonuna kadar kasılmasını daha az gerektiren, daha çok baldır kası kullanarak diğer kaslar üzerindeki yükü eşit dağıtan bir pedal çevirme tekniği, buna bağlı olarak da çok daha düzgün ve verimli bir stil ortaya çıkar. Daha az zorluk çekerek daha fazla güç üretmiş olursunuz. Bu teknik, düşük hızla pedal çevrilen tırmanışlar esnasında uygulanabilir. Ancak, aşırı hızlı ve yüksek tempolu etaplarda bisikletçiler her bir pedal devrini tek tek düşünemezler ve doğal olarak içlerinden nasıl pedal çevirmek gerekiyorsa o şekilde yaparlar. Tipik olarak bisikletçiler pedal çevirirken farklı bilek hareketleri uygularlar. Siz, esnekliğinize ve temel biyomekanik prensiplere bağlı olarak, yüksek topuk ya da alçak topuk hareketlerini kullanıyor olabilirsiniz. Ayrıca hızınız ve temponuz da büyük bir etkiye sahiptir: Temponuz ne kadar hızlı ise pedal çevirme tekniğiniz üzerinde denetim sağlamanız da o kadar zor olur. 140 d/d tempoda pedallar üzerindeki aşağı yönlü kuvvet ve kasların kasılması o kadar hızlı olacaktır ki bu durumda pedal çevirme tekniğinizi yönetemezsiniz.

Düzlükte bu kadar yüksek bir tempoda depar attığınız zaman, ayak parmaklarınızın hissedilir bir şekilde aşağı doğru gösterme eğiliminde olacağını fark edeceksiniz. Boşa pedal çevirdiğinizde (yani çok az dirençle çok hızlı pedal bastığınızda), çok fazla güç üretmek zorunda olmazsınız ve ayağınız kendiliğinden topuğun en az hareket edeceği pozisyonu korur, böylece de bacağınız dizden altı ile dik bir açıyı korumaya devam eder. Ancak daha yavaş pedal çevirmeye devam ettikçe, örneğin bir tırmanış için daha fazla güce ihtiyacınız olduğunda ya da tam karşıdan gelen bir rüzgâra karşı ilerlemeye çalıştığınızda, pedal devrinin çeşitli yerlerinde ayağınızın açısını değiştirmek güç düzeyinizi artırabilir. Alçak topuk tekniği tepe tırmanışlarında selenizde dik otururken önemlidir ve bu teknikte ustalaştıkça tırmanma yeteneğinizde de ciddi bir iyileşme fark edeceksiniz.

TEKNİK VE TAKTİK

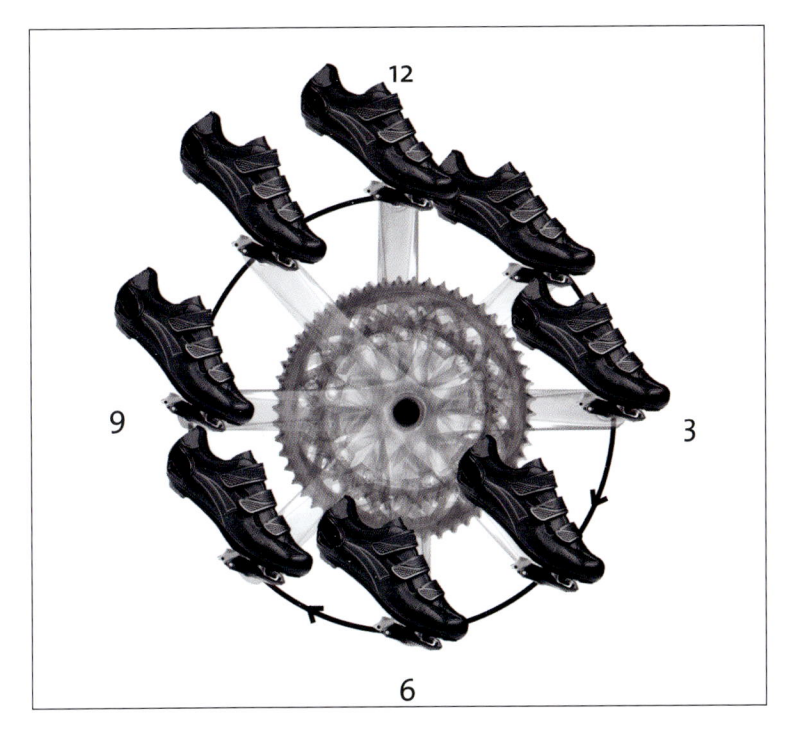

Bu resim, düzlükte giderken ideal bilek hareketi tekniğinin nasıl olması gerektiğini göstermektedir (90'dan yüksek bir tempoda). Saat 3 ve 6 pozisyonları arasındaki güçlü "geri yuvarlama" hareketine ve pedal döngüsünün tamamı boyunca yokuş çıkma tekniğine kıyasla yüksekte kalan bilek/topuk duruşuna özellikle dikkat edin. Ayak parmakları aşağı doğru bakmalıdır ve bu etki temponuzu artırırken daha da görülebilir olacaktır. Bu otomatik bir eğilimdir, bu sebeple doğal bilek hareketinizi zorla değiştirmeye çalışmayın. Eğer pedal basışınızın doğal topuk yüksekliğini değiştirmeye kalkarsanız incinme riski oluşabilir. Unutmayın, temel pedal hareketleriniz çerçevesinde bir pedal çevirme tekniği geliştirmeli ve doğal yeteneklerinizi her zaman göz önünde bulundurmalısınız.

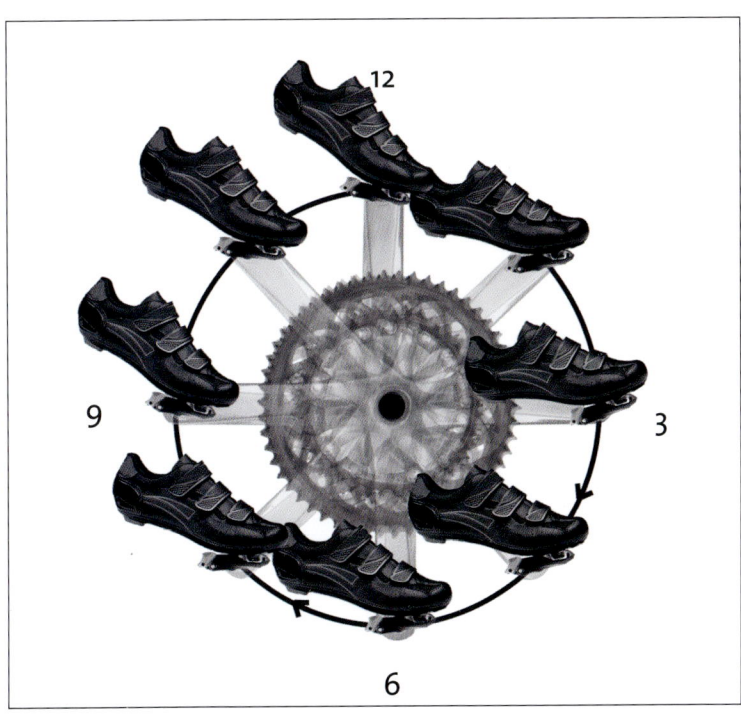

Bu resim, yokuş çıkarken ideal pedal çevirme tekniğinin nasıl olması gerektiğini göstermektedir (60 ila 90 devir arası). Bilek hareketleri, saat 1 pozisyonundayken neredeyse yere yatay bir ayak duruşundan, saat 3 pozisyonunda bileğin biraz aşağıda kalmasına kadar değişkenlik gösterir. Topuğun aşağı bastırılması bu noktadan itibaren giderek azaltılmalı, saat 5 konumu civarında yine parmaklar aşağı inmeli ve saat 6 konumunda pedal en alt seviyeye geldiğinde normal konumuna dönmelidir. Pedal döngüsü devrin ikinci yarısına doğru döndüğünde (saat 6 ile 12 konumu arasında), yani toparlanma evresi denen kısma gelindiği zaman, ayak parmaklarınız hafifçe aşağıyı gösterir konumda olmalı ve saat 8 konumuna gelindiğinde parmaklar en aşağıda olacak pozisyonla topuğunuz yukarı çekmeye başlanmalıdır.

TEKNİK VE TAKTİK

Rüzgârına girmek (Drafting)

1 Hava boşluğundan faydalanmak enerjinizin 20 ila 30'unu size geri kazandırır. Bunun için önünüzdeki bisikletçiye yakın gidin.

2 Grup halinde ilk kez bisiklete biniyorsanız, önünüzdeki bisikletçilerle aranızda kendinizi rahat hissedeceğiniz bir mesafe bırakın. 50-70 cm. başlangıç için ideal bir mesafedir.

3 Sadece önünüzdeki bisikletçiye odaklanmak yerine, bir bütün olarak grubun tamamına odaklanın.

TEKNİK VE TAKTİK

Rüzgârına girmek (drafting), başka bir bisikletçinin ya da bir grup bisikletçinin arkasından giderek azalan hava akımından faydalanmak anlamına gelir. Böylece daha az enerji sarf etmiş ve yarışın geri kalanı için daha fazlasını saklamış olursunuz. Temel olarak, önünüzdeki yarışçı veya yarışçıların rüzgârına girdiğiniz zaman, normalde yalnız başınıza sürerken ya da bir grubun en önünde giderken olduğundan %20 ila %30 daha çok kazancınız olur. Eğer büyük bir grubun içindeyseniz, elde edeceğiniz fayda bundan daha fazla bile olabilir.

Her bir grubun kendi kimliğini oluşturduğunun farkında olun. Pek çok grubun dinamiklerinden farklı olarak, bir bisiklet yarışında grup ne kadar küçükse tek bir bisikletçinin hareketlerinin grubun tamamı üzerindeki etkisi de o kadar az olur. Bir grubun büyüklüğü arttıkça, tek bir kişinin davranışlarının grup üzerindeki etkisi de artar. Yani, küçük bir grubun içindeki tek bir kişiden gelecek bir hata, grubun diğer elemanları tarafından ufak ayarlamalarla aşılabilirken, aynı hata daha büyük bir grupta düşmelerle bile sonuçlanabilir; çünkü onlar çok daha sıkı sıkıya birbirlerine yapışmışlardır ve manevra yapmak için daha az yerleri vardır. Dolayısıyla daha büyük bir grupta hata yapmak, kazaya sebep olma riskini artırır.

Grup halinde bisiklete binmekte tecrübe kazanıp rahatlamak için, öncelikle küçük gruplarla işe başlayın. Beş ya da altı kişiden oluşan bir grup, peloton denen büyük bisiklet gruplarıyla yarışmak için ihtiyacınız olacak temel teknikleri öğrenmek için idealdir. Diğer bisikletçilerden, kendinizi rahat hissedebileceğiniz kadar bir mesafeyi koruyarak başlayın. Bir grupla binmeye alışık değilseniz, bu mesafe ön tekerleğinizi hemen önünüzdeki yarışçının arka tekerleğinden 50 cm ila 70 cm (20 ila 28 inç) arası bir uzaklıkta tutmak anlamına gelebilir. İlk başlarda, sizin omuzlarınızla iki yanınızda bulunan bisikletçilerin omuzları arasındaki mesafe de yaklaşık aynı olacaktır, ama yine "rahatlık" kuralını kullanmanız iyi olur. Zamanla kendinize olan güveniniz ve tekniğiniz geliştikçe, bu mesafe daha da yakınlaşabilir. Profesyonel bisikletçiler yüksek hızlarda seyrederken omuzlarını birbirine sürtebilir ve önlerindeki bisikletçinin tekerleklerine neredeyse değebilirler; ancak bunları yapabilmek için nadir görülen bir yeteneğe ve yıllarca çalışmaya ihtiyaç vardır.

TEKNİK VE TAKTİK

Yapmayı öğrenmeniz gereken şey, önünüzde giden bisikletçilere odaklanarak, önünüzdeki tekerlekle aranızdaki mesafeyi korumaya çalışmaktır. Araba kullanırken de aynı durumdasınızdır; aracınızın konumunu ileri bakarak ve çevresel görüşünüzü kullanarak tayin edersiniz, sadece arabanızın ön kısmına odaklanarak değil. Bu yöntemle, bisikletinizin gruptaki diğer bisikletçilere göre nerede olduğunu öğreneceksiniz.

Hemen önünüzdeki tekerleğe ya da kendi tekerleğinize sabitlenip bakmaktan her zaman kaçınmalısınız; çünkü bu çok tehlikeli olabilir. Önünüze bakmanız gereklidir. Özellikle diğer bisikletçilere yakın gitmeye ve aradaki mesafeyi kapatmaya başladığınız zaman işe yarayacak başka bir ipucu, hemen önünüzdeki kişinin tekerleğinin hafifçe sağ tarafına veya sol tarafına doğru geçmek ve tam düz bir çizgide takip etmemektir. Bu şekilde diğer sürücünün hafif hareketlerine bağlı olarak siz de her iki yana doğru yavaşça hareket edebilme esnekliğine sahip olursunuz. Grup bir viraj dönerken ya da bir bisikletçi gruptan çıkmak isteyip pozisyonunu değiştirmek için fırsat kolladığında ve manevra yapmak için daha fazla boşluğa ihtiyaç duyduğunuz zaman bu daha da önem kazanır.

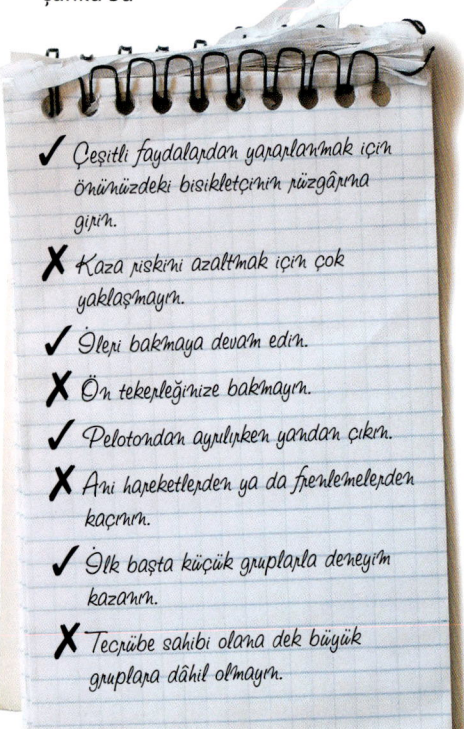

Eğer herhangi bir sebepten dolayı gruptan çıkmak istiyorsanız, hareketlerinizin grup üzerinde bir etkisi olacağının farkında olmanız gerekir. Yarış grupları "akar" ve hem yanlara hem de ileri, geri doğru sürekli hareket ederler; ancak gruptan çıkmadan önce yavaş yavaş kenara doğru yanaşmanız gerekir. Eğer yer değiştirebileceğiniz kadar yeterli yeriniz varsa yönünüzün değişmesi niyetinizi belli edecektir, aksi takdirde elinizle ya da gözlerinizle yapacağınız ufak bir işaret, bisikletçi arkadaşlarınızı uyarmak için yeterli olur.

Bir yarışın sonlarına doğru, önde giden yarışçılar herhangi birinin yarış grubundan çıkmasına (özellikle de ön bölümde) kolay kolay izin vermezler; çünkü o anda hepsi konumlarını sağlamlaştırmak için uğraşıyor olurlar. Bu aşamada bisikletçiler, kendilerine yer açmak ve öne geçmek için genellikle kollarını ve omuzlarını ya da bisikletlerinin pozisyonunu kullanırlar. Bu omuz atmalar yarışın kritik bölümleri (mesela dik bir yokuş çıkışı, çakıl taşlı bir etap ya da ters rüzgârların estiği bir bölüm gibi) yaklaştıkça daha sıklıkla görülür. Bu gibi etaplarda yarış grubu uzama eğiliminde olur ve bisikletçiler arkada kalmak istemezler; çünkü sonra yeniden önlere geçebilmek için savaş verecekleri zaman çok fazla enerji sarf etmeleri gerekir.

Bu basit teknikler, birisi aniden fren yaptığında ya da yavaşladığında çarpışmadan kaçınabilmenizi sağlar. Bu teknikleri ne kadar çok çalışırsanız, grup içinde kendinizi o kadar rahat hissetmeye başlayacaksınız ve derecelerinizi iyileştirmekte size faydası dokunacak enerjinizi saklamakta o kadar etkin olacaksınız.

- ✓ Çeşitli faydalardan yararlanmak için önünüzdeki bisikletçinin rüzgârına girin.
- ✗ Kaza riskini azaltmak için çok yaklaşmayın.
- ✓ İleri bakmaya devam edin.
- ✗ Ön tekerleğinize bakmayın.
- ✓ Pelotondan ayrılırken yandan çıkın.
- ✗ Ani hareketlerden ya da frenlemelerden kaçının.
- ✓ İlk başta küçük gruplarla deneyim kazanın.
- ✗ Tecrübe sahibi olana dek büyük gruplara dâhil olmayın.

TEKNİK VE TAKTİK

4 Grup içinde sürekli yeni yerler açılmaya devam edecektir. Pozisyonunuzu korumak için buralara geçmeye bakın.

5 Kendinizi, hemen önünüzdeki bisikletçinin arka tekerleğinin hafifçe sağına ya da soluna konumlandırın, tam arkasına değil.

6 Yarış parkurunu iyi bilin ve özellikle parkurun grubu uzamaya zorlayacak yerlerinde grup içinde iyi bir konumda kalmaya çalışın.

TEKNİK VE TAKTİK

Tepe tırmanışı (Yokuş çıkma)

1 Tepeleri bir sorun olarak görmeyip onlara meydan okumayı denerseniz motivasyon düzeyinizin arttığını hissedebilirsiniz.

2 Ayakta sürdüğünüz zaman vücudunuzu ortalayın, böylece kuvvetinizi doğrudan pedala vermiş olursunuz. Ayrıca gidonu çok fazla çekmeyin.

3 Tırmanışın en dik yerine gelmeden hemen önce, seçtiğiniz vitese geçmiş olduğunuzdan emin olun.

TEKNİK VE TAKTİK

Pek çok kişi, tırmanışları büyük bir engel olarak görür ve yukarı baktıkları zaman motivasyonları düşer. Ama tepeler antrenmanın ve yarışların önemli bölümlerinden biridir ve eğer yarış derecelerinizi kısaltmak istiyorsanız yokuşları güvenle karşılamayı öğrenmelisiniz. Tepeye tırmanmak hiçbir zaman bisiklette en sevdiğiniz şey haline gelmeyebilir ama iyi bir teknik, ruhsal anlamda doğru bir yaklaşım ve zinde bir vücutla tepe ya da dağ tırmanışlarında korkulacak hiçbir şey olmadığını keşfedeceksiniz. Zaman geçtikçe bu zorlayıcı durumdan keyif almaya bile başlayabilirsiniz ve tırmanış sizin için bir meydan okuma şekline dönüştüğü zaman, tırmanışı tamamlamak için gerekli motivasyon seviyeniz de gittikçe artacaktır.

Tepeye yaklaşırken, en dik kısımlara gelmeden önce vitelerinizi her zaman hazır edin. Şurası kesindir ki eğer tırmanış hafif bir eğimle başlıyorsa yüksek bir vitesle girip sonradan eğim arttıkça vitelerinizi ayarlayabilirsiniz. Ama bir tepenin en dik kısmına pedal temponuzu neredeyse durma noktasına getirecek büyük bir vitesle saldırmayın. Momentumunuzu koruyun ve her zaman bacaklarınızı çevirmeye devam edin.

Düzlükte giderken, tepe tırmanışına geçmeden hemen önce ön çarktaki küçük dişliye geçmeniz gerekecek. Vites değiştirirken ve zincirin küçük dişliye geçmesi esnasında pedal çevirmeye devam edin ama pedallar üzerindeki baskıyı da yavaşça gevşetin ki zincir içe düşmesin. Dik bir yokuşta büyük bir vitesle pedal basmaya çalışırken, zincirin maruz kaldığı basınç sebebiyle bu baskıyı gevşetmek çok zordur ve doğru vitese geçebilmek için bu baskıyı yeterince düşürmeye çalışırken neredeyse durma noktasına gelmek zorunda kalabilirsiniz. Bu acemilerin yapacağı bir hata gibi görünse de bazen profesyonel bisikletçiler bile kendilerini vites değiştirmekteki zayıflıkları yüzünden uzun, dik bir yokuşa neredeyse durma noktasından başlarken bulabilirler. Bir yokuşta bisikletten inmek ve doğru vitese geçmek için pedalları elle döndürmek zorunda kalmaktan daha kötü bir şey yoktur.

Tırmanışa girerken doğru vitese sorunsuz bir şekilde geçtiğinizi varsayarsak, bundan sonra tepenin eğimine uygun vitesi çarklar arasından seçmeniz gereklidir. Yokuş tırmanmak tamamen enerjinizi yönetmekle ilgilidir (hızınızı değil), dolayısıyla vitesinizi seçerken bunu unutmayın.

Sürdüremeyeceğiniz bir hızda kalmak için kendinizi zorlamaktansa yeteneğinizin sınırları çerçevesinde tepenin zirvesine ulaşabilmek önemlidir. Eğer yokuşa yüksek bir hızla yaklaşıyorsanız bu yüksek hızı yokuşun sonuna

TEKNİK VE TAKTİK

kadar aynen koruyabilmeyi kesinlikle beklememelisiniz. Bu sebeple hızınızı değil, enerjinizi yönetmeye odaklanın. Böylece yokuş tırmanırken hızınızı da ayarlayabilirsiniz. Kalp atışınızı ya da ortaya koyduğunuz gücü vat cinsinden ölçen bir cihaz kullanıyorsanız, sarf ettiğiniz çabayı daha hassas bir şekilde kontrol edebilirsiniz.

Karşınızdaki tepeyi yüksek bir vitesle fethederek puan toplamaya kalkışmayın. Daha düşük bir viteste daha yüksek bir pedal temposunu sürdürmek daha etkilidir. Lance Armstrong'un Tour de France şampiyonu olmasının sebeplerinden biri de küçük viteslerde yüksek tempoyla pedal çevirebilmesiydi.

Hızınızı korumak ve maksimum enerji verimi sağlamak için en uygun pedal temposu her bisikletçinin kendi yeteneğine ve zindelik durumuna göre değişse de genellikle 60-90 devir arasındadır. Eğer dakikada 60 devirden aşağı düşerseniz, her bir pedal devri için sarf ettiğiniz gücü (ve enerjiyi) önemli ölçüde artırırsınız, 90 devirden yukarı çıkarsanız da herhangi bir ek fayda getirmemesine rağmen nabzınızı aşırı yükseltmiş ve enerjinizi tüketmiş olursunuz.

Tepe tırmanışlarında önemli bir nokta da ellerinizin gidon üzerindeki konumudur. Genel olarak yokuş çıkarken (özellikle de bir grubun önündeyseniz ya da yalnızsanız) gidonun üst kısımları kullanılır;

çünkü bu duruş sizin doğal olarak dik durmanızı sağlar, böylece ciğerleriniz açılır ve tırmanış için daha rahat nefes alabilirsiniz. Tırmanış esnasında vücudunuzu gevşetmeli ve düzenli olarak nefes alıp vermelisiniz. Gerginleşirseniz nefes alıp verme şekliniz de etkilenir.

Eğer bir grubun ortasında yokuş çıkıyorsanız ellerinizi vites değiştirme kollarının üzerinde tutun, böylece grubun hızında ya da ritminde bir değişiklik olduğunda tepki vermeniz gerekirse viteslere ve frenlere kolayca erişebilirsiniz. Ellerinizi vites kollarının üzerine koymanın bir artısı da seleden kalkmaya karar verirseniz doğru pozisyonun bu olmasıdır. Eğer yokuş giderek dikleşiyorsa bu pozisyon size kaldırma kuvveti sağlayacak ve gidonu hafifçe sağa sola hareket ettirerek pedallara daha fazla güç aktarabilmenize imkân verecektir.

Sarf ettiğiniz gücün pedallar aracılığıyla bisikletin ortasına aktarımını sürekli kılmak için, ileri doğru fazla eğilmekten kaçının. Seleden kalkarak sürmek nabzınızı artırır ve size daha fazla güç verir, ama bu tekniği dik yokuşlarda ya da çalışan kaslarınızı kısa bir süre değiştirmek istediğinizde seyrek olarak kullanın.

Yokuş tırmanırken ayak pozisyonunuz da önemli bir faktördür. Pek çok kişi için, pedal mili yatay pozisyondayken ayaklar düz olmalıdır ve ayağın bu duruşu pedal döngüsü boyunca korunmalıdır. Ayağınız ve kaval kemiğiniz arasındaki açıyı çok fazla değiştirmemeniz gereklidir. Bazı bisikletçiler ayak parmakları aşağı gösterir şekilde binme eğilimi gösterirler (efsanevi bisikletçi Jacques Anquetil gibi), bazıları ise topuklar aşağıda ve parmaklar daha yukarıda bir pedal çevirme stilini benimserler (Eddy Merckx gibi), ama birçok kişi için en iyi pozisyon düz duruştur. Doğal eğiliminiz ya da tercihiniz ne olursa olsun, o açıyı pedal döngüsü boyunca aynen korumaya çalışın.

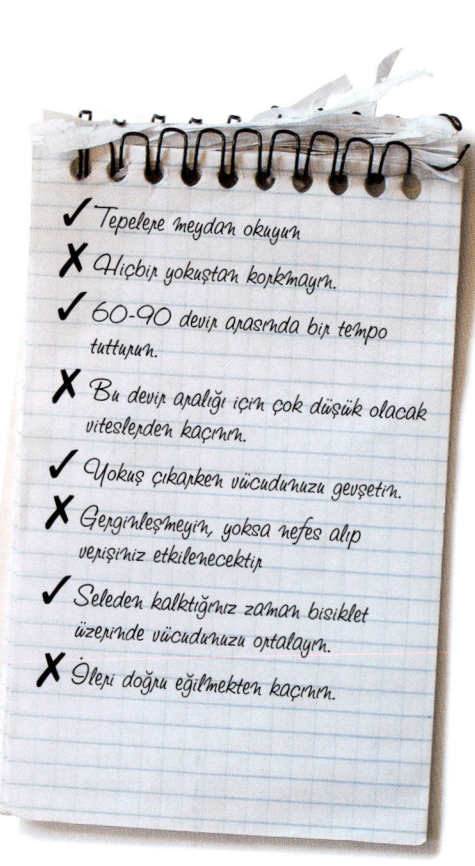

- ✓ Tepelere meydan okuyun.
- ✗ Hiçbir yokuştan korkmayın.
- ✓ 60-90 devir arasında bir tempo tutturun.
- ✗ Bu devir aralığı için çok düşük olacak viteslerden kaçının.
- ✓ Yokuş çıkarken vücudunuzu gevşetin.
- ✗ Gerginleşmeyin, yoksa nefes alıp verişiniz etkilenecektir.
- ✓ Seleden kalktığınız zaman bisiklet üzerinde vücudunuzu ortalayın.
- ✗ İleri doğru eğilmekten kaçının.

TEKNİK VE TAKTİK //

4 Bir grupla birlikte giderken ellerinizi vites değiştirme kollarının üzerine koyun ki gerektiğinde bisikletinizle manevra yapabilmeniz ya da hızlıca frene basabilmeniz mümkün olsun.

5 Eğer yeriniz müsaitse (örneğin bir grubun en önünde gidiyorsanız veya yalnızsanız) ellerinizi gidonun üstüne koyun.

6 Tırmanışın anahtarı, güç seviyenizi yönetmektir, hızınızı değil. Belli bir hızı korumaya takılıp kalmayın.

TEKNİK VE TAKTİK

Dönüşler

1 Ağırlığınızı bisiklet üzerinde ortalamaya odaklanın.

2 Viraja girerken içteki elinizle ileri doğru itin.

3 Viraja girerken dıştaki pedal aşağıda olsun.

TEKNİK VE TAKTİK

Bir virajı dönmek, sadece gidonu çevirmek kadar basit bir iş değildir. Bu teknik düşük hızlarda kullanıldığında işe yarar, ama profesyoneller ya da deneyimli bisikletçiler bir bisikleti döndürmekten bahsettiklerinde başka bir teknikten söz ediyor olurlar: Tersine döndürme yöntemi.

Yokuş aşağı bir etapta hızlı bir şekilde giderken ya da bir grubun içinde hızla seyrederken viraja girdiğinizde ustalaşmanız gereken teknik işte budur. Hızlı giderken bir dönüşle karşılaştığınızda sadece gidonu çevirerek dönüşü tamamlayamazsınız, böyle yaptığınızda bisikletiniz kayıp gider ve içeri doğru yaslanmanız mümkün olmaz.

Bu sebepten dolayı, bisiklet üzerinde hızınız yükseldikçe, tersine döndürme yöntemini kullanmanız gerekir. Bir dönüşe yaklaşmaya başladığınız zaman, örneğin sağa doğru bir viraja gelirken, dıştaki pedalınızı (bu durumda sol pedalı) aşağıda tutmanız gereklidir. Daha sonra ayağınızla dış pedalınız üzerine baskı uygularsınız ve iç taraftaki elinizle (bu durumda sağ eliniz) gidonu hafifçe ileri doğru itersiniz.

Bu hareket gidonu ters yöne doğru çok hafifçe döndürür ve bisikletinizin dönüşü başlatmak için gerekli eğimi yaratmasını sağlar. Ellerinizle gidona çok fazla baskı uygulamaktan kaçının; çünkü bunu yaparsanız gidona kuvvet uygulamış olursunuz ve bu da kaymanıza neden olur (özellikle de yağışlı hava koşullarında). Bu tekniğin sizi başarılı bir şekilde döndüreceğinden emin olabilirsiniz.

Tersine döndürme bisikletinizin doğal olarak doğru pozisyonu almasına ve dönüş için gerekli olan eğilme konumunu kendiliğinden bulmasına olanak verir. Dış taraftaki pedalınızı aşağı doğru basarken ağırlık merkezinizi ve sele üzerindeki ağırlığınızı da hesaba katmanız gerekir. Bisikleti düz bir şekilde kullanmaya ve alt pedalın yerle olan pozisyonunu korumaya konsantre olmalısınız. Vücudunuzun ağırlığını merkezlemeye odaklanmanız önem taşır. Kayak yapmış olan kimseler için bu teknik tanıdık gelebilir, ağırlığınızı vücudunuzun ortasında tutma konusu kontrolü ve dengeyi sağlamak açısından kayakta da benzerdir.

Bir dönüşe yaklaşırken, hızınızı mümkün olduğunca korumanıza izin verecek bir hat seçmeniz gerekir. Çizgi, siz dönüşe yaklaştıkça virajın dış tarafından sizi alıp, virajın tam ortasında sizi içe taşımalı ve virajdan çıkarken tekrar dışarı savurmalıdır.

Şurası açıktır ki yavaş hızda seyrederken (mesela yokuş çıkarken), tersine döndürme yöntemi uygulanamaz.

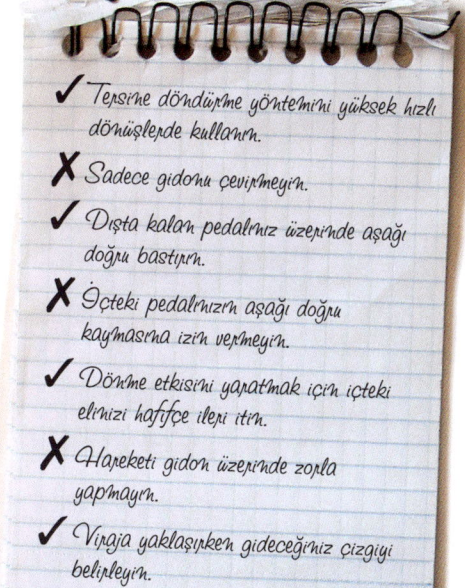

- ✓ Tersine döndürme yöntemini yüksek hızlı dönüşlerde kullanın.
- ✗ Sadece gidonu çevirmeyin.
- ✓ Dışta kalan pedalınız üzerinde aşağı doğru bastırın.
- ✗ İçteki pedalınızın aşağı doğru kaymasına izin vermeyin.
- ✓ Dönme etkisini yaratmak için içteki elinizi hafifçe ileri itin.
- ✗ Hareketi gidon üzerinde zorla yapmayın.
- ✓ Viraja yaklaşırken gideceğiniz çizgiyi belirleyin.
- ✗ Ağırlığınızın öne doğru kaymasına izin vermeyin.

TEKNİK VE TAKTİK

Yokuş aşağı

1 Yokuş aşağı hızınızı artırırken kendinize olan güveninizi de yavaş yavaş artırın.

2 İniş boyunca ellerinizi gidonun alt kısmından ayırmayın, böylece önünüze herhangi bir problem çıkarsa daha rahat tepki vermeniz mümkün olur.

3 Rüzgâr direncini azaltmak için aerodinamik açıdan elverişli bir pozisyon seçin.

Ustalaşmanız gereken iki tür yokuş aşağı iniş tekniği vardır: Düz ve virajlı. Bunlardan ilkinde yine iyi bir tekniğe ihtiyacınız söz konusudur; ancak bundan sonrası tamamen korkularınızdan daha güçlü olmak ile ilgilidir. Tabii bu, gereksiz riskler almanız anlamına da gelmez.

Cesaretiniz arttıkça hızınızı da yavaş yavaş artırın ve hızlı bir şekilde yokuş inerken gerekli olan tekniklere güvenmeyi öğrenin. Profesyonel inişçiler kendilerini en uç noktalara kadar zorlar ve hızlarını maksimuma çıkarmak için yolun her milimetresini kullanırlar. Yokuş aşağı inişlerinizi bu tür aşırı uçlara çekmek bu aşamada gerekli değilse de, hızlı etaplarda nasıl yarışacağınızı öğrenmek, derecelerinizi ve pozisyonlarınızı ilerletmenin önemli bir kısmını oluşturur.

Yokuş aşağı dümdüz bir yolda ya da hafif bir virajda giderken, rüzgâr direncini azaltmak ve hızınızı artırmak için aerodinamik açıdan elverişli bir pozisyon seçebilirsiniz. Bunu yapmak için sırtınızı, omuzlarınızı ve başınızı daha yatay bir pozisyon alacak şekilde alçaltmanız gerekir. Böylece sırtınız gerilerek uzar ve sele üzerinde biraz geri kaymanızı gerektirebilir.

Rüzgârın direncini en aza indirmek amacıyla ellerini gidonun tepesinde birbiriyle neredeyse bitişik şekilde tutarak yokuş inen profesyonel bisikletçiler görmüş olabilirsiniz. Bu sadece deneyimli bisikletçilerin (onların da hepsinin değil) kalkıştığı bir şeydir. Zamandan kazandığınız avantaj pek azdır ve önünüze bir problem çıkacak olursa (mesela bir taş ya da yolda bir çukur gibi) reaksiyon verme süreniz çok azalır.

Ellerinizi gidonun alt kısmında tutun, böylece parmaklarınız vites kollarına daha yakın olur. Vücutlarını karınları üzerinde ortalayarak seleye yatan ve gözleri gidonun üzerinde fal taşı gibi açık halde rokete binermiş gibi yokuş inen o çılgın yokuşçuları taklit etmeye ise sakın kalkışmayın!

Yüksek hızda giderken viraja girdiğinizde, tersine döndürme yöntemini zaten otomatik olarak kullanmak durumunda kalacaksınız (Bkz. Sayfa 50-51). İşin püf noktası, vücudunuzun ağırlık noktasının her zaman için bisikletin merkezinden geçtiğinden emin olmakta yatar.

Bu önemlidir; çünkü yokuş aşağı inerken vücudunuzun ağırlığı (eğer onu geride ve ortada tutmak için özel bir çaba harcamazsanız) doğal olarak öne doğru kayar. Aşırı dik yokuş inişlerinde, profesyonel bisikletçilerin viraja yaklaşırken seleleri üzerinde geriye doğru kaykıldıklarını görebilirsiniz; böyle yaparak ağırlıklarını

TEKNİK VE TAKTİK

dengelediklerinden (ve fren etkinliğinin arttığından) emin olurlar. Unutmayın, yokuşun dikliği ve sonuç olarak viraja girdiğiniz andaki hızınız, ne kadar ileri fırlayacağınızı ve dolayısıyla ne kadar ayarlama yapmanız gerektiğini belirler.

Eğer gereğinden fazla arkaya kayarsanız, arka lastiğinizin kaymaya başlayabileceği konusunda dikkatli olmanız gerekir. Zamanla deneyim kazandıkça, dengeli durmak için yapmanız gereken ayarlamanın doğru miktarını hissetmeyi öğreneceksiniz.

Bir dönüşe girerken fren yapmak da ön tekerlek üzerine uygulanan basınç dolayısıyla vücudunuzun ileri kaymasına sebep olur, bu sebeple her iki frene de eşit ölçüde baskı uygulamaya odaklanın. Ön frene uygulanan aşırı baskı, özellikle de yağışlı havalarda, kayma riskinizi artırır.

Keskin bir virajı almadan önce, virajı frene tekrar basmadan almanıza izin verecek bir hıza düşebileceğinizi garanti edecek kadar erken fren yapın. Virajın içine doğru eğildiğiniz için lastiklerinizin yolla olan teması azalır ve bu anda fren yapmak daha fazla olasılıkla kaymanıza sebep olabilir. Burada da, virajı dönerken tekrar fren yapmanızı gerektirmeyecek bir hızda virajlara girmeyi yavaş yavaş öğrenirken kendinize olan güveniniz de adım adım artacaktır.

Daima aklınızda tutmalısınız ki dünya üzerindeki herhangi iki virajın birbirinin tamamen aynısı olması olasılığı pek yüksek değilse de ne kadar çok virajı başarıyla alırsanız ve bunları ne kadar yüksek hızlarda dönebilirseniz, kendinize olan güveniniz de o kadar artacaktır. Yokuş aşağı hız yapmak ve yokuş aşağı viraj dönmek, aslında bir deneme yanılma meselesidir; bunu "deneme" ve "yanılmama" şeklinde yapmaya çalışırsanız iyi olur; çünkü saatte 50 km (31 mil) hızla iki tekerlek üzerinde giderken hata yapmak size çok acı verici bir deneyim yaşatabilir.

Son olarak, tepeli ve dağlık alanlarda daha düşük sıcaklıklarla sık sık karşılaşacağınızı da aklınızdan çıkarmayın. Bisiklete binerken sizi rüzgârdan koruyacak bir rüzgârlık giymeyi alışkanlık edinin ve yokuş inmeye başlarken rüzgârlık giymeyi unutmayın. Zamanla rüzgârlığınızı hızlıca giymek (ve yokuşu tamamladıktan sonra da çıkarmak) konusunda oldukça ustalaşabilirsiniz. Tabii eğer hava sıcaklığı aşırı yüksekse bunu atlayabilirsiniz!

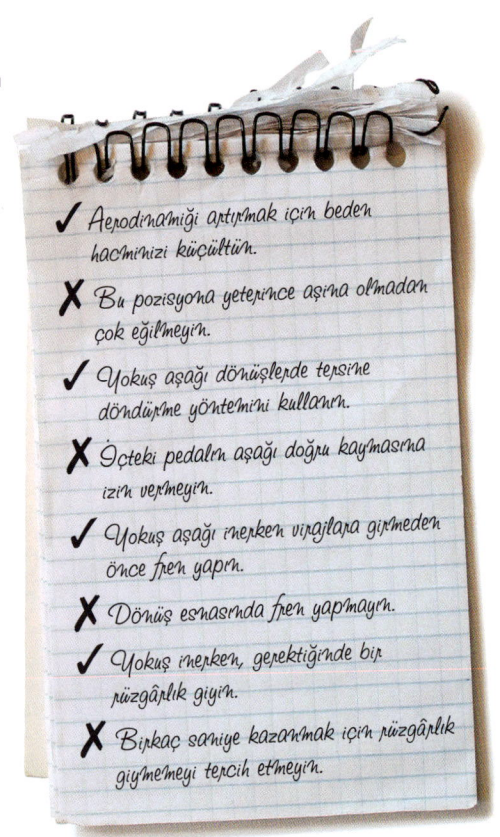

- ✓ Aerodinamiği artırmak için beden hacminizi küçültün.
- ✗ Bu pozisyona yeterince aşina olmadan çok eğilmeyin.
- ✓ Yokuş aşağı dönüşlerde tersine döndürme yöntemini kullanın.
- ✗ İçteki pedalın aşağı doğru kaymasına izin vermeyin.
- ✓ Yokuş aşağı inerken virajlara girmeden önce fren yapın.
- ✗ Dönüş esnasında fren yapmayın.
- ✓ Yokuş inerken, gerektiğinde bir rüzgârlık giyin.
- ✗ Birkaç saniye kazanmak için rüzgârlık giymemeyi tercih etmeyin.

TEKNİK VE TAKTİK

4 Bisikletinizin üzerinde kendinizi ortalamaya konsantre olun; çünkü yokuş aşağı bir viraja girmek sizi doğal olarak öne doğru kaydıracaktır.

5 Frenlerinize keskin bir viraja girmeden önce basın, dönüş esnasında değil.

6 Yokuş aşağı bisiklete binerken ön ve arka frenlerinizi eşit şekilde uygulayın, eğer öne fazla baskı binerse kayma riskiniz artar.

TEKNİK VE TAKTİK

Yağmur ve nemli hava

1 Evden çıkarken hava güzel görünse de her zaman bir yağmurluk taşıyın.

2 Ellerinizi, başınızı ve bacaklarınızı unutmayın; eldiven ve kask takın, bacaklarınıza krem sürün.

3 Motorlu taşıtların görüşü yağışlı havalarda zayıfladığından, görünebilirliğinizi artırmak için parlak renkler giyin.

TEKNİK VE TAKTİK

Yağmurlu havada bisiklete binmek ve sırılsıklam ıslanmak tabii ki pek hoş bir deneyim değildir. Yazın havanın nispeten sıcak olduğu zamanlarda bile, yağmurda bisiklete binmek vücut ısınızın düşmesine sebep olabilir. Kendinizi sıcak tutmak için gerekli adımları atmadığınız zaman daha zayıf hissedersiniz ve kaçınılmaz olarak performansınız belirgin bir şekilde düşer.

Vücut ısınız düşmeye başladığı zaman, ilk savunma mekanizmalarından biri kan dolaşımınızı kol, bacak gibi uç noktalardan vücudunuzun üst ana kısmına yöneltmektir. Mevsime ve nerede yaşadığınıza bağlı olarak, çok rahatsız bir "soğuk duştan" her zaman kaçınamayacağınızı kabul etmek zorunda kalabilirsiniz.

Eğer sıcak bir yaz günü bisiklete binmeye çıkıyor değilseniz, her zaman hafif ve su geçirmez bir yağmurluk taşımalısınız. Evden çıktığınızda hava güzel görünüyor bile olsa yağmurluğunuzu yine de yanınıza alın; çünkü hepimizin bildiği gibi hava koşulları çok hızlı değişebilir ve ıslanıp üşüdüğünüz zaman eve dönüş yolculuğu son derece keyifsiz olur. Ama eğer doğru giysileri seçerseniz, yağışlı bir gün, en çok ortalama havaları seven bisikletçilerin bile yüzlerinde bir gülümsemeyle geçirecekleri bir meydan okumaya dönüşebilir.

Yağmurluklar, bisiklet üzerinde yağmurlu bir günü geçirebilmek için herhalde en önemli malzemedir. Bu hafif bisikletçi yağmurluklarından bazılarının tamamen su geçirmez olmadıklarını unutmayın. Yoğun bir sağanakta su, bu kumaşlar tarafından emilir ve eğer yağmurluğunuzun altında su geçirmez bir katman yoksa sular içeri sızmaya başlar.

En basit yağmurluk, bildiğimiz şeffaf plastikten yapılır. Bunlar sizi sıcak tutma konusunda oldukça etkilidir; çünkü %100 su geçirmez özellikleri vardır. Fakat pek iyi hava geçirmez. Antrenman yapmaya başlar başlamaz, vücudunuzun ürettiği nem yüzünden yağmurluğunuz içten ıslanmaya başlayacaktır. Giderek artan temponuzla vücudunuz terleme oranını artırma eğilimi gösterir ve yağmurluğunuzu giymediğiniz duruma göre çok daha fazla ıslanmış bir duruma gelebilirsiniz! Dolayısıyla bu tür yağmurluklar yalnızca kısa süreli ve hafif koşullar için uygundur, örneğin pedallara çok fazla basmanız gerekmeyen inişlerde...

Modern ve nefes alabilen yağmurluklar, yağmurda bisiklete binmek için en iyi seçenektir. En başta bunlar su ve rüzgâr geçirmezler, dahası içteki nemin kumaştan dışarı çıkabilmesine izin verirken dışarıdaki yağmurun içeri girmesini de engelleyecek şekilde tasarlanırlar. Sonuç olarak, uzun süreli yağışlı havalarda bile oldukça iyi yağmur dayanıklılığı olan ve aynı zamanda iyi nefes alabilen bir giysiden söz ediyoruz. Yağmur yağıyorken genellikle hava oldukça karanlık olur, özellikle de kış aylarında. Motorlu taşıt sürücüleri bisikletçileri görmekte

TEKNİK VE TAKTİK

sorun yaşarlar; çünkü yağmur onların görüşünü kısıtlar. Bu nedenle tercihen iyi görülebilecek, parlak renkte bir yağmurluk giyin.

Vücudunuz soğumaya başladığı zaman, ilk savunma mekanizmalarından biri kan dolaşımınızı kol, bacak ve eller gibi uç noktalardan vücudunuzun üst ana kısmına yöneltmektir. Bu sebeple yağmurluğunuzu giymenin yanı sıra başınızı, ellerinizi ve ayaklarınızı sıcak tutmaya da dikkat etmeniz gerekir.

Hava serin ve yağışlı olduğu zaman, su geçirmez ayak koruyucuları kullanmak şarttır. Bunlar bisiklet ayakkabılarınızın üzerine sıkıca geçer ve arkalarında birer Velcro bağlama kayışı ya da fermuar bulunur. Ayaklarınızı sıcak ve kuru tutmasının yanı sıra koruyucu ayakkabıların, bisiklet ayakkabılarınızı temiz tutmak gibi ek faydaları da vardır.

Sonra ellerinizi de düşünmeniz gerekir. Bisiklete binerken elleriniz nispeten daha hareketsizdir ve bu sebeple serin, yağmurlu havalarda daha çok üşürler. Dolayısıyla su geçirmez bir dış katman ve altında ikinci bir yalıtma katmanından oluşan kış eldivenleri ellerinizi soğuktan, rüzgârdan ve yağmurdan korumak için hayati önem taşır.

Gözlükler de bisiklet ekipmanınızın önemli bir bölümünü oluşturur. Yazın gözünüze sinek kaçmasını önler ve yağmurlu havalarda da yağmurun ve çamurlu yollardan gelen taneciklerin gözünüze kaçmasını engeller. Bu, özellikle bir grupla bisiklete binerken sık sık rastlanan bir durumdur.

Son olarak, kask takmadan asla bisiklete binmeyin. Yağışlı günlerde kaskınızın altına ayrıca bir de bere takabilir ve başınızı bu şekilde sıcak tutabilirsiniz.

Eğer havanın serin ve yağmurlu olacağını tahmin ediyorsanız, bacaklarınıza bir ısıtıcı krem sürerek güne başlayın. Bu kremin su geçirmez özelliği de vardır; hem ısınma hissi verir hem de kas dokularına hızlı bir kan akışı sağlayarak daha iyi oksijen almalarını sağlar, böylece de laktik asit birikimi riskini azaltır. Isıtıcı krem sürdükten sonra, daha da fazla koruma sağlamak üzere bir kat da vazelin sürebilirsiniz.

Nemli havalarda bisiklete binerken aşağıdaki noktalara dikkat edin:

- Yol kenarındaki çukurlara fazla yaklaşmaktan kaçının; çünkü cam ve taş parçaları genellikle oralarda birikir.

- Lastiklerle kaldırımın temas noktasında daha büyük bir temas yüzeyi elde etmek amacıyla lastiklerinizin basıncını 100 psi (7 bar) civarına indirin.

- Viraj dönmeden önce hızınızı azaltın. Frenler ıslandıkları zaman durma süresi çok uzar. Suyun etkilerine alışabilmek için fren denemeleri yapın. Yokuş inerken frenlere hafif hafif basarak bisikletinizin hızını biraz düşürmüş ve jantlarınızı biraz kurulamış olursunuz.

- Boyalı yaya geçitlerinden, yaprakların üzerinden ve kanalizasyon kapaklarından geçerken dikkat edin; çünkü bunlar yağışlı havada kaygan olurlar. Bu tür yüzeylerde keskin dönüşler yapmaktan kaçının.

- Şehir dışında seyrederken çamur ve hayvan pisliklerine dikkat edin.

- Motorlu araçların yağışlı havalarda daha az kontrole ve görüş alanına sahip olduklarını unutmayın.

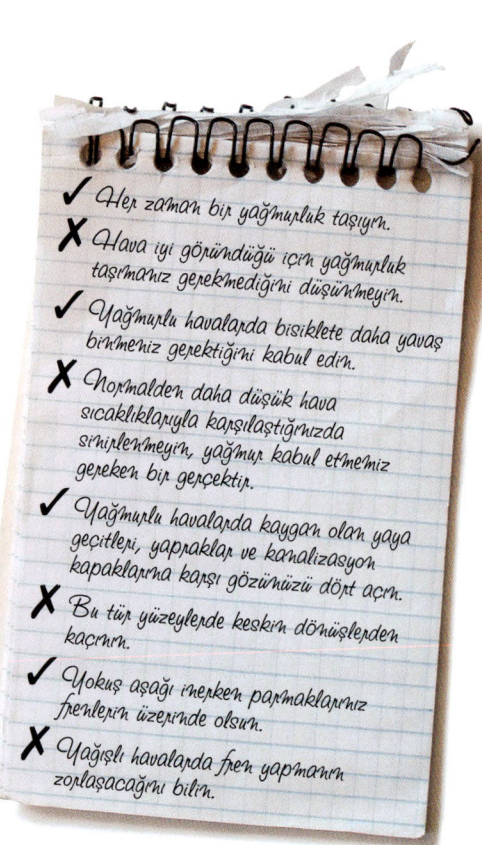

✓ Her zaman bir yağmurluk taşıyın.

✗ Hava iyi göründüğü için yağmurluk taşımamız gerekmediğini düşünmeyin.

✓ Yağmurlu havalarda bisiklete daha yavaş binmeniz gerektiğini kabul edin.

✗ Normalden daha düşük hava sıcaklıklarıyla karşılaştığınızda sinirlenmeyin, yağmur kabul etmemiz gereken bir gerçektir.

✓ Yağmurlu havalarda kaygan olan yaya geçitleri, yapraklar ve kanalizasyon kapaklarına karşı gözünüzü dört açın.

✗ Bu tür yüzeylerde keskin dönüşlerden kaçının.

✓ Yokuş aşağı inerken parmaklarınız frenlerin üzerinde olsun.

✗ Yağışlı havalarda fren yapmanın zorlaşacağını bilin.

TEKNİK VE TAKTİK

4 Yol üzerinde daha iyi bir tutuş sağlamak için lastiklerinizin havasını biraz indirin.

5 Yağmurlu havada viraja girerken hızınızı iyice azaltın. Kuru havalardaki hızınızı korumaya çalışmayın.

6 Yokuş aşağı giderken hızınızı azaltmak ve jantlarınızı kurutmak için frenlere hafifçe dokunun.

TEKNİK VE TAKTİK

Rüzgârlı hava

1 Rüzgâr yandan geldiğinde, önünüzdeki yarışçının rüzgâra göre ters yanında ve çaprazında durun.	**2** Rüzgâr ne kadar sert esiyorsa, size kalkan görevi gören bisikletçiye doğru o kadar yanaşmanız gerekir.	**3** Paketin ne kadar arkasında kalırsanız, rüzgâr direncinden o kadar fazla yararlanırsınız.

TEKNİK VE TAKTİK

Üç tip rüzgâr vardır: Önden, arkadan ve yandan esen rüzgârlar. Bunların her biri bisiklete biniş stilinizi etkiler ve bu sebeple sürekli olarak rüzgârın yönü hakkında düşünmeniz gerekir. Tam karşıdan gelen güçlü bir rüzgâr, birçok bisikletçi tarafından en büyük düşman olarak görülür. Ancak rüzgâr da bisiklet sporunun bir gerçeğidir; onunla başa çıkmanız ve rüzgârdan faydalanma tekniklerinizi (Bkz. Sayfa 42-45) buna göre ayarlamayı öğrenmeniz gereklidir.

Profesyonel bisikletçilere en çok korktukları doğa engelini sorduğunuzda çoğundan o "korkunç çapraz rüzgâr" yanıtını alırsınız. Yanlardan esen rüzgâr, iyi bir drafting (rüzgârına girme) tekniğinin önemini daha da artırır; çünkü başka bir yarışçının rüzgârına girerek bu yan rüzgârlardan korunamazsanız, kaçınılmaz olarak gruptan koparsınız. Fransa Turu'nun bazı etaplarında, parkurun düz bir bölümündeyken grubun bölünerek farklı paketler oluşturduğunu ve baklava şeklinde birbirine bağlı bir grup (buna bazen diziliş de denir) halinde ilerlediğini hatırlar mısınız?

Kademeli diziliş, bisikletçiler yandan gelen rüzgâra maruz kaldıkları zaman meydana çıkar. Bu rüzgârdan kaçış tekniği, rakipleri çapraz rüzgârı kullanarak grubu bölmeye çalıştıkları zamanlarda bisikletçilerin grup içinde güvenli ve uygun bir pozisyon edinmelerine yardımcı olur. Rüzgârdan korunmak ve rakiplerinizin deryarından faydalanmak için, önünüzdeki yarışçının rüzgâra göre ters yanında ve çaprazında kalın. Yani bunun anlamı, rüzgâr soldan esiyorsa, önünüzdeki kişinin sağından takip etmeniz demektir.

Rüzgâr ne kadar çok esiyorsa, rüzgârın direncini azaltmak için öndeki bisikletçiye o kadar yaklaşmanız gerekir. Şurası açıktır ki, grubun başını çeken bisikletçi rüzgâra en fazla maruz kalan kişidir. İlk bisikletçinin rüzgâr altı yönüne doğru arka çaprazında kalan bir sonraki bisikletçi daha az rüzgâr direnci hisseder ve aynı hat üzerinde sonra gelen her bisikletçi daha fazla fayda görür.

Ancak grubun temposunu belirleyen en baştaki bisikletçi, bu pozisyonu uzun süre koruyamayacaktır; çünkü onun da toparlanmak için zamana ihtiyacı vardır. Bu sebeple yavaşlayacak, kenara çekilecek ve ikinci bisikletçinin liderlik pozisyonunu almasına izin verecek; bu esnada da çapraz olarak geriye ve diğer rakiplerinin arkasına doğru hareket etmeye başlayarak yolun diğer tarafına erişecektir. Büyük grup bölünecek ve biri başı çeken hattı, diğeri de dinlenme hattı oluşturacak ve böylece sırayla her bir bisikletçi öne geçerek başı çekme ve sonra dinlenerek toparlanma şansı elde edecektir.

Örnek vermek gerekirse; mesela rüzgâr sağdan geliyorsa en öndeki hatta bulunan bisikletçilerin tümü sağa kayar, yolun rüzgâr tarafındaki yanına doğru çapraz şekilde ilerler ve bu esnada yolun rüzgârın aksi tarafındaki kenarında liderlikten düşüp güç toplamak için geri doğru hareket eden bisikletçi için bir boşluk açarlar (geriye düşenler sıraları gelince yine ileri doğru hamle yapacaklardır). Kademeli dizilişte bu şekilde dönen bisikletçilerin sayısı, yolun genişliğiyle orantılı olur. Geniş bir yol 15 ya da daha fazla bisikletçiye yer sağlayabilirken, daha dar bir yol bazen 4 ya da 5 kişiyi aşamayan bir dizilişin oluşmasına neden olur.

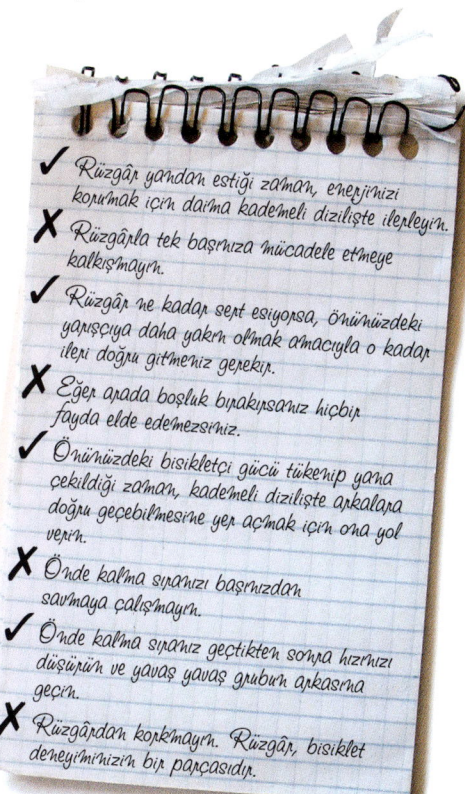

✓ Rüzgâr yandan estiği zaman, enerjinizi korumak için daima kademeli dizilişte ilerleyin.

✗ Rüzgârla tek başınıza mücadele etmeye kalkışmayın.

✓ Rüzgâr ne kadar sert esiyorsa, önünüzdeki yarışçıya daha yakın olmak amacıyla o kadar ileri doğru gitmeniz gerekir.

✗ Eğer arada boşluk bırakırsanız hiçbir fayda elde edemezsiniz.

✓ Önünüzdeki bisikletçi gücü tükenip yana çekildiği zaman, kademeli dizilişte arkalara doğru geçebilmesine yer açmak için ona yol verin.

✗ Önde kalma sıranızı başınızdan savmaya çalışmayın.

✓ Önde kalma sıranız geçtikten sonra hızınızı düşürün ve yavaş yavaş grubun arkasına geçin.

✗ Rüzgârdan korkmayın. Rüzgâr, bisiklet deneyiminizin bir parçasıdır.

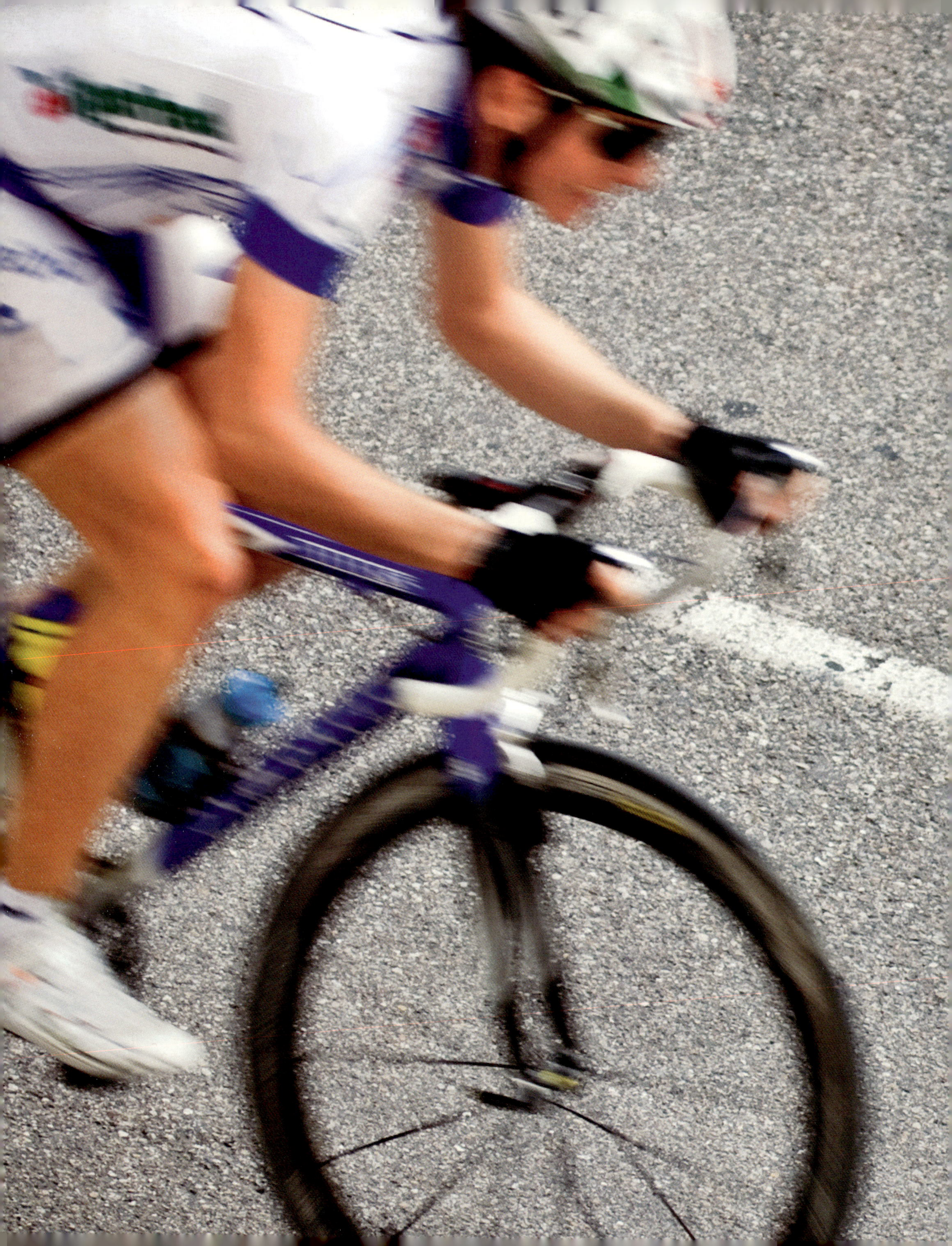

kondisyon ve antrenman

// DAHA HIZLI // DAHA GÜÇLÜ // DAHA MOTİVE

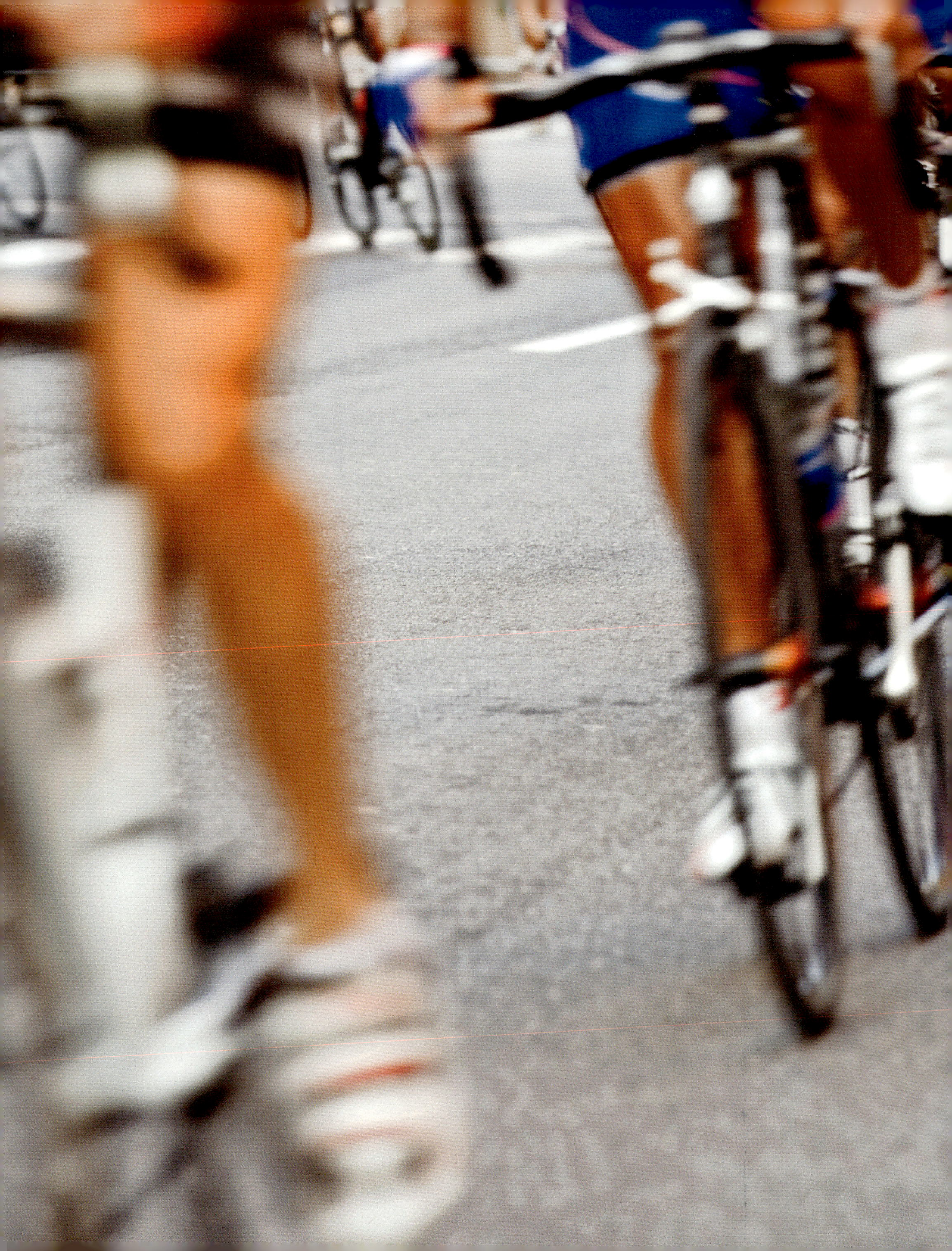

Temel bilgiler

Bisiklete binmek, kondisyon düzeyinizi artırmak, kilo vermek, stresi azaltmak ve dolaşım sisteminizi güçlendirmek için harika bir yoldur. Etkili bir antrenman programı, kendi amaçlarınızı çok net bir şekilde görebilmekle başlar ve deneyim seviyenizle, haftalık programınızla ve kişisel yaşam tarzınızla uyumlu bir şekilde tasarlanmalıdır. Kendi programınızı uygularken kendinizi rahat hissetmenize yardımcı olmak için bütün bu noktalar hesaba katılmalıdır.

Kaslarınızın, bisikletinizi harekete geçirmek için gereken enerjiyi nasıl ürettiğini büyük ihtimalle merak etmişsinizdir. Bunun cevabı aslında oldukça basittir: Nefes alarak içinize oksijen çekersiniz, ciğerleriniz bu oksijeni kaslarınıza iletir ve burada pek çok besin öğesinden gelen yakıtlar oksijenle birleşerek kaslarınızın kasılmasını sağlar ve ortaya bir kuvvet çıkar. Bunu belli bir zaman boyunca yaparsanız daha güçlü ve daha hızlı olursunuz. Tamam, buraya kadar kulağa hoş geliyor, peki ama aslında gerçekte neler olup bitiyor?

Vücudunuz, kimyasal enerjinin kas liflerinizin hücreleri içinde iletilmesini sağlamak için, yediğiniz besinlerden ATP (adenozin trifosfat) adı verilen bir yakıt molekülü üretir. Kaslar ATP olmadan kasılamazlar ve vücudunuzdaki metabolizma işlevlerinin hemen hemen tümü bu moleküle bağlıdır. Antrenman boyunca vücudunuz iki farklı şekilde ATP üretir: Aerobik (oksijenli) ve anaerobik (oksijensiz) olarak. Anaerobik sistem de kendi içinde iki değişik sisteme ayrılır: Alaktik sistem ve laktik sistem. Bu ikincisi adenozin trifosfat (ATP) / kreatin fosfat (CP) sistemi olarak da bilinir.

Oksijen, vücudunuzun ATP ihtiyacının büyük kısmını karşılamak için gereklidir. Hafif bir tempoda bisiklet sürerken ve arkadaşınızla sohbet etmek için yeterli oksijeniniz varken, kaslarınızın yaptığı iş için gereken ATP'lerin büyük bir kısmı aerobik enerji sistemiyle üretilir. Ancak antrenman yoğunluğunu artırdıkça, nefesinizi kontrol etmek giderek daha da güçleşir ve konuşmaya devam etmekte zorlanmaya başlarsınız. Vücudunuz enerji üretme biçimini değiştirmek zorunda kalır ve anaerobik enerji sistemi devreye girer.

Çok yoğun bir antrenman programı esnasında, dolaşım sisteminiz enerji ihtiyacınızı karşılamak için yetecek kadar oksijen sağlayamadığı zaman, kaslarınız gerekli enerjiyi üretme kapasitesine sahiptir. Bunu daha az oksijenle yapar ve anaerobik enerji üretilmiş olur. Anaerobik enerji sistemi yüksek hızlara çıkabilmenize imkân tanır; ancak kaslarınızda giderek biriken ve laktik asit denen atık ürün bir yanma hissine sebep olarak sizi yavaşlamaya zorlar. Bisiklet sporunda aerobik enerji sistemi en önemlisidir; çünkü günlük antrenman sürecini devam ettirmek için ihtiyacınız olan enerjinin büyük kısmını aerobik enerji sistemi üretir.

Uzun mesafe bisikletçilerinin anaerobik enerji sistemini ve ATP/CP enerji sistemini gerek duyacakları zamana saklamaları için sürekli çalışmaları gereken en önemli sistem budur. Bunun için yavaş ve orta yoğunlukta pek çok antrenman yapmanız gerekir. Antrenman süreleri, hedeflenen yarışın uzunluğuna bağlıdır ama genel olarak bu sistemi geliştirmek için yavaş, orta ve anaerobik eşik olmak üzere üç ila dört saatlik temel dayanıklılık antrenmanları yeterli olacaktır.

Fiziksel aktivite esnasında vücudunuzun tercih ettiği yakıt kaynağı karbonhidratlar olmasına rağmen, yağlar da enerji sağlar. Aerobik enerji sistemi, vücudunuzun anaerobik eşiğin altında kalan yoğunluklarda yağları enerji kaynağı olarak kullanma yeteneğini artırır. Yani bir anlamda vücudunuz yağlar konusunda daha verimli davranmayı öğrenir. Böylece uzun mesafelere dayanma gücünüz artar. Yağ yakma yeteneğinizi geliştirmek için en uygun yoğunluk seviyesi, maksimum nabzın %80'i kadardır.

Aerobik enerji sistemi özellikleri şunlardır:
1. Glikojen, karbonhidrat, yağ ve protein sentezi yoluyla hücrelere yakıt (glikoz) sağlar.

KONDİSYON VE ANTRENMAN

2. Sentez, oksijenin varlığıyla yapılır, ortaya çıkan yan ürünler karbondioksit ve sudur.

3. Kandaki laktat düzeyi en fazla 4 mmol/l değerinde kalır ve sınırlı miktarda laktik asit oluşur.

4. Vücudunuzda yeterli su ve besin olduğu ve antrenmanın yoğunluğu aerobik solunumun ana enerji kaynağı olarak kalabilmesine izin verecek şekilde düşükse, bu şekilde enerji üretimi sonsuza dek devam edebilir.

Alaktik (anaerobik) sistem (ATP/CP)

Vücudunuz ATP/CP sistemi üzerinden enerji ürettiği zaman, enerji üretimi için oksijen gerekmez ve en fazla 6 ila 8 saniye yetecek kadar enerji sağlanabilir. Bunun kullanılabileceği durumlardan biri olarak deparlar örnek gösterilebilir. Kısa mesafe sporcuları patlayıcı kuvvete ihtiyaç duyarlar ve bu enerji sistemini en üst düzeye çıkarmaları gereklidir. Antrenmanlarda aerobik enerji sistemini çok fazla kullanmak patlayıcı kuvveti körletebilir; çünkü güç ve hız üreten beyaz kas liflerinin maksimum güç kapasitelerini azaltabilir.

ATP/CP sisteminin şu özellikleri vardır:

1. Sistemin, vücudun kısa bir zaman dilimi içinde fazla miktarda iş yapması gereken zamanlar için kısa ama yoğun bir miktarda enerji sağlama yeteneği vardır.

2. İşin içinde glikoliz (glikozun ve diğer şekerlerin metabolizmada oksijensiz olarak ayrıştırılması) olmaması sebebiyle süreç bir yıkım süreci değildir.

3. Sistem, kısa aralıklarla tepe yapacak ve sonra nispeten uzun sürelerle toparlanarak ATP/CP depolarını yeniden tazeleyecek şekilde "eğitilebilirdir" ve "eğitilmelidir."

4. ATP depolarının yeniden dolması 24 ila 48 saat arası sürer.

Laktik (anaerobik) sistem

Alaktik sistemde olduğu gibi, laktik sistemde de yüksek güçlü enerji üretilir. Ama diğerinden daha uzun solukludur ve 90 saniyeye kadar enerji üretebilir. Aerobik enerji sistemi hücrelere artık yeterli miktarda oksijen sağlayamamaya başladığı zaman, glikojenleri glikoza ve glikozu da ATP'ye dönüştürme süreci kısalır; ancak bunun bedeli çok yüksek olur.

Glikojen depoları çok hızlı tüketilir ve vücutta laktik asit üretimi belirgin ölçüde artar. Yine de bu sistem eğitilebilir ve bu da kasların bu sürece uyum sağlama ve laktik asidi tolere etme yeteneğini güçlendirir. Anaerobik eşik üzerinde interval antrenmanları yapmak bu enerji sistemini geliştirecektir. Yüksek şiddetteki bu antrenmanlarla, vücudunuza verilen uyarılar giderek daha yüksek laktat toleransı uyandırmaya yeterli olacaktır. Ama ölçüyü kaçırmayın; çünkü anaerobik eşiğin üzerinde uzun süreli yapılan antrenmanlar katabolik reaksiyon oluşturarak metabolizmanın yıkıma başlamasına sebep olur ve kas hücrelerine zarar verir.

Anaerobik solunum sisteminin özellikleri şunlardır:

1. Oksijen yetersizliği meydana geldiğinde hücrelere yakıt sağlama yeteneğine sahiptir.

2. İyi antrenmanlı bisikletçilerin bir ila bir buçuk saat arası sürelerle ağır antrenmanları sürdürebilmelerine imkân verir.

3. Yüksek tempolu antrenmanlara aerobik solunumdan daha hızlı tepki verir ve bunun sonucunda dayanıklılık üzerine kurulu alanlara yoğunlaşmış bisikletçilerin bu enerji sistemini geliştirmek için uzun çalışma süreleri harcamalarına gerek kalmaz.

4. Oksijenin yokluğu sebebiyle glikoliz meydana gelir ve eğer bu süreç çok uzarsa, kas hücreleri için katabolizma (yıkım) demektir. Gereğinden fazla anaerobik antrenman, aerobik kapasiteyi körletebilir.

5. Vücudun yakıt kaynakları hızla tüketilir ve vücut bu sistemi besleyebilmek için yağları ve proteinleri yeterince hızlı sentezleyemez, dolayısıyla glikojen ve karbonhidratların kullanılması gerekir.

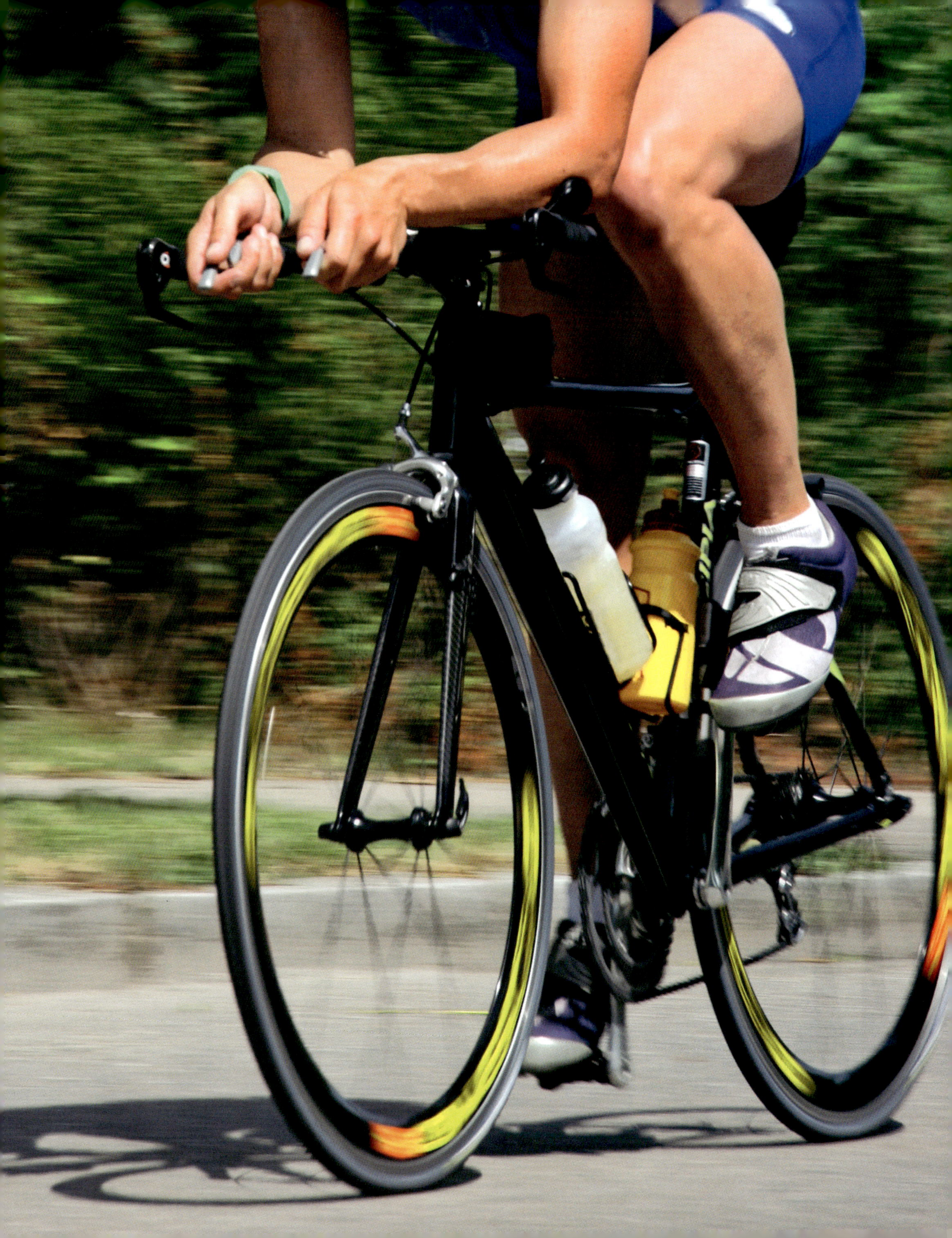

Anaerobik eşik

Anaerobik eşik, kişinin kan akışında laktik asidin birikmeye başladığı antrenman yoğunluğudur. Anaerobik eşikte ya da hemen altında bisiklete binmek, uzun bir yokuş esnasında, gruptan kopmak üzere hızlanırken ya da zamana karşı yarışırken ritminizi sürdürebilmenize imkân tanır.

Bu yoğunluk seviyesine zaman zaman "sonuna kadar zorlama" noktası adı da verilir; çünkü kasların kasılması için gereken ATP'lerin asıl olarak aerobik metabolizmadan geldiği ve anaerobik sistemin giderek daha fazla katkıda bulunmaya başladığı noktaların tam arasında pedal çeviriyor olursunuz.

Anaerobik eşiği geçmenizle birlikte, kaslarınız tarafından üretilen laktik asidin fazlası birikmeye başlar. Bu genel olarak maksimum nabzın %80 ya da %90'ı kadar bir yoğunlukta (ya da güç cinsinden konuşursak anaerobik eşikteki gücün %80-90'ında) bisiklete binerken ortaya çıkar.

Bu yoğunluktaki antrenmanlar, laktik asit kaslarınızda yanma hissi uyandırmaya başlayıp sizi yavaşlatmadan önce ulaşabileceğiniz hızı ve sarf edebileceğiniz eforu artırmanıza imkân verir. Laktat eşiğinizde sürdürebildiğiniz hız, rakibinizin anaerobik eşikte sürdürebileceği hızdan daha yüksekse, siz daha hızlı gidersiniz, bitiş çizgisine daha önce varırsınız ve kazanırsınız.

Laktat eşiği testi

Laktat eşiği testinden, doğru antrenman yoğunluğunu belirlemek ve gelişiminizi gözlemlemek için faydalanılabilir. Bu yöntem, parmaktan ya da kulaktan alınan kandaki laktat miktarının belirlenmesini de içerir.

Birçok protokol tipi vardır; burada örnek verilen pek çok ünlü spor fizyoloğu tarafından kullanılmakta olan bir yöntemdir. Önce, kapalı mekândaki antrenman aletleriyle ya da ergometreyle 20 dakika kadar ısının. İlk 4 dakikalık aşamadan sonra, şiddeti her dakikada 30 vat artırın ve her aşamanın son dakikasında nabız değerlerinizi ve kandaki laktatı kaydedin.

Bisikletçiler normalde maksimum efor düzeyine erişmeden önce altı ila dokuz aşama yapabilirler. Bazen, kandaki laktik asit değerlerinde bir kırılma noktası tespit edildiğinde bu teste ara verilebilir. Bu kırılma noktası bölgesi laktat eşiği ya da anaerobik eşik olarak adlandırılır. Laktat konsantrasyonunun ilerleyen aşamalarda 1 mmol/l ya da daha fazla artması, anaerobik eşiği geçtiğiniz anlamına gelir. Bu testleri tekrar etmek yoluyla, anaerobik eşikteki güç ve/veya hız seviyenizin artışı, metabolik sisteminizin verimliliğindeki gelişme ve vücut ağırlığınıza göre güç veya süratinizde artış olup olmadığı gibi farklı kondisyon durumlarınızı izlemeniz mümkün olur.

Conconi testi

Conconi testi, aynı zamanda maksimum nabız ve anaerobik eşikteki nabız değerlerinizi de ölçer. Bu testte, antrenman ağırlıkları giderek artırılırken kalp atışlarınız düzgün aralıklarla kaydedilir. Nabzınız da yaklaşık olarak aynı oranda artar ve sonunda nabız anaerobik eşiğe ulaştığında bir sapma noktasına gelir. Bu noktalar, bir ekseninde nabız, diğer ekseninde de yük (veya hız) olan bir grafiğe işlenir. Grafikteki kırılma noktası, sizin anaerobik eşiğinizi göstermektedir.

Saha testi

Eğer bir test merkezine ulaşma şansınız yoksa, basit bir saha testi yapabilirsiniz. Bir nabız ölçere ve ister düz ister yokuş (6 ya da 8 derecelik eğimli), 5-10 km (3-6 mil) uzunluğunda bir rotaya ihtiyacınız olacak. Başlamadan önce iyice ısının. Ardından, süratinizi düşürmeden devam ettirebileceğiniz en yüksek hıza ulaşın ve temponuzu korumaya çalışın..

Bu antrenman sırasında, ortalama ve maksimum nabız değerlerinizi (ve eğer bir güç ölçer cihazınız varsa güç seviyenizi) kaydedin. Genellikle bisikletçiler, bir saha testinde bu tür bir mesafe için, anaerobik eşiğin ve anaerobik eşiğin %5 ila %7 üzerinde bir değer çıkarırlar.

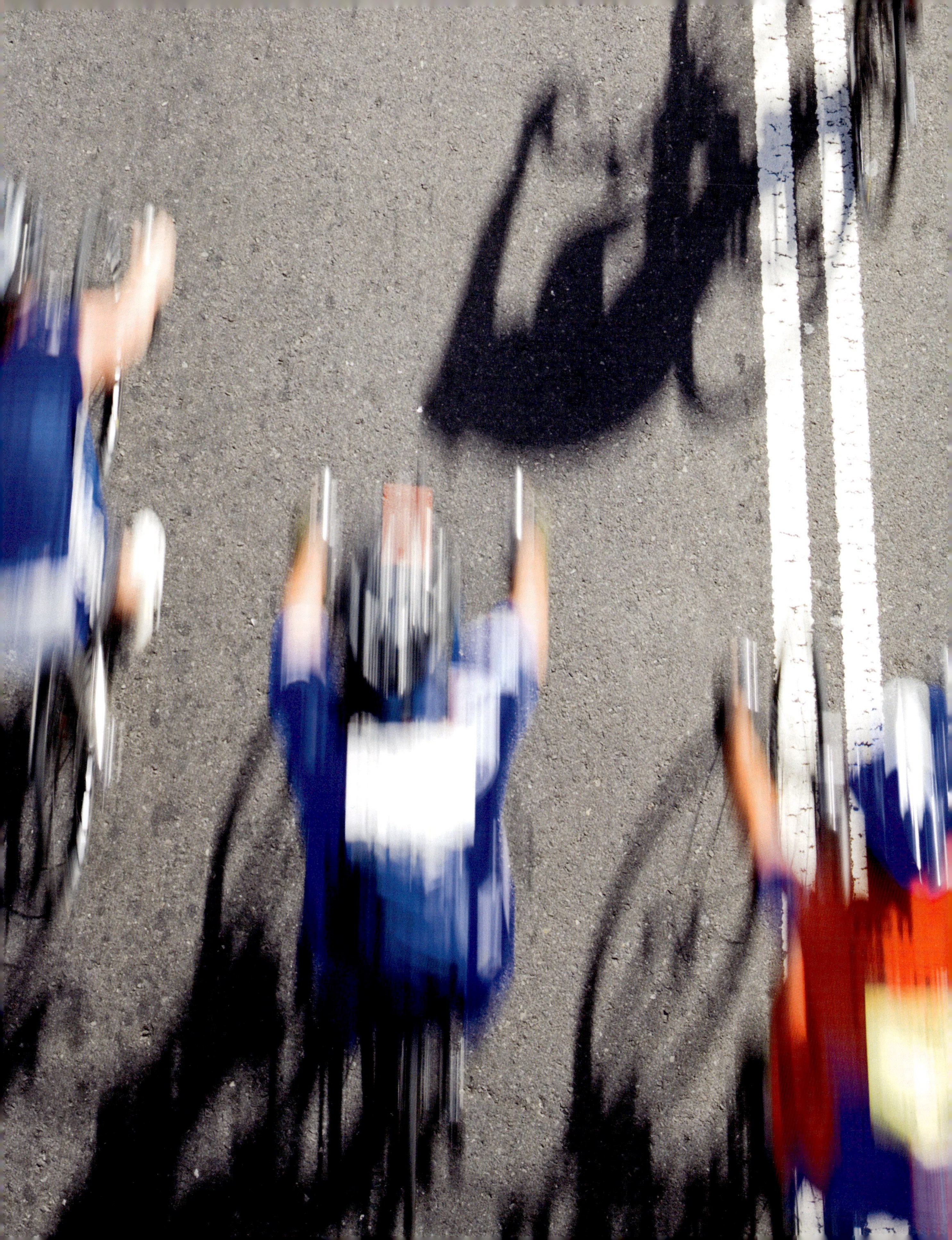

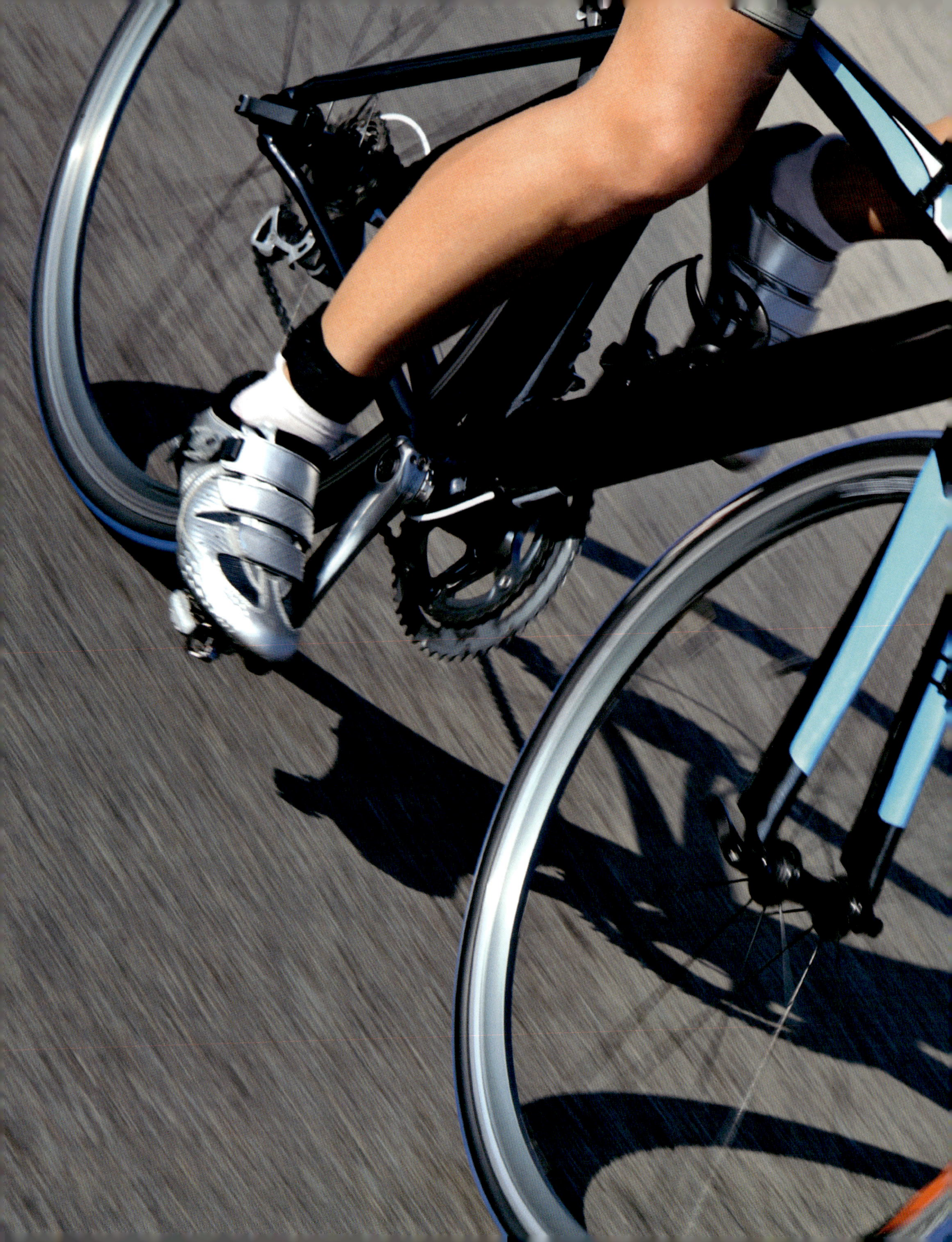

Dayanıklılık antrenmanı

Bisiklet her şeyden önce bir dayanıklılık sporudur ve buna katkıda bulunan enerjinin büyük bir kısmı aerobik solunumla enerji üretiminden gelir. Ancak kuvvet ve güç faktörlerinin de rolü büyüktür. Direnç antrenmanlarının (bazen kuvvet antrenmanı da denir) asıl olarak yüksek şiddette kısa süreli çalışmalarla kimlik kazanan anaerobik bir etkinlik olduğunu unutmamak önemlidir.

Bir yol bisikletçisi olarak genellikle kısa ve dik yokuşlar tırmanmak, hızdaki ani artışlara tepki vermek ve bir yarışın sonlarında depara kalkmak zorunda kalacaksınız. Bu gibi durumlarda kuvvet ve güce ihtiyacınız olacak ve anaerobik yoldan enerji elde etmek durumunda kalacaksınız. Bu sebeple, direnç antrenmanı neredeyse bütün antrenman programlarında önemli rol oynar. Egzersiz fizyolojisi üzerinde yapılan çalışmalar, serbest ağırlıklarla ya da makinelerle uzun süreli yapılan kuvvet antrenmanlarının bacak kuvvetini belirgin şekilde artırdığını ve biniş esnasında yorgunluk seviyesini düşürdüğünü göstermiştir.

Bacak kuvveti artarken, belli bir güç seviyesindeki oksijen tüketimi artmıyor görünür; bu da aerobik kapasitenin arttığını gösterir. Artan kuvvetin yaralanma riskini azalttığına dair bulgular da vardır. Direnç antrenmanı, yaralanmalardan sonraki rehabilitasyon sürecinin de önemli bir parçasıdır. Dolayısıyla, performansınızı artırmak için hem dayanıklılık hem de kuvvet antrenmanı yapmanız gerekir. Bisikletinizin üzerinde geçirdiğiniz zaman, antrenman programınızın en önemli öğesi olarak kalacaktır. Ancak hem bisiklet üzerinde hem de spor salonunda farklı sürelerde ve yoğunluklarda antrenman yapmak, genel antrenman programınızın bir parçası olmak zorundadır.

Kuvvet antrenmanınızı planlamak

Kuvvet antrenmanı, bisiklete binmeyi destekleyici olan ve daha iyi sonuçlar almanızı sağlayacak bir antrenman öğesi olarak görülmelidir. Her bisikletçinin kuvvet antrenmanı programı belirli, dinamik, düzenli ve uyarlanabilir olmalıdır. Her şey doğru planlama yapmakla başlar ve bu sebeple düzgün bir yıllık antrenman programı yaparken "periyodlama" kavramından faydalanmak gereklidir. Kuvvet antrenmanı programınızın giderek ilerlemesi, genel antrenman programınızın mezo döngülerin gidişatıyla uyumlu olmalıdır (Bkz. Antrenman Programları, Sayfa 138-159).

Spor salonunda dayanıklılık antrenmanı

Spor salonunda herhangi bir antrenman yapmadan önce, sabit bir bisiklet üzerinde ya da ergometre ile 1. Bölge düzeyinizde (Bkz. Antrenman Programları, Sayfa 146) yaklaşık 15-20 dakika boyunca ısınma hareketleri yapmalısınız. Alt bedeninizi çalıştıran antrenman setleri arasında, 5 ila 10 dakika arasında bisiklete binmelisiniz ki çevikliğiniz ve düzgün pedal çevirme stiliniz bozulmadan kalabilsin. Her bir antrenmanı 10 dakikalık soğumayla bitirin (ciddi bir kuvvet antrenmanı boyunca nabız değerleri 2. Düzey yoğunluklarında seyreder (Bkz. Antrenman programları, Sayfa 146)). Kuvvet antrenmanlarından önce ya da sonra yapabileceğiniz ekstra germe hareketleri de çok faydalıdır. Ayrıca her zaman için, kaymayı önlemek üzere tasarlanmış sıkı tabanları olan uygun ayakkabılar giyin.

Maksimum bir tekrar

Bir egzersizi yerine getirmek için kullandığınız ağırlık, o egzersiz için bir tekrarda kaldırabileceğiniz maksimum ağırlığın yüzdesi ile ifade edilir ve buna "en fazla bir tekrar" (1RM) kuralı adı verilir. Güvenlik amacıyla bu testin yetkili bir antrenör ile birlikte yapılması önerilir.

Geçiş aşaması

Kuvvet antrenmanı programınızın başlangıcı, geçiş döneminin başlamasıyla eş zamanlıdır ve kaslarınızı dayanıklılık antrenmanının verdiği uyarılara hazırlamaya odaklanır. Antrenmanlar az ekipmanla ve düşük yoğunlukla yapılmalıdır; böylece gereğinden fazla acele edip aşırı ağırlık kullanmak suretiyle kaslarınızı zorlamaktan kaçınmak

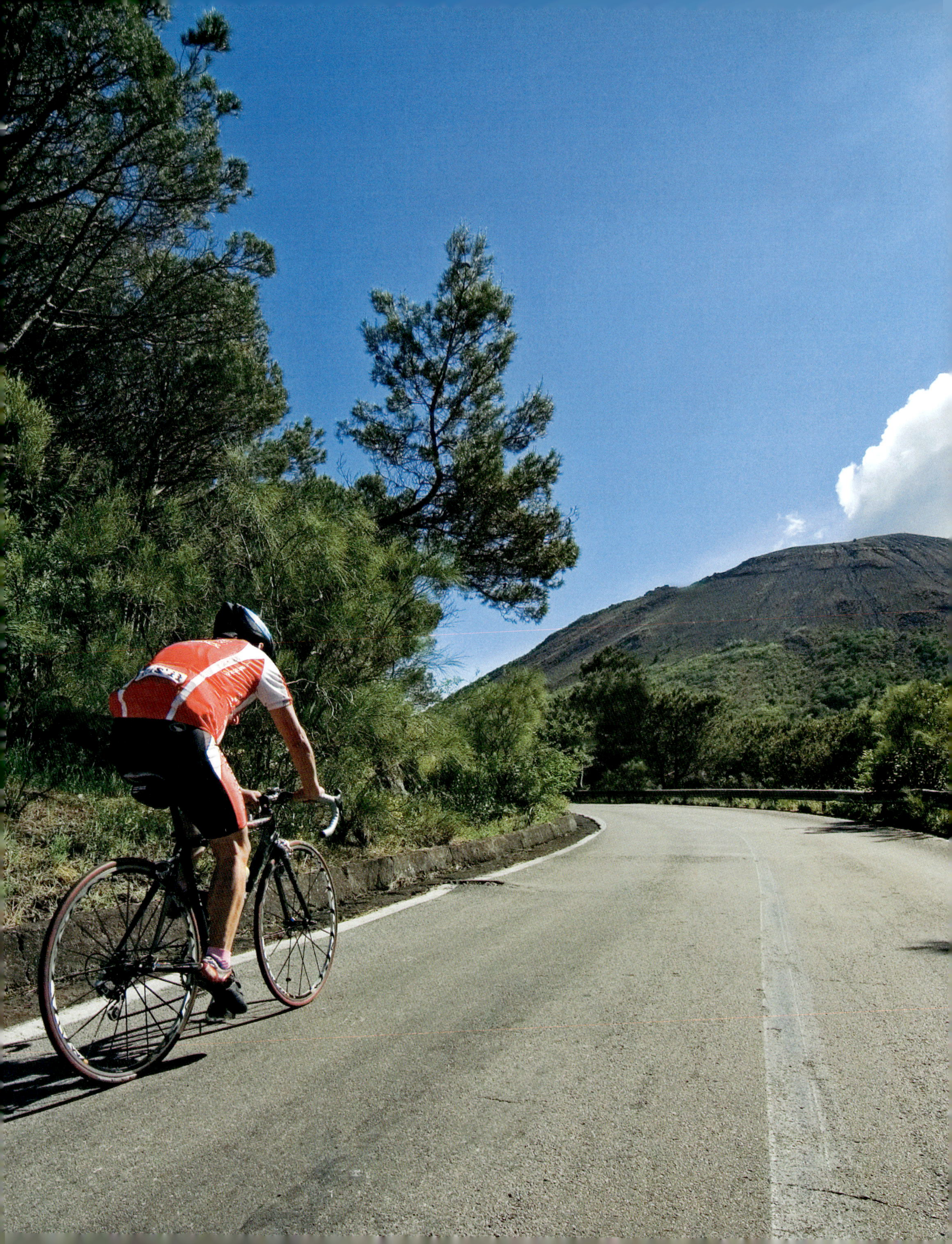

KONDİSYON VE ANTRENMAN

için vücut ağırlığınızı kullanıyor olursunuz.

Altyapı aşaması

Hazırlık döneminde, dayanıklılık çalışmasının toplam hacmi nispeten daha azdır, kuvvet antrenmanına diğer bütün antrenman dönemlerinden daha fazla önem verilmelidir ve haftanın üç gününü spor salonunda geçirmeniz gerekir. Bundaki amaç kasta hipertrofi oluşturmaktır (kas hücrelerindeki genişlemeye bağlı olarak kas dokusunun hacminde meydana gelen artış). Kasların daha yoğun çalışmalarına imkân verilerek "büyümeleri" (hipertrofi) ve bir sonraki antrenman evresine hazırlanmaları sağlanır. Tekrar sayısını azaltırken, ortalama bir yoğunluğa ulaşmak üzere ağırlığı artırmalısınız.

Hazırlık aşaması / temel kuvvet

Temel kuvvet dönemi boyunca, belirli egzersizler yaparak belli başlı kas gruplarının kuvvetini artırmayı hedeflersiniz. Yükler en üst seviyeye artırılırken, tekrar sayısı düşer. Hareketler esas olarak kombine (destekleyici) kas gruplarına odaklanmıştır ve en zayıf kas grubunuza özel ilgi göstermeniz gerekir.

Özelleşme aşaması / güç aşaması

İsminden de anlaşılacağı gibi bu aşama, bisikletiniz üzerinde ne kadar güç üretebildiğinizle ilgilidir. Daha çok güç, örneğin daha çabuk sıçrayabilmenizi, ritimdeki değişikliklere daha kolay tepki verebilmenizi ve grubun temposu arttığında daha yüksek bir hızda takip edebilmenizi sağlar. Güç kazanımı döneminde, yükü azaltmalı ve patlayıcı kuvveti geliştirmeye yönelik çalışmalısınız.

Yarış aşaması / kas dayanıklılığı

Yıllık programın zirve noktası burasıdır. Bu dönemin ilk ayında haftada iki kez dayanıklılık antrenmanına devam edin. Egzersiz başına düşen tekrar sayısını artırırken, aynı zamanda bisiklet üzerinde özel kuvvet antrenmanları da yaparak kas dayanıklılığınızı geliştirmeye odaklanın.

Genel bir kural olarak, ağırlık çalışmayı hedef yarıştan en az iki hafta önce bırakmanız gereklidir; çünkü bacaklarınızın kas hafızalarını pedal çevirmeyle özdeşleşen hareket hızına tamamen uyumlu hale getirmesi ve ağırlık kaldırmanın nispeten daha yavaş olan hareket tempolarını içeren kas hafızasını yok etmesi en az 2-3 hafta alacaktır. Zirve döneminizden sonra, kuvvet seviyelerinizi korumak için yine bir miktar direnç antrenmanına başlayabilirsiniz, yine de asıl dikkatiniz yarışta ve dayanıklılığınız ile temponuzu geliştirmekte olmalıdır.

Bu çalışma bacak hızınızı gözle görülür şekilde geliştirecektir ve artık bu noktaya kadar kazandıklarınızı kaybetmeniz mümkün olmayacaktır. Yarış haftasına kadar vücudunuzun üst kısmını çalıştıran antrenmanlara devam edebilirsiniz ama vücudunuzun yarış için gerekli tüm enerjiyi son damlasına kadar toplaması için karın ve bel egzersizlerinizi bir hafta öncesinden bırakın.

Yokuş intervalleri (kuvvet çalışması)

Yokuş interval antrenmanı, bisiklet üzerinde yapılan bir tür direnç antrenmanıdır ve pedal çevirmenizle ilgili belli kaslarınızın gücünü artırmayı amaçlar. Burada yapmanız gereken şey temelde 50 devir gibi düşük bir tempo ile yokuş çıkmak ve tam daire şeklinde bir pedal çevirmeye odaklanmaktır. Bu antrenman her bir pedal devrinin maksimum güç seviyesini artırmanıza imkân verir.

Eğer yokuş yukarı bisiklet kullanma imkânınız yoksa ergometre ya da spor salonundaki bisikletler birer alternatif olabilir. Hem patlayıcı kuvvetiniz hem de kaslarınızın dayanıklılığı bu şekilde geliştirilebilir. Kas dayanıklılığı antrenmanları 50-60 devir civarı bir tempoya uygun bir dayanıklılık seviyesinde ve tempoda yapılmalıdır. Bacak kaslarınızda hafif bir yanma ve yorgunluk hissetmelisiniz; ancak bu his maksimum efor sarf ederek yokuş çıkarken, oksijen borçlanmasına girdiğiniz, laktik asidin neden olduğu yanma hissi gibi olmamalıdır. Anaerobik eşik asla aşılmamalıdır.

KONDİSYON VE ANTRENMAN

Hız ve güç için yapılacak antrenmanlar

Altyapınızı sağlamlaştıracak bazı temel antrenmanları yaptıktan sonra, deparlarınız üzerinde çalışmaya başlayabilirsiniz. Hazırlandığınız yarışların nasıl bittiğine bakıp çalışmalarınızı buna göre ayarladığınızdan emin olun. Yılın zamanına ve o sezon için kendinize koyduğunuz hedeflere bağlı olarak, deparlar üzerinde bütün sezon boyunca çalışmanız mümkündür. Hedef yarışınıza yaklaştıkça, sürat antrenmanlarının sıklığını ve yoğunluğunu azaltın.

Yokuş deparları
Yüzde 5 ila 10 eğime sahip kısa bir tepe tırmanışında yokuş yukarı depar antrenmanları yapabilir, 15 saniye boyunca var gücünüzle tepeye tırmanış çalışabilirsiniz. Bu antrenman anaerobik yeteneğinizi ve maksimum gücünüzü geliştirecektir; ancak kaslarınızı ve bağ dokularınızı ciddi anlamda zorladığı için bu çalışmadan önce en az yarım saat boyunca ısınma hareketleri yapmanız şarttır.

Bisiklete son derece yavaş binerek başlayın, neredeyse durma noktasından aniden tüm gücünüzle asılarak oturur vaziyette tepenin zirve noktasına kadar pedal basın. Acemi ve genç bisikletçiler çok büyük vitesler kullanmaktan kaçınmalı ve 42-16-15 gibi nispeten daha küçük vitesleri tercih etmelidirler. Daha deneyimli bisikletçiler, en iyi sonuçları elde etmek için daha büyük vitesleri seçebilirler. Örnek vermek gerekirse Davide Rebellin gibi dünya klasmanında ünlü bir bisikletçi, yüzde 13-14 eğimli yokuşlarda 53-15 vites kullanmaktadır.

Yokuş yukarı yaptığınız her depar çalışmasından sonra, kaslarınızdaki gerginliği azaltmak için hafif bir vites kullanarak 2 dakika boyunca toparlanın. Hazırlık aşamasında, antrenman başına düşen toplam tekrar sayısını en fazla 5 ya da 6 ile sınırlamak suretiyle yavaş yavaş başlayın. Sonra giderek artırarak hazırlık döneminin sonunda 15-18 tekrara kadar çıkarın.

Düzlük deparları
Ön tarafta en büyük dişlide ve arka rublede daha küçük dişlilerin birinde başlayarak saatte 20 km gibi bir hızla gidin. Sonra pedallar üzerinde ayağa kalkın ve tüm gücünüzle hızlanın. Vites değiştirmeyin, rüzgârın ve yolun direncine karşı gelerek sadece kas kuvvetinizle bisikletin hızını mümkün olduğunca artırın. Bu hızı 15-20 saniye boyunca sürdürün. Her bir interval arasında tamamen toparlandığınızdan emin olmak için en az 5 dakika dinlenin. Her bir antrenman için 3 ila 12 interval seçerek, haftada iki seferden toplam 2 ya da 3 hafta boyunca bu çalışmayı yapın.

Kalkmak ve oturmak
Hızlanmak için kuvvet antrenmanları yaptıktan sonra, seleden kalkıp oturmak yoluyla yapılan daha alışılmış depar antrenmanlarına geçin. Bu tür antrenmanlar, bir yarışın son kilometrelerinde göstereceğiniz performansı geliştirmenizi sağlar ve en iyi sonuç rüzgâr arkadan eserken alınır. Bisiklet üzerinde saatte yaklaşık 30 km (19 mil) hızla ve büyük bir vitesle giderken, seleden kalkıp ani bir patlama şeklinde hızlanmaya başlayın, sonra da selenize kısa bir süre için geri oturup deparda harcadığınız enerjinin hafifçe dengelendiğini hissedin. Sonra yine seleden kalkıp son gücünüzle pedallara yüklenin ve son nefesinize kadar basın! Ayağa kalkıp geri oturduğunuz her seferde, pozisyonunuzu 5 ila 7 saniye koruyun. Bu şekilde 3 ila 5 depar çalışın, her biri 15-20 saniye uzunluğunda olsun ve her depar arasında 5 dakikalık toparlanma süreleri bırakın. Bu çalışma, daha uzun bir depar boyunca birkaç kez üst üste hızlanabilme yeteneğinizi geliştirir.

Yokuş aşağı deparlar
Yokuş aşağı inerken, 20 saniyelik bir depar atın (düzgün, iyi bir yol seçin) ve oturur haldeyken bacaklarınızı mümkün olduğu kadar hızlı dönmeye zorlayın. Bu deparları, uzun bir antrenman boyunca yapmaya devam edin; 5 ya da 6 tekrar yeterli olacaktır. Bu çalışma, pedal çevirmenizde rol alan bütün kaslarınızın arasında kurulan koordinasyonu (özellikle de ön ve arka uyluk kasları) artıracaktır.

Kaslarınız arasındaki koordinasyon, daha az enerji harcamanızı ve daha verimli pedal çevirmenizi sağlar, böylece de daha fazla güç ortaya koyabilmeniz sonucunu doğurur. Bu, arayı çok fazla açamamış olduğunuz durumlarda ya da bir sürü rakibin arasından sıyrılmak zorunda olduğunuzda gereken yüksek hızda depar simülasyonu için en iyi yollardan biridir. Spor salonunda geçirdiğiniz bir antrenmanın ertesi günü için son derece uygun bir çalışmadır; çünkü çevikliğinizi geri kazanırsınız.

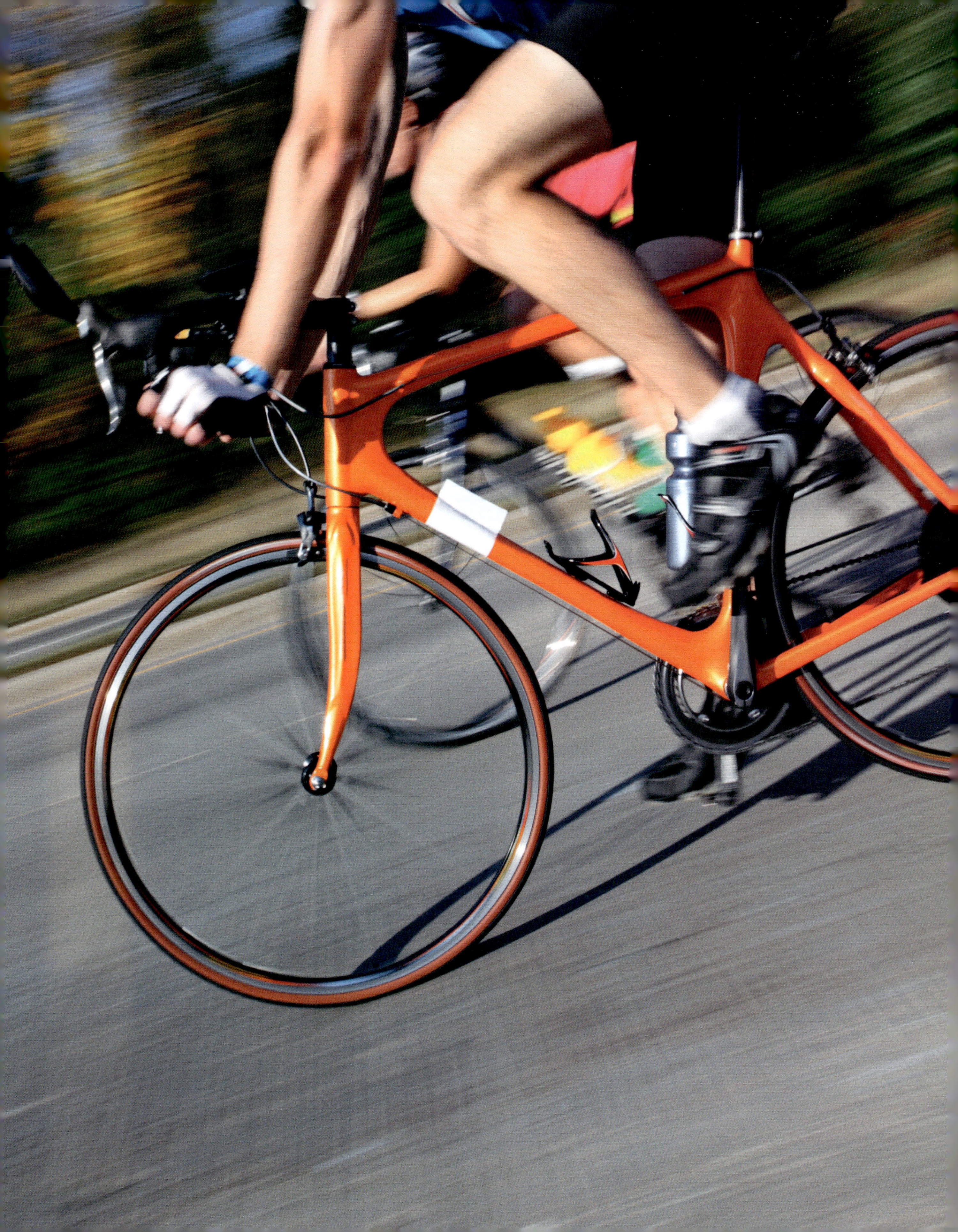

KONDİSYON VE ANTRENMAN

Aşırı antrenman ve aşırı zorlanma

Bitkinlik hissi önemlidir; çünkü fiziksel anlamda sınırlarınızı zorladığınızın farkına varmanızı sağlar. Performansınızı geliştirmek için antrenman yaparsınız ve vücudunuz genellikle bu "zorlamalara" olumlu tepki verir. Ancak belli koşullar altında eğer vücudunuz aşırı uyarılmış ya da yanlış uyarılmış olursa, birtakım ters etkilerle karşılaşabilirsiniz.

Bitkinlik düzeyi

1. Bitkinliğin ilk seviyesi hipoglisemidir (kan şekerinin anormal düzeyde düşük olması). Glikojen depolarınızı tamamen tükettiğiniz zaman, daha fazla kan şekeri üretmek için yeteri kadar karbonhidrat almadığınızda ve hâlâ bisiklete binmeye devam ettiğinizde sallanmaya başlarsınız.

2. Bisiklete biniş sonrasında görülen bitkinlik, birkaç saat süren yoğun egzersize karşı verilen doğal bir tepkidir ve size normal antrenman sınırlarınızı zorladığınızı haber verir.

3. Bir sonraki adıma aşırı zorlama denir ve kısa süreli performansınız düştüğü zaman ortaya çıkar. "Yüksek şiddette" bir mikro döngü esnasındaki yoğun antrenmanlar sonucunda gelişir. Belirtileri normal bitkinlik ile aynıdır. Doğru miktarda dinlenme süresiyle daha hızlı ve daha güçlü olabilirsiniz. Ancak bu bir uyarı niteliği taşır.

4. Aşırı antrenman, kişiyi zayıf düşüren uzun dönemli (genellikle haftalarca ve bazen aylarca süren) bitkinliktir ve performansı tetiklemekten çok baltalayan bir durumdur.

Aşırı antrenmandan kaçınmanın yolları

Bisikletçiler, yorgunluk oluşumuna rağmen, çok uzun süre performans göstermeye devam ederek "bitkinlik" düzeyine ulaşabilen ender sporculardır. Üstelik risk altında kalmak için yoğun bir antrenman programını takip ediyor olmak da gerekmez. Aslına bakılırsa, genellikle yeni başlayan ve nispeten hafif antrenman programlarıyla idman yapan bisikletçiler de bundan muzdarip olabilmektedirler. Profesyonel bir bisikletçi, 80 km (50 mil) yolu hafif bir toparlanma haftası gibi görebilirken, sizin tepeceğiniz 30 km (19 mil) uzunluğunda bir yol (eğer yaşam tarzınızın belli yönlerinde uyum sağlamazsanız) aşırı antrenmanın ortaya çıkaracağı tüm belirtilerin görülmesine sebep olabilir.

Aşırı antrenman sonucu bitkinliğin ortaya çıkmasının en sık görülen sebepleri; antrenman yüklerinde aşırı artış, yetersiz dinlenme süreleri, kötü beslenme (karbonhidrat ya da başka besleyici öğelerin yetersiz miktarda alınması), seyahat faktörü ve antrenmanda çeşitlilik olmamasıdır.

Peki, aşırı antrenmanı nasıl önlersiniz? Hem uzun dönemde (makro döngü ve mezo döngü), hem de kısa dönemde (mikro döngü) antrenman ve dinlenmeyi dengelemeniz gereklidir (Bkz. Sayfa 143). Dayanıklılık sporlarında, yüksek yoğunluklu/uzun bir mezo döngü esnasında tavsiye edilen en uzun "yüklenme süresi" yaklaşık 3 haftadır. Bu yüklenme süresinden sonra, dördüncü haftada antrenman yoğunluğu azaltılmalı ve dinlenme günlerinin sayısı artırılmalıdır. Bu dinlenme haftasının amacı, vücudunuzun tamamen yenilenmesine izin vermektir. Pek çok antrenman programı haftada bir veya iki dinlenme gününün yanı sıra hafif egzersizlerle geçecek ve dinlenmenize fırsat verecek günleri de içermektedir.

Aşırı zorlanma, antrenman döngüsünün normal bir kısmıdır; ancak performansınızda bir gelişme fark etmeniz için birkaç dinlenme günü yeterli olmalıdır. Eğer birkaç gün geçtikten sonra hâlâ yorgun hissediyorsanız, yüksek yoğunlukta aşırı antrenman yapmış (ve anaerobik sisteminizi aşırı uyarmış) olabileceğiniz anlamı çıkabilir. Bu noktada daha fazla aerobik çalışmaya geçmeniz gereklidir; bu da maksimum nabzınızın yüzde 70'i kadar bir hızda çalışmanız anlamına gelir.

Anaerobik sistemle antrenman yapmaya devam etmek, aşırı antrenman bölgesine girmenize sebep olabilir; bu da sizi birkaç hafta boyunca saf dışı bırakır. Çeşitlilik göstermeyen ya da yüksek ve düşük yoğunluklu çalışma dönemleri arasında dönüşümlü olarak geçiş yapmayan antrenman programları da aşırı bitkinlik riskini ciddi oranda artırır. Burada kritik nokta, zaman zaman aşırı zorlanma durumuna gelecek ancak aşırı antrenman sınırını aşmayacak bir kişisel antrenman düzeni oturtmanızdır. Sizi zorlayacak konu, kendi sınırlarınızın nerede olduğunu bulmak olacaktır.

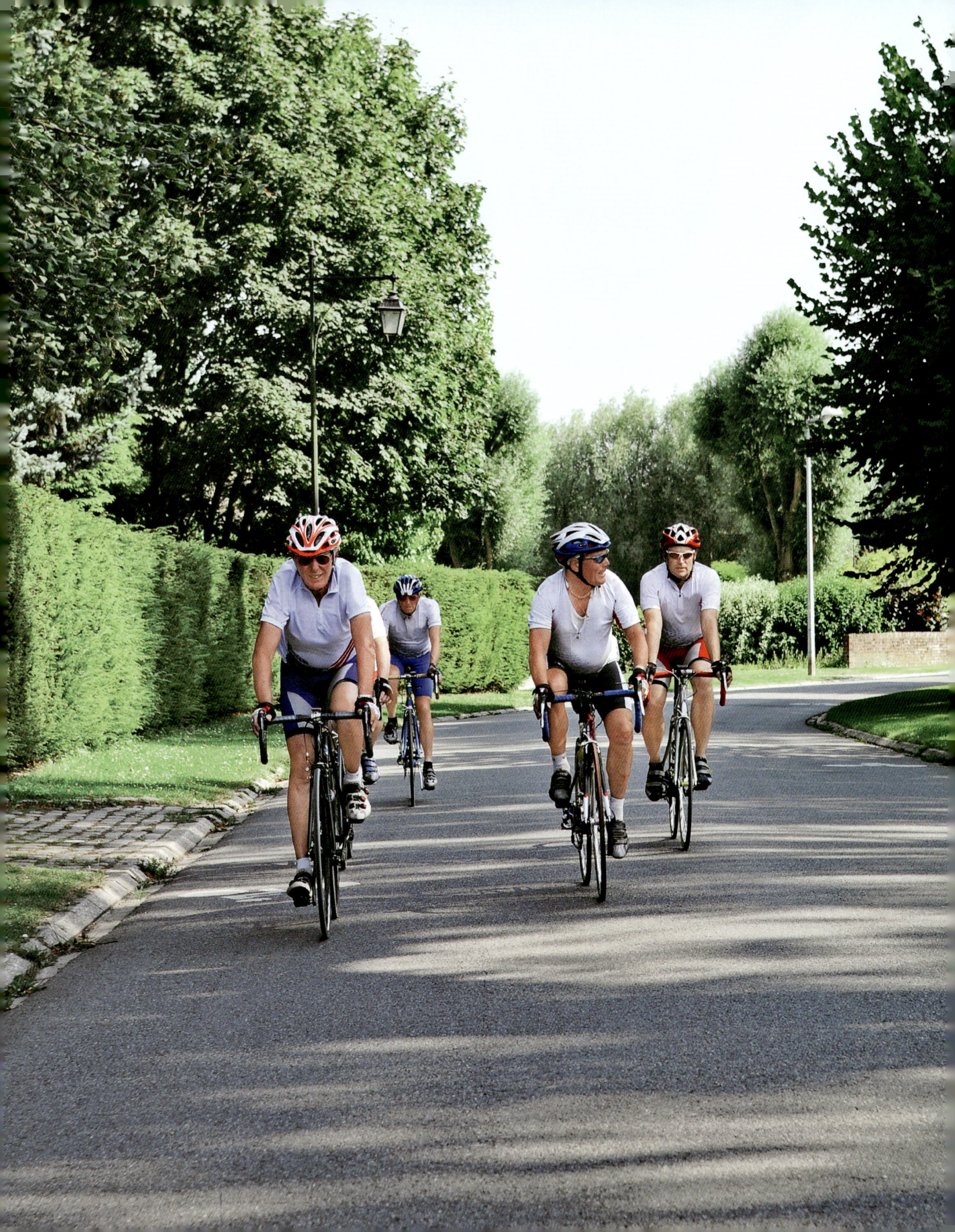

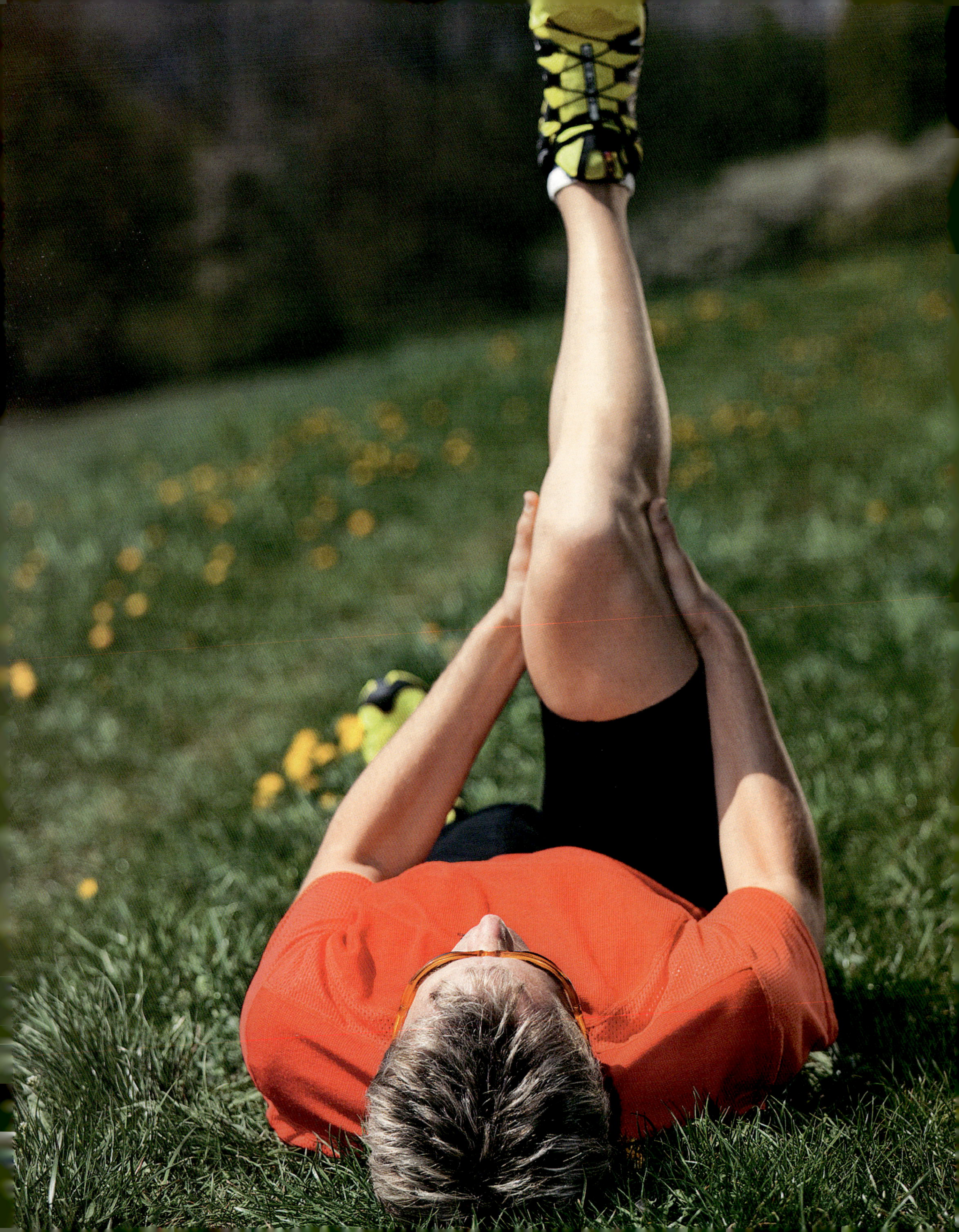

Esneme Hareketleri

Esneme hem yaralanmalardan korunmada hem de genel atletik performansın yükseltilmesinde hayati bir rol oynadığı halde sporcuların büyük bir bölümü tarafından antrenmanın 'hafif' tarafı olarak değerlendirilir ve göz ardı edilir. Oysa esneme en az ağır bir yük itmek ya da antrenman programındaki kilometreleri yoğun tempoyla koşmak kadar önemlidir. Antrenmanınızın yoğun bölümüne birkaç dakika daha ekleyebilmek için esnemeyi atlamamalısınız.

Düzenli antrenman vücudunuzdaki bazı kasların kısalmasına yol açar. Tüm vücudunuzdaki kas dengesini koruyabilmek için kaslarınızı formda tutacak olan esneme egzersizlerini kesinlikle göz ardı etmemelisiniz. Antrenman öncesinde kaslarınızı hazırlamak için esneme egzersizleri yapmanızda fayda olduğu gibi, aynı egzersizlerin olumlu etkisini antrenman sonrasında da göreceğiniz açıktır.

Zorlu bir antrenmandan sonra yorucu gibi gözükse de atletlerin yoğun bir çalışmanın ardından antrenman öncesine oranla çok daha uzun süre esnetme yapmaları gerekir. Hatta genel olarak antrenman sonrasında yapılan esneme egzersizlerinin antrenman öncesindekilerden çok daha önemli olduğu söylenebilir. Bunu yaparken egzersiz sırasında yoğun olarak kullandığınız kasların her birini en az bir dakika boyunca esnetmeniz gerekir. Bu sayede kasların kısalmasını ve kas sisteminizde dengesizlik oluşmasını, dolayısıyla ağrı ya da yaralanma gibi antrenmanlarınıza ya da yarışmanıza engel olabilecek sıkıntıları önlemiş olursunuz.

Örneğin, bir set çömelme egzersizi (squat) yaptıktan sonra ön bacak kaslarınızı, diz arkası kirişlerinizi, kalça kaslarınızı, baldırlarınızı ve bel kaslarınızı esnetmeniz şarttır. Ancak bunun sadece temel esneme egzersizi olduğu söylenebilir. Antrenman programınız ağırlaştıkça dinlenmeye ayırdığınız günleri daha derinlemesine ve uzun süreli esneme alıştırmalarına ayırmanızda fayda olacaktır. Çoğu insan antrenmanın bu bölümünü gereğince dikkate almaz. Dinlenmeyle geçirilecek günün tam anlamıyla dinlenmeye ayrılması gerektiğini savunur. Ancak koca bir hafta boyunca ciddi anlamda zorladığınız kaslarınızı iyice esnetmeyi alışkanlık haline getirmeniz çok önemlidir. Temel esneme egzersizlerinizi ise antrenman aralarına yerleştirebilirsiniz.

Daha derinlemesine yapacağınız esneme hareketleri vücudunuzun genel esnekliğini ve dengesini geliştirmeye yardımcı olacaktır. Bu tip egzersizler için uygun bir yoga sınıfına ya da esneme hareketlerine yoğunlaşan bir spor grubuna katılabilirsiniz. Esneme egzersizleri başlangıç çizgisine bile gidemeyen bir sporcunun hayal ettiği başarıya ulaşmasını sağlayabilir. Bu egzersizleri ciddiye alın ve antrenmanın esas bölümüne geçmeden önce halletmeniz gereken bir angarya olarak görmeyin. Esnemenin antrenmanın esas bölümünün bir parçası olduğunu asla unutmayın.

Antrenmandan ya da önemli bir yarıştan önce stres düzeyinizin yükselebileceğini göz önünde tutarak esnemenin yanı sıra hemen hepimizin dikkatten kaçırdığı bir başka konuya ağırlık vermek gerekebilir: nefes. Burnunuzdan yavaşça birkaç derin nefes alıp mide boşluğunu dolduracak büyük ve derin bir nefes alın. Sporda, özellikle de profesyonel seviyede ufak ayrıntılar büyük farklılıklara yol açabilir. Bu yüzden stres düzeyinizin biraz olsun azalması bile ihtiyacınız olan ekstra enerjiyi harekete geçirebilir. Bu sayede birkaç saniyeliğine bile olsa gevşemeye yoğunlaşabilirsiniz.

İlerleyen sayfalarda bazı temel esneme hareketleriyle ilgili ayrıntılara yer verilmiştir. Bu alıştırmaları antrenmanınızın başında ya da sonunda uygulayabilirsiniz. Ancak aynı egzersizlere dinlenmeye ayırdığınız günlerde de yer vermeyi ihmal etmeyin. Ayrıca söz konusu egzersizlerin yüzme sırasında kullanılan kasların birçoğunu esnetmeye yönelik temel egzersizler olduğunu ve tüm kas gruplarını esnetmek için daha fazlasına ihtiyaç duyacağınızı unutmayın. Kas sisteminizdeki dengeyi koruyabilmek için mümkün olduğunca çok kası esnetmeye özen gösterin.

KONDİSYON VE ANTRENMAN

Esneme – oturarak gövdeyi yana açma

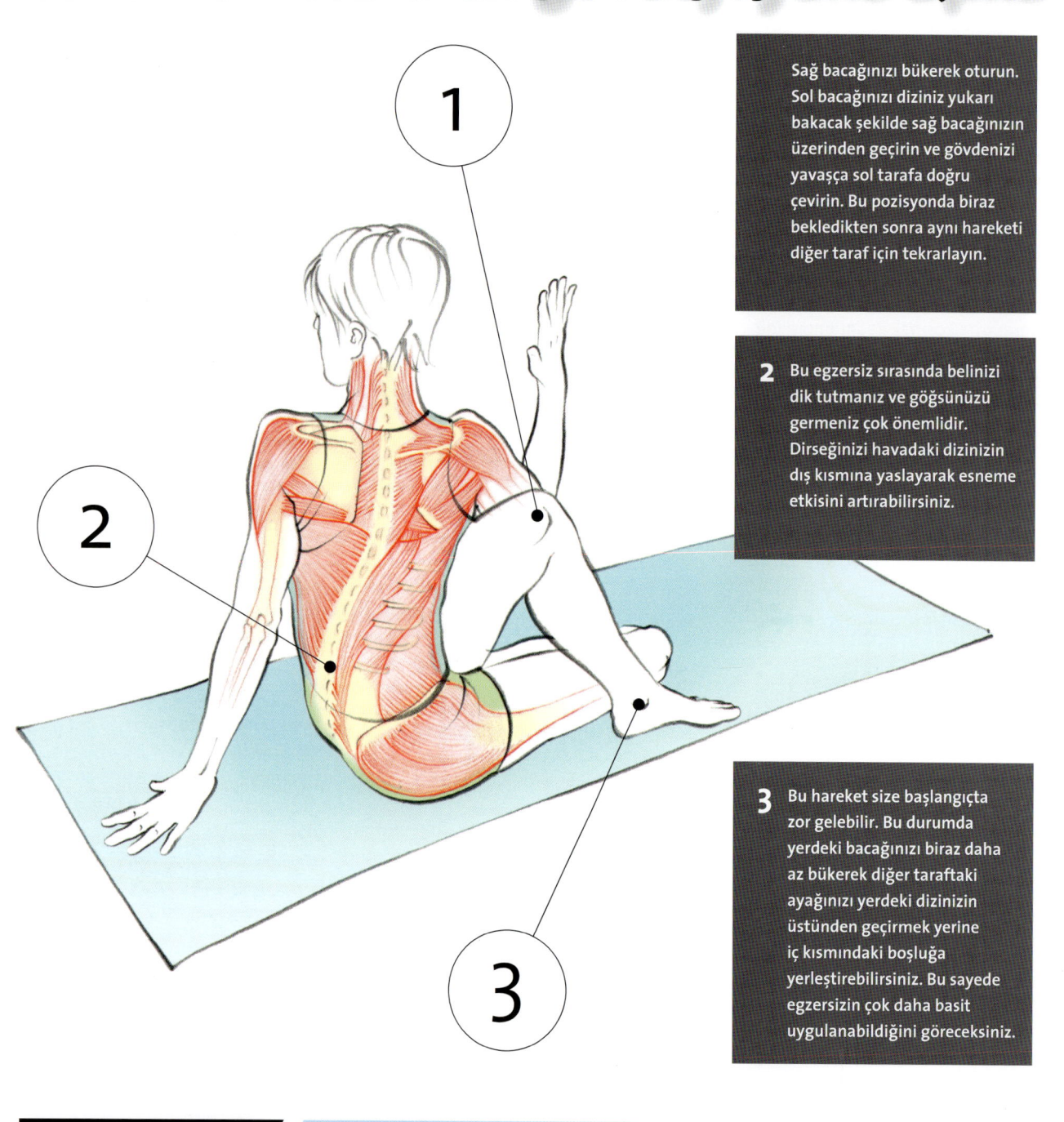

1. Sağ bacağınızı bükerek oturun. Sol bacağınızı diziniz yukarı bakacak şekilde sağ bacağınızın üzerinden geçirin ve gövdenizi yavaşça sol tarafa doğru çevirin. Bu pozisyonda biraz bekledikten sonra aynı hareketi diğer taraf için tekrarlayın.

2. Bu egzersiz sırasında belinizi dik tutmanız ve göğsünüzü germeniz çok önemlidir. Dirseğinizi havadaki dizinizin dış kısmına yaslayarak esneme etkisini artırabilirsiniz.

3. Bu hareket size başlangıçta zor gelebilir. Bu durumda yerdeki bacağınızı biraz daha az bükerek diğer taraftaki ayağınızı yerdeki dizinizin üstünden geçirmek yerine iç kısmındaki boşluğa yerleştirebilirsiniz. Bu sayede egzersizin çok daha basit uygulanabildiğini göreceksiniz.

| ESNETİLEN KASLAR | OMUZLAR VE SIRT |

KONDİSYON VE ANTRENMAN

Esneme – öne eğilme

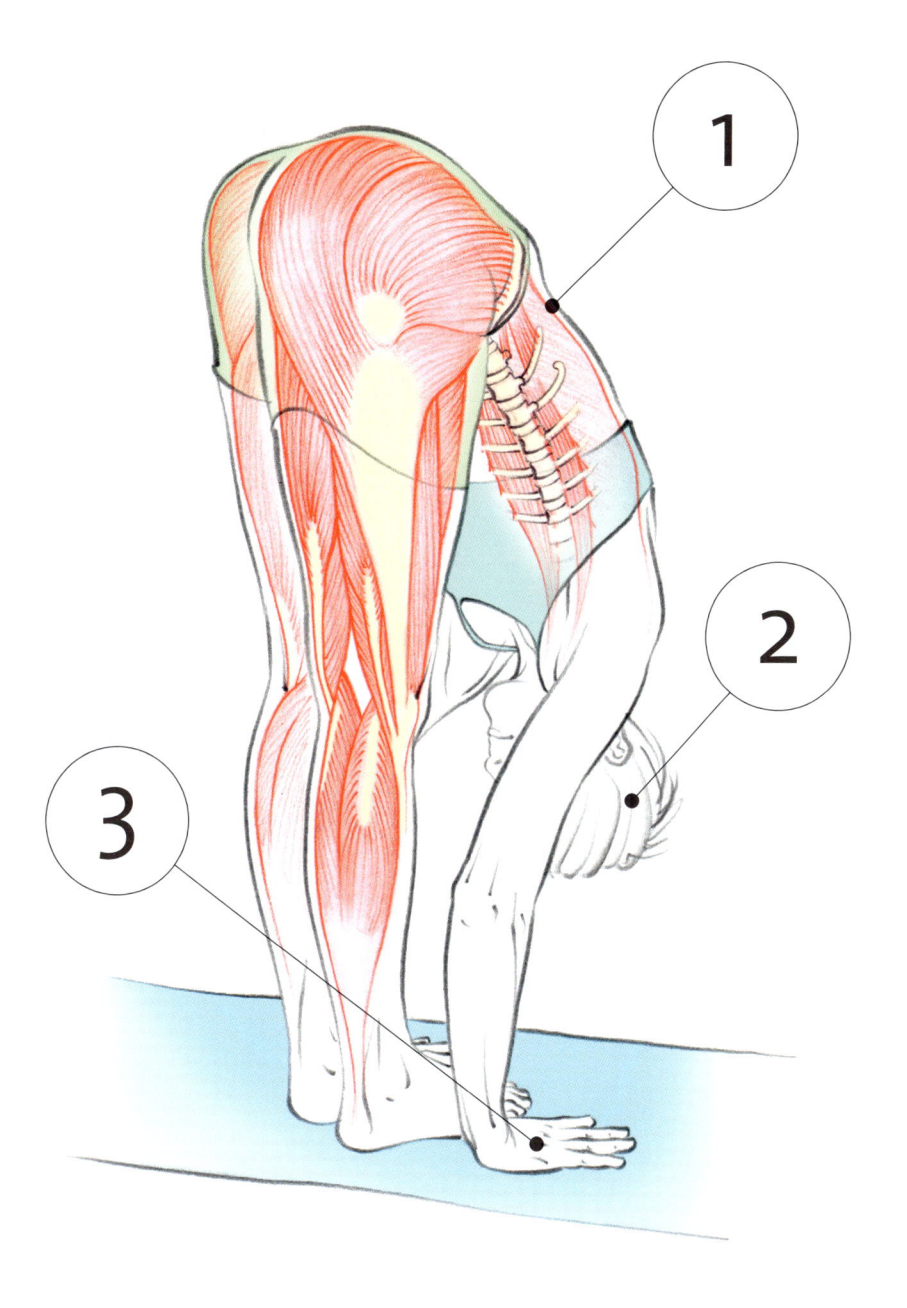

1 Harekete, ayaklarınız birbirinden hafifçe açık halde, ayakta dik durarak başlayın, çenenizi göğsünüze doğru bastırın ve yapabildiğiniz kadar öne eğilin. Eğer elleriniz yere değmiyorsa dert etmeyin.

2 Dizlerinizin arasından arkaya doğru bakmaya devam edin ve başınızın ağırlığının sizi aşağıya doğru çekmesine izin verin. Vücudunuzu esnetmek için fazla zorlamayın.

3 Eğer elleriniz yere değiyorsa, avuç içlerinizle yere doğru bastırmayı deneyin. Eğer bu esneme hareketi sizi çok rahatsız ediyorsa, dizlerinizi biraz gevşek ve yumuşak bırakın.

ESNETİLEN KASLAR — SIRT, KALÇA VE ARKA UYLUK KASLARI, BALDIRLAR

KONDİSYON VE ANTRENMAN

Esneme – baldır

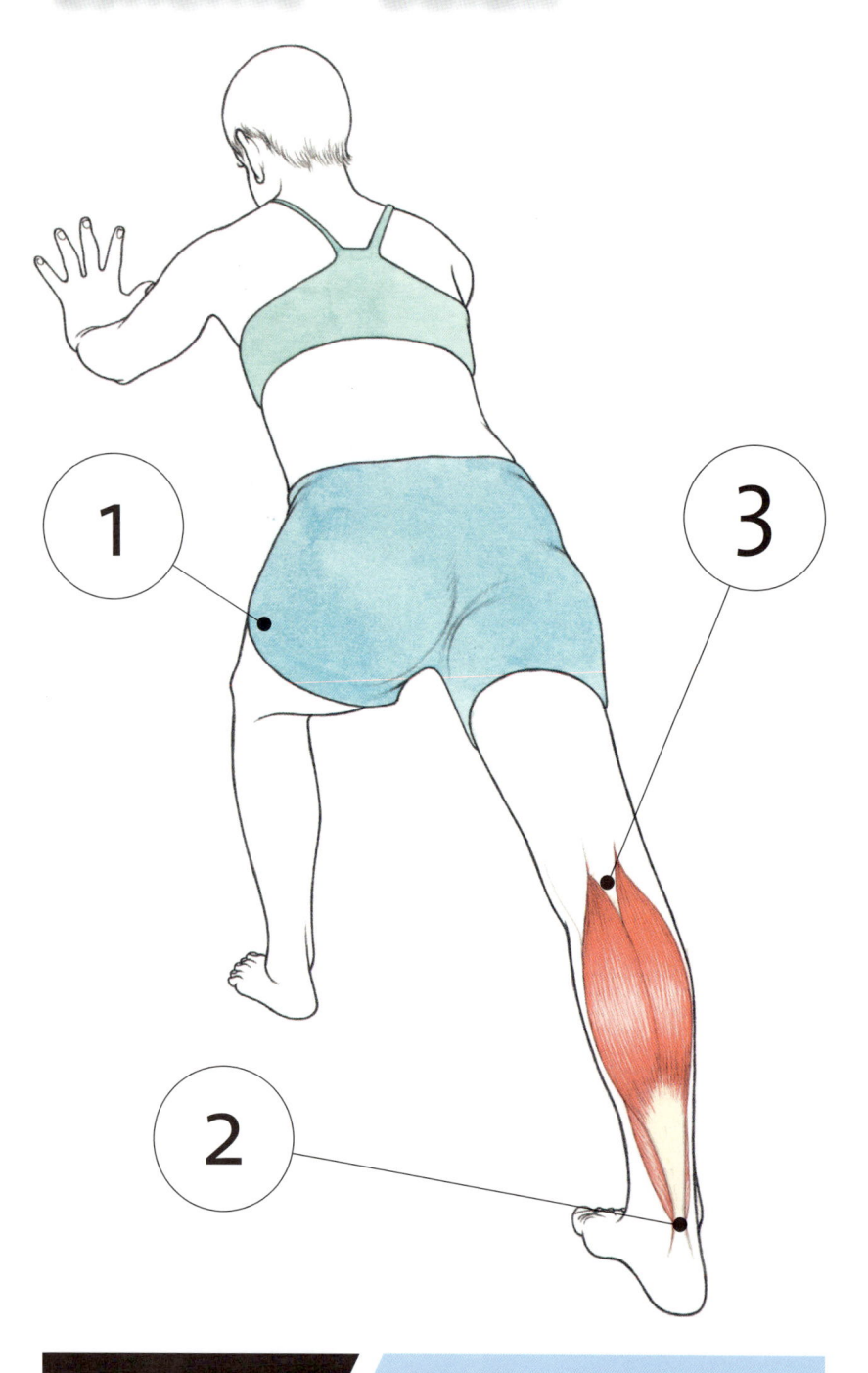

1 Ellerinizle duvara yaslanır bir halde, bir bacağınızı arkaya doğru uzatarak dümdüz tutun ve öndeki bacağınızı bükün. Topuğunuzun arkasıyla yere basmaya çalışın.

2 Esnemeyi düzgün yapabilmek için, ağırlığınızı öne verdiğinizden ve topuğunuzun arka kısmının yere doğru uzandığından emin olun.

3 Baldırın kısa kasını çalıştırmak için, topuğun arkasını yere bastırırken aynı anda arkadaki dizinizi de bükmeyi deneyebilirsiniz.

ESNETİLEN KASLAR | **BALDIRLAR**

KONDİSYON VE ANTRENMAN

Esneme – (oturarak) iç bacak kasları

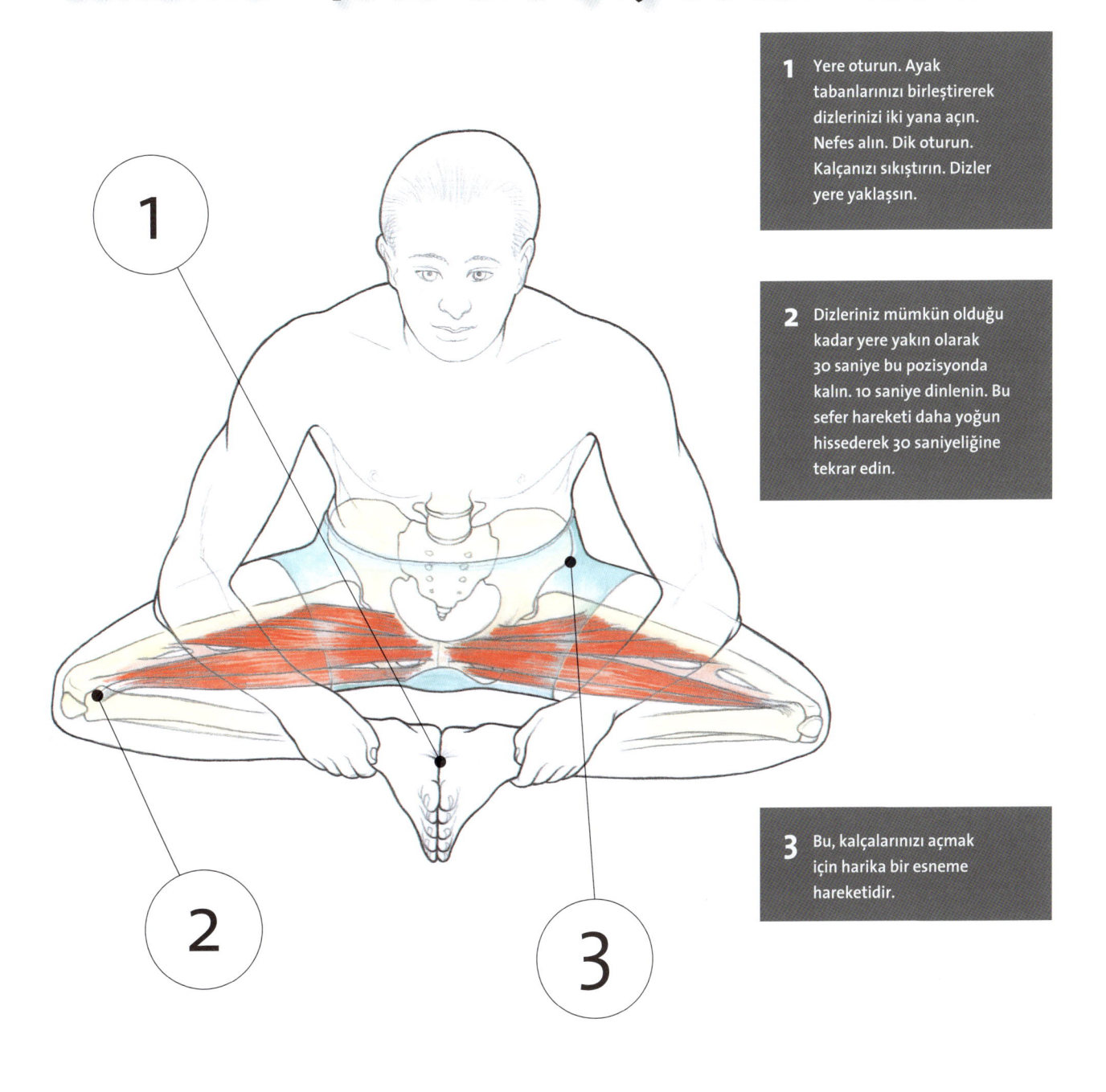

1 Yere oturun. Ayak tabanlarınızı birleştirerek dizlerinizi iki yana açın. Nefes alın. Dik oturun. Kalçanızı sıkıştırın. Dizler yere yaklaşsın.

2 Dizleriniz mümkün olduğu kadar yere yakın olarak 30 saniye bu pozisyonda kalın. 10 saniye dinlenin. Bu sefer hareketi daha yoğun hissederek 30 saniyeliğine tekrar edin.

3 Bu, kalçalarınızı açmak için harika bir esneme hareketidir.

| ESNETİLEN KASLAR | İÇ BACAK KASLARI |

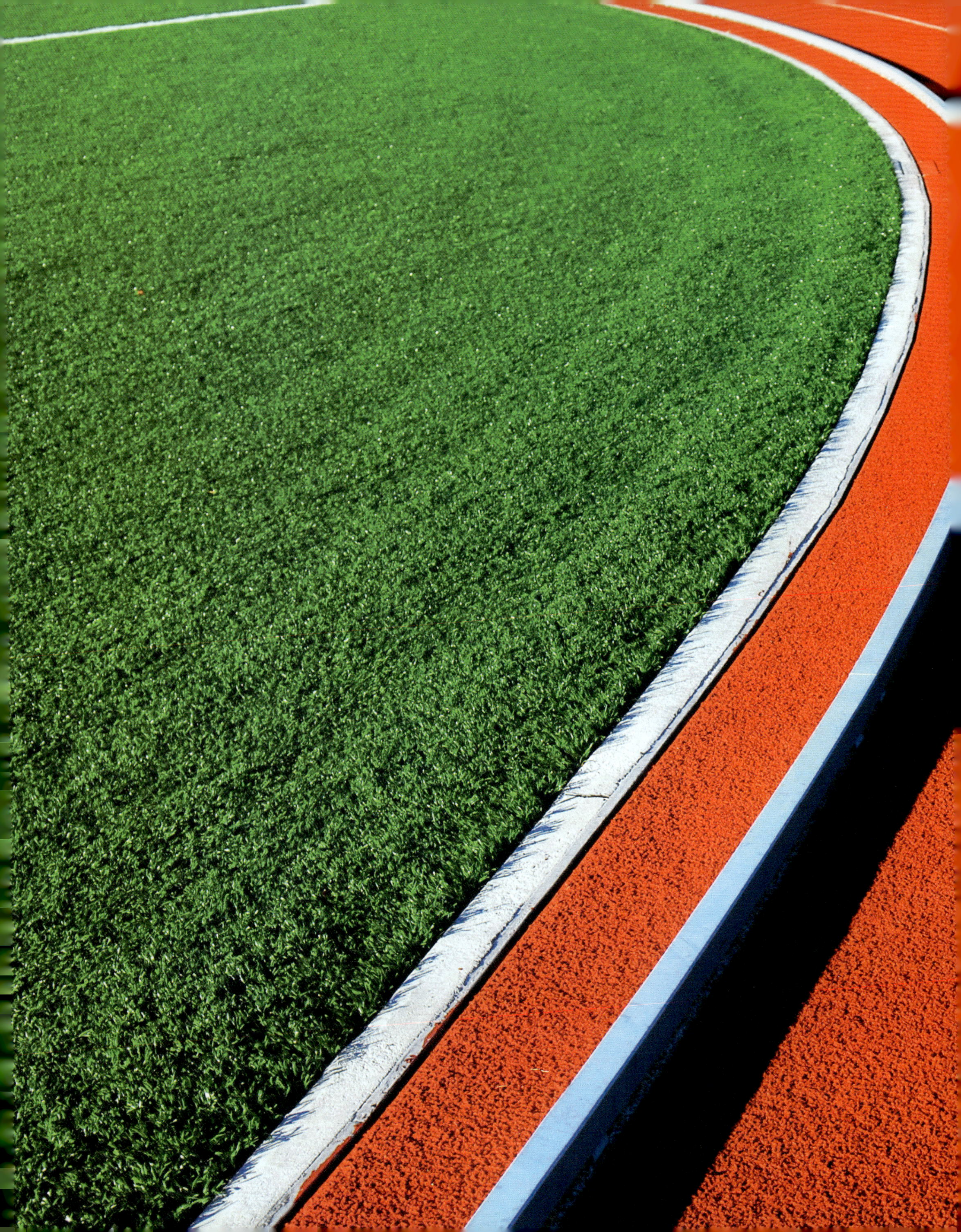

çapraz antrenman

// DAHA GÜÇLÜ // DAHA SAĞLAM
// DAHA DAYANIKLI

ÇAPRAZ ANTRENMAN

Temel bilgiler

Eğer belli bir spora özel olarak antrenman yapıyorsanız, o amaca yönelik olarak zindelik kazanmanın en iyi yolunun o sporu gerçekten yapmak olduğu şüphe götürmez. Eğer bir bisikletçi olmak istiyorsanız, bisiklete binin, bisiklete binin ve sonra biraz daha bisiklete binin. İşte bu kadar basit.

Peki, o halde neden çapraz antrenmanın yapılması gerekiyor?
Burada çapraz antrenman yapmak için dört sebep üzerine yoğunlaşıyoruz: Belli bir kas ya da kas grubundaki bir zayıflığı güçlendirmek, yaralanmaları önlemek, motivasyon sağlamak ve genel kondisyonunuzu korumayı garanti altına almak.

Pek çok antrenör, hangi spor dalıyla uğraşırsa uğraşsın bir sporcunun antrenman programına güç geliştirme antrenmanları koyar. Spor salonunda yapılması gereken çalışmanın miktarı spordan spora ve tabii ki antrenman yaptığınız mesafeye ve kişisel amaçlarınıza göre değişebilir.

Genel olarak, daha kısa yarışlar daha fazla kuvvet ve güç gerektirir, bunlar da ağırlık kaldırarak elde edilebilir. Dayanıklılık gerektiren branşlarda ise güç antrenmanlarının ağırlık kaldırma çalışmalarından oldukça farklı olması istenir. Örneğin, önümüzdeki 6 ay içinde bir yarışa katılmayı düşünüyorsanız, çalışmanıza ağır kilolarla ve az sayıda tekrarla (8 ila 12 arası) başlayarak 6 ile 8 hafta arasında çalışın, sonraki birkaç hafta boyunca da ağırlıkları azaltın ama tekrar sayısını artırın (en fazla 15 olsun). Bunları yaptıktan sonra ağırlık çalışmalarını tamamen bırakarak bisiklete binmeye odaklanabilirsiniz.

Yine de her şey ulaşmak istediğiniz hedeflerin ne kadar ciddi ve zorlayıcı olduğuna bağlıdır. Size yol gösterecek bu önerilerden sonra güç çalışmalarınıza devam da edebilirsiniz; ancak kas yorgunluğu ana branşınıza yönelik antrenman yapmanızı önlerse o zaman bisiklete binme kaliteniz de etkilenir. Eğer çapraz antrenmanlarınızı tamamen kesmek istemiyorsanız, asıl sporunuzun antrenmanlarını artırabilir ya da belli esneme hareketleri yapabilirsiniz. Yani genel anlamda spor salonunda zaman geçirmenin faydası, bisikletle yola çıktığınızda daha fazla güç anlamına gelir ama bunu yaparken aşırıya kaçmayın. Antrenmanlarınızı yaparken asıl amacınız sürekli aklınızda olsun.

Zincirdeki zayıf halkaları belirleyip güçlendirmek
Çapraz antrenmanın faydalarından biri, vücudunuzun herhangi bir yerinde bulunan ve bisiklete binişinizi kısıtlayan belli bir zayıflığı hedef alabilmesidir. Vücudunuzda bisiklete binerken sizi engelleyen bu zayıf noktayı bulduğunuz zaman spor salonunun yolunu tutabilir ve ister bacaklarınız, ister omuzlarınız olsun, isterseniz vücudunuzun genel dengesi için bazı kas gruplarınızı geliştirmek olsun, sadece o bölgeye yoğunlaşabilirsiniz. Dolayısıyla bisiklete binerken örneğin arka uyluk kaslarında ve kalça kaslarınızda biraz zayıflık olduğunu anlarsanız, bu bölgeleri güçlendirmek için çömelme (Sayfa 90) ve diz bükme hareketlerini (Sayfa 92) yapabilirsiniz. Spor salonunda bu kaslara yoğunlaşmak yoluyla, bisiklete binerken de gerçekten bir fark olacağını hissedeceksiniz.

Ancak yine de her zaman akılda tutulmalıdır ki yaşadığımız ağrı ve acıların çok büyük kısmı laktik asit birikmesinden kaynaklanır ve bununla mücadele etmenin en iyi yolu seçtiğiniz spora yönelik antrenmanlar yaparak bisiklet için esas olan kasları aktif olarak kullanmaktır.

Yaralanmalardan korunma
Sakatlıkların önlenmesi, herhalde sporunuz için özel antrenmanlar yapmanızın en önemli sebebidir. Sakatlanmalar, aylarca süren sıkı çalışmaları mahvedebilir ve bizim gibi spor yapmayan profesyoneller için spor yapma hayalini yerle bir etmenin yanı sıra günlük hayatınızı da çok rahatsız bir hale getirebilir. Spor yaparken bir hata sonucu bel rahatsızlığı oluşan ve günde sekiz saat masa başında iş yapmak zorunda olan biri size bunun nasıl da zor olduğunu anlatabilir.

Bisiklet üzerindeki antrenman yükünüzü artırırken vücudunuzda rahatsızlıklar hissedebilirsiniz; çünkü

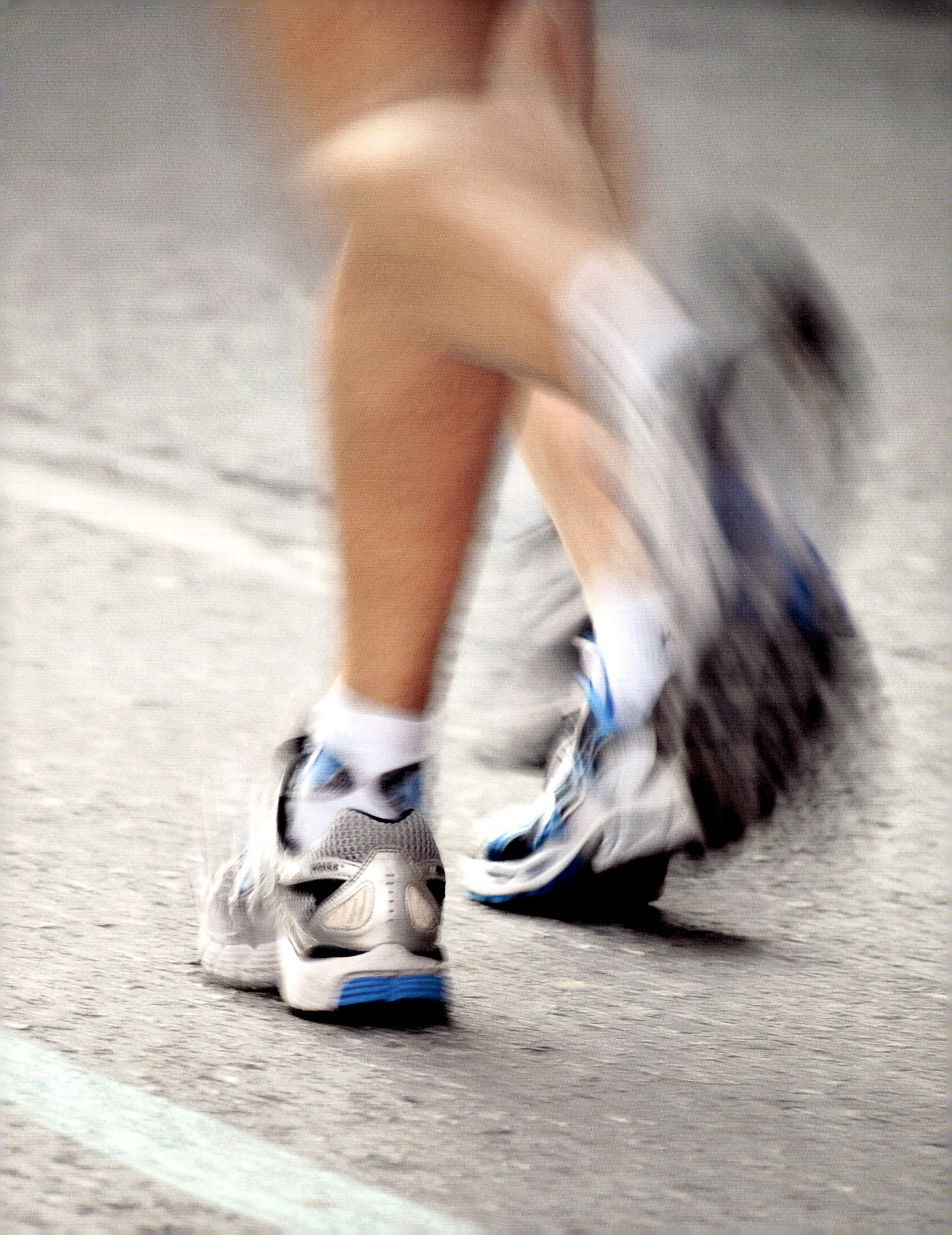

ÇAPRAZ ANTRENMAN

kaslarınızdan o zamana kadarkinden çok daha yüksek düzeyde işler başarmalarını bekliyor olacaksınız. Örneğin eğer üst arka bacak kaslarınız çok güçlü ve gergin olursa, buna karşılık ters kaslarınız (yani üst ön bacak kaslarınız) zayıfsa, o zaman leğen kemiğiniz eğik bir hizada durur; bu da duruş bozukluklarına ve sırt ağrılarına sebep olur.

Bu sebeplerden dolayı taslağı verilen güç geliştirme programlarında (Sayfa 109-111), sadece bisiklete yönelik olmayan, aynı zamanda vücudunuzda iyi bir kas dengesi sağlayabilmenize de faydalı olacak egzersizler bulacaksınız. Ana bölümde ayrıca bazı Pilates hareketleri de göreceksiniz.

Bu hareketler, kolayca yapılabilmeleri amacıyla az da olsa değiştirilmiştir. Ancak pilates ya da yoga derslerine gitme imkânı bulabilirseniz, bunların karın ve bel bölgelerini güçlü kılmak ve kaslarınızı yumuşak tutmak için eşsiz egzersizler olduklarını göreceksiniz. Bu egzersizlerin ek faydası, vücuda fazla yük binmediği için yaralanma riskinin daha az oluşu ve fazla enerji sarfetmek gerekmediğinden dinlenme gününüzde bile yapılabilmeleridir.

Düzenli olarak esneme hareketleri yapmak yaralanmaların önlenmesinde hayati bir önem taşır ve antrenmanınızın bu yönü asla ihmal edilmemelidir (Bkz. Kondisyon ve Antrenman, Sayfa 78-83).

Motivasyon

Bazen, belli bir yarış için antrenman yaptığınız zaman, yolları aşındırma rutininizden biraz kopup ara vermeniz gerekecektir. Haftanın bir gününde vücudunuzu farklı bir şekilde çalıştırmak yoluyla, zihninizin de gerçekten dinlenip tazelendiğini göreceksiniz. Ayrıca motivasyonunuzu yüksek tutmak amacıyla dayanıklılık antrenmanlarınıza bazı temel hedefler eklemek de iyi bir fikir olabilir. Mesela iki aylık bir dönem içinde ağırlık miktarını belli bir yüzde oranında artırmayı hedefleyebilirsiniz.

Unutmayın ki koyduğunuz hedefler, başlangıç noktanızın neresi olduğuyla son derece yakından ilgilidir. Eğer kuvvet geliştirme antrenmanlarında zaten deneyimliyseniz elde edeceğiniz kazanımlar küçük olacaktır; çünkü o güne kadar makul bir düzeye zaten erişmişsinizdir. Bu sebeple hedeflerinizi belirlerken gerçekçi olun.

Genel Kondisyon

Pek çok kişi bisiklet dünyasındaki yolculuğuna vücudunu forma sokmak amacıyla başlar ve bu sporun en büyük faydalarından biri de gerçekten budur. Ancak unutmamalısınız ki sadece tek bir spora yönelik antrenman yaparsanız sadece o sporda fit olursunuz. Bu formda olma durumunun bir kısmı diğer alanlara da faydalı olacaktır ama kendinizi sağlıklı ve iyi görünümlü kılmak genellikle biraz daha belirli şeyler gerektirir. Bu, farklı koşu mesafelerinde çok açık olarak belli olur. İyi bir 100 metre koşucusu, iyi bir maraton derecesi yapabilmek için oldukça fazla çaba sarf eder ya da tam tersi... Bu sebeple, bisiklete binmekteki amaçlarınızdan biri genel sağlık düzeyinizi yükseltmekse, çapraz antrenmanı da ihmal etmemelisiniz.

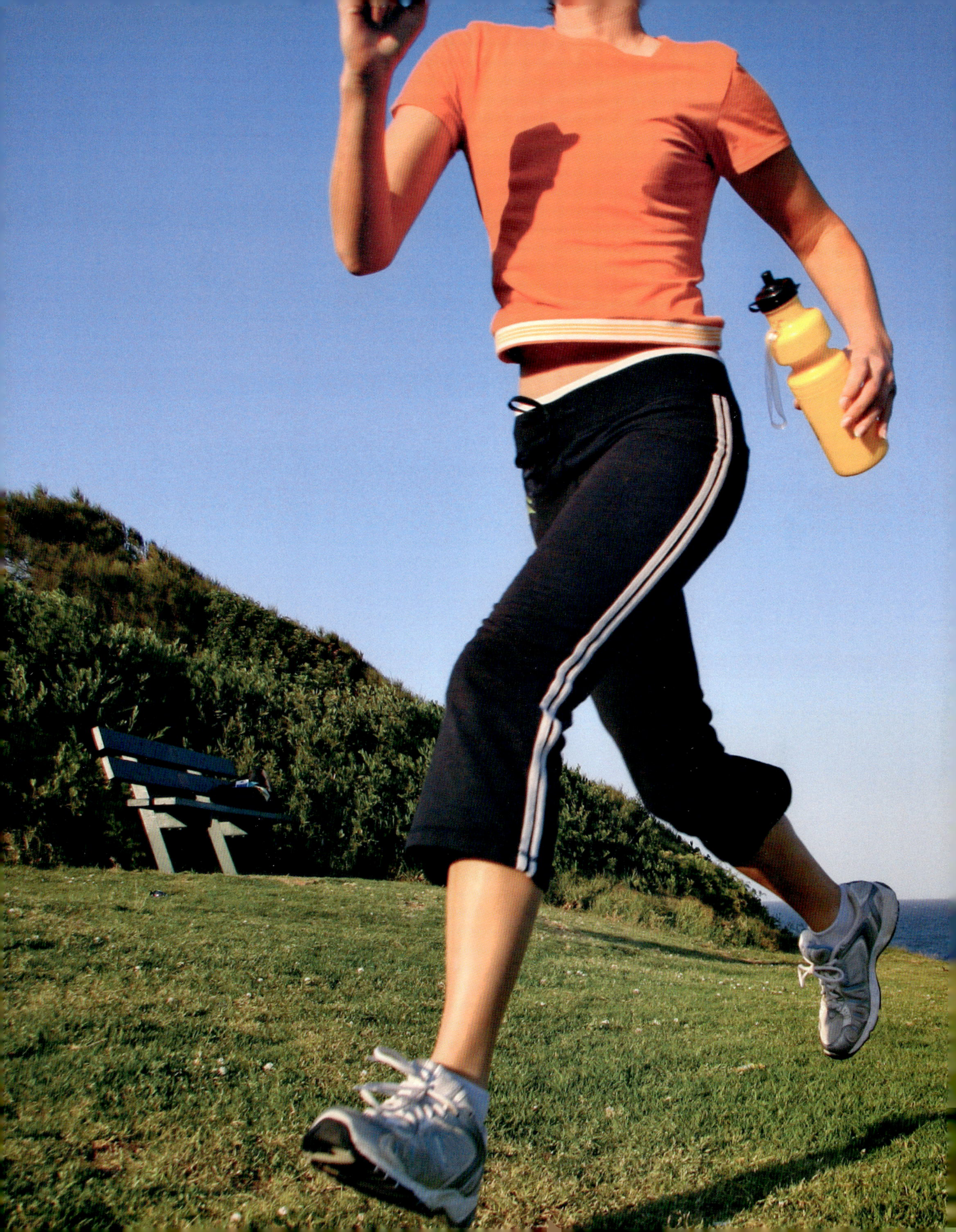

ÇAPRAZ ANTRENMAN

Bacaklar – çömelme

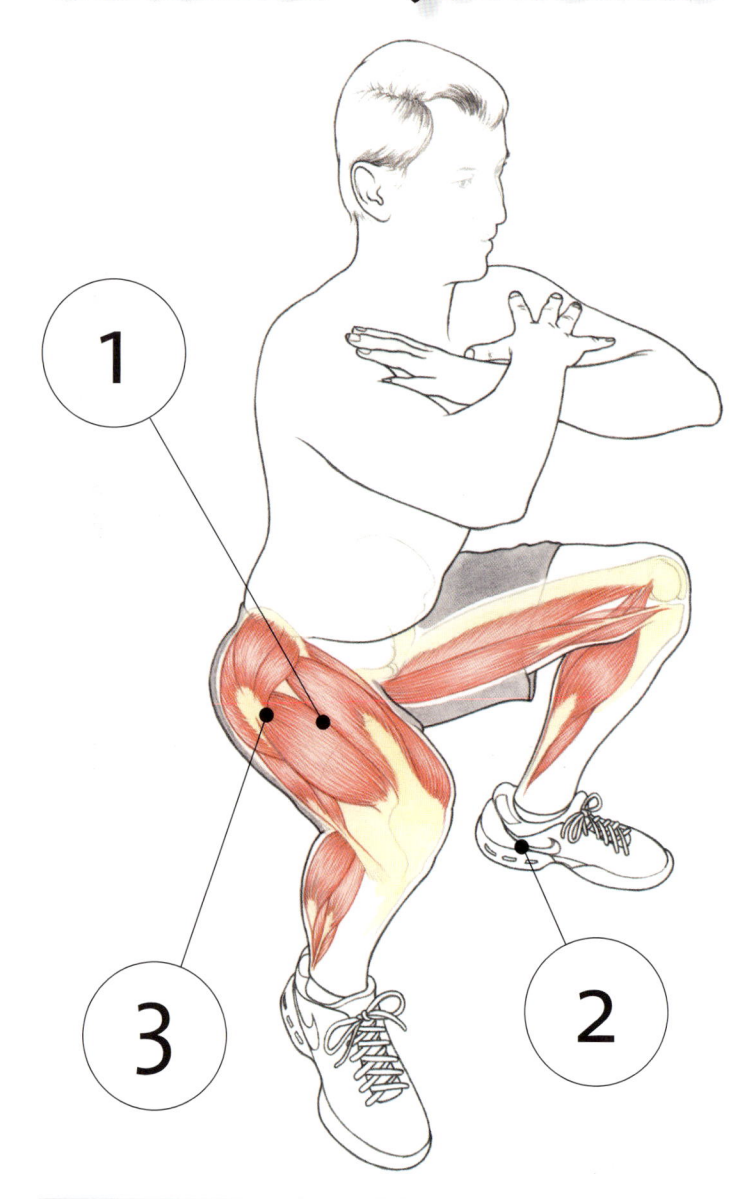

1 Dizlerinizi gevşek tutarak karın ve kalça kaslarınızı sıkın. Arkanızda duran bir sandalyeye oturacakmış gibi kalçalarınızı geriye doğru itin. Ardından bacaklarınızın üst kısmı yere paralel konuma gelinceye dek çömelin. Daha sonra ilk pozisyona geri dönün.

2 Tüm vücut ağırlığınızın topuklarınızdan akıp gitmesine izin verin. Bu sayede kalça kaslarınıza ve diz arkası kirişlere binen yükü artırmış olursunuz. Sırtınızın dik kalmasına ve dizlerinizin ayak parmaklarınızla aynı hizada olmasına özen gösterin.

3 Yorgunluk hissetmeye başladığınızda karın ve kalça kaslarınızı biraz daha yoğun olarak devreye sokun. Bu şekilde bel kaslarınızı korumuş olursunuz. Nefes alış verişinizin ritminden faydalanın; yeniden doğrulmadan önce nefes verin.

Kullanılan kaslar

Birinci derece: ön bacak kasları, kalça kasları, diz arkası kirişleri, bel kasları (erector spinae).

İkinci derece: baldırlar.

Bu hareket bisiklete binmemi nasıl geliştirecek?

Ön uyluk kaslarınızdaki ve baldırlarınızdaki kas kuvveti, kısa ve dik bir tepeye çıkarken sürünmeniz ve uçarcasına tırmanmanız arasındaki fark anlamına gelebilir.

ÇAPRAZ ANTRENMAN

Bacaklar – öne hamle

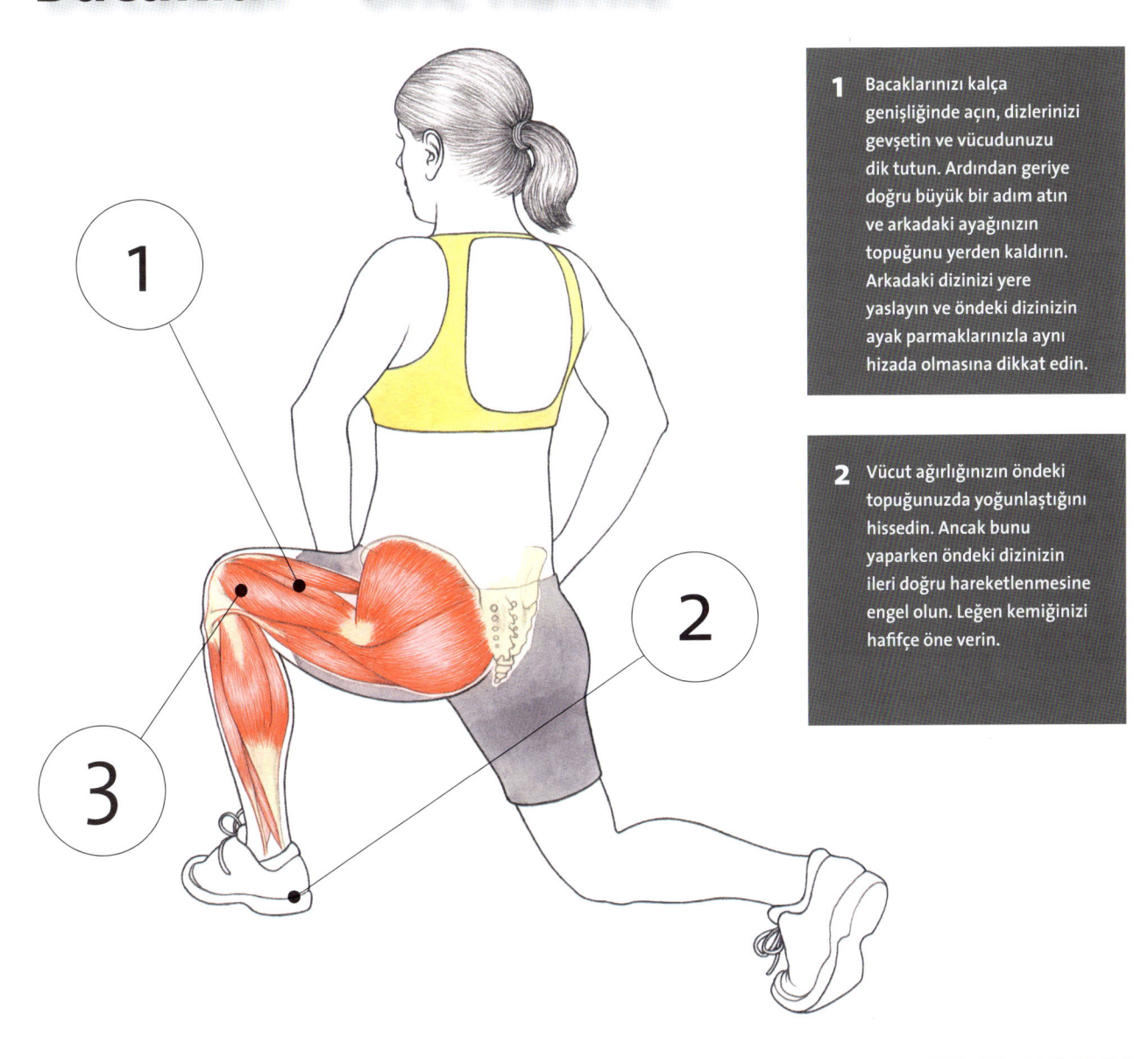

1 Bacaklarınızı kalça genişliğinde açın, dizlerinizi gevşetin ve vücudunuzu dik tutun. Ardından geriye doğru büyük bir adım atın ve arkadaki ayağınızın topuğunu yerden kaldırın. Arkadaki dizinizi yere yaslayın ve öndeki dizinizin ayak parmaklarınızla aynı hizada olmasına dikkat edin.

2 Vücut ağırlığınızın öndeki topuğunuzda yoğunlaştığını hissedin. Ancak bunu yaparken öndeki dizinizin ileri doğru hareketlenmesine engel olun. Leğen kemiğinizi hafifçe öne verin.

3 Bacak açma alıştırmasında hareketin hissedilen yönü yukarı ve aşağı olmalıdır. Öne doğru hareket etmekten kaçınmalısınız. Bu sayede tüm basıncı öndeki dizinizde hissedebilirsiniz.

Kullanılan kaslar

Birinci derece: ön bacak kasları, kalça kasları, diz arkası kirişleri, baldırlar.

Bu hareket bisiklete binmemi nasıl geliştirecek?

Bacak kaslarınızın kuvvetinin artması aerobik kapasitenizi artırır ve bitkinliğe ulaşma sürecini erteler. Daha fazla güç ve daha az yorgunluk ile daha hızlı bisiklet sürersiniz.

ÇAPRAZ ANTRENMAN

Bacaklar – diz bükme

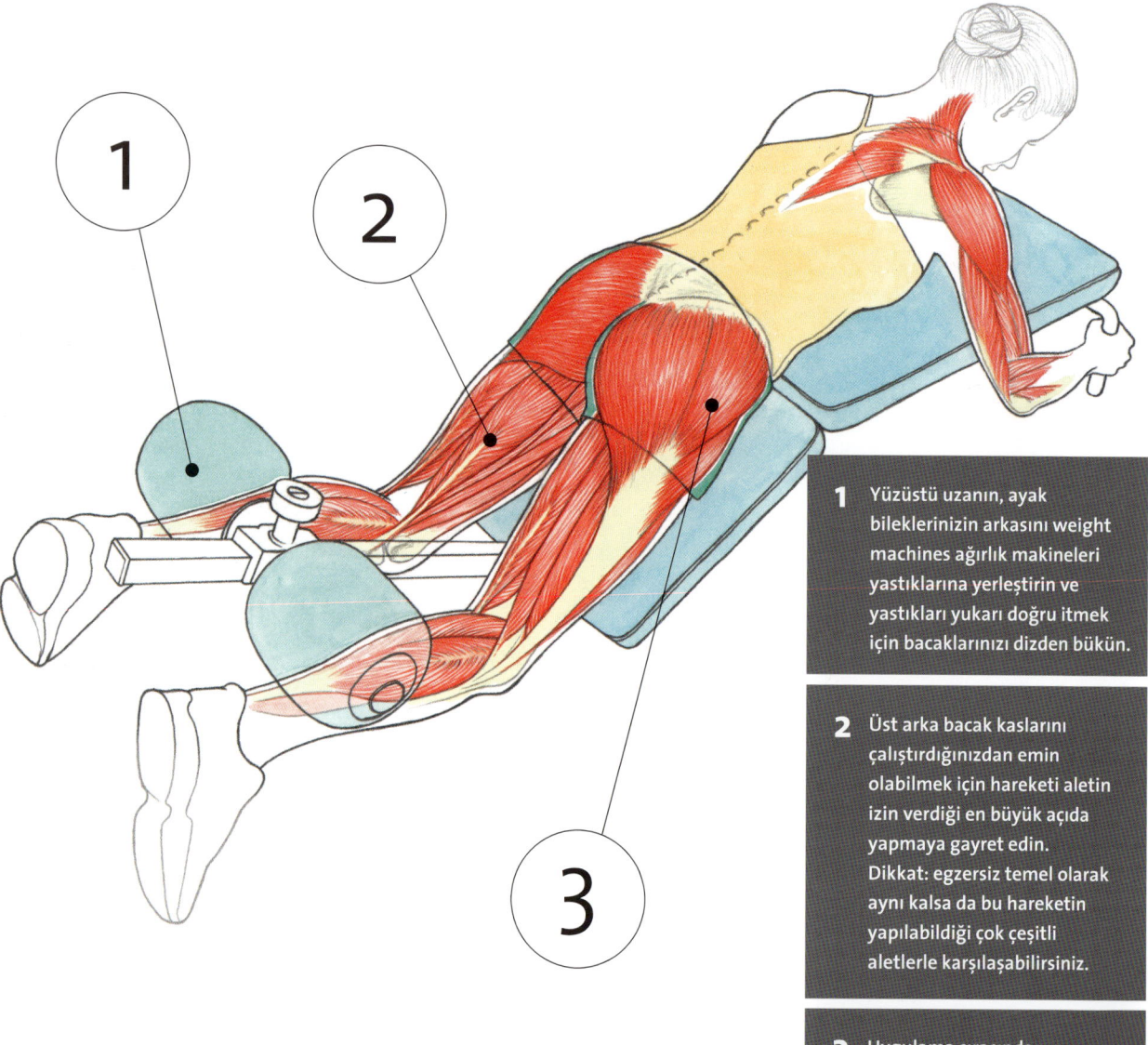

1 Yüzüstü uzanın, ayak bileklerinizin arkasını weight machines ağırlık makineleri yastıklarına yerleştirin ve yastıkları yukarı doğru itmek için bacaklarınızı dizden bükün.

2 Üst arka bacak kaslarını çalıştırdığınızdan emin olabilmek için hareketi aletin izin verdiği en büyük açıda yapmaya gayret edin. Dikkat: egzersiz temel olarak aynı kalsa da bu hareketin yapılabildiği çok çeşitli aletlerle karşılaşabilirsiniz.

3 Uygulama sırasında kalçalarınızın aşağı yukarı hareket etmediğinden emin olun. Karın kaslarınızı sıkarak kalça kaslarınızın sabit durmasını sağlayabilirsiniz. Bu şekilde sırtınızda oluşabilecek yaralanmalardan da kaçınmış olursunuz.

Kullanılan kaslar

Birinci derece: arka bacak kasları, kalça kasları

Bu hareket bisiklete binmemi nasıl geliştirecek?

Arka uyluk kaslarınız kalça kaslarınızı açmaya ve dizlerinizi bükmenize yarar. Bunlar özellikle düzgün bir pedal basışı için kritik önem taşır.

ÇAPRAZ ANTRENMAN

Bacaklar – basamak çıkma

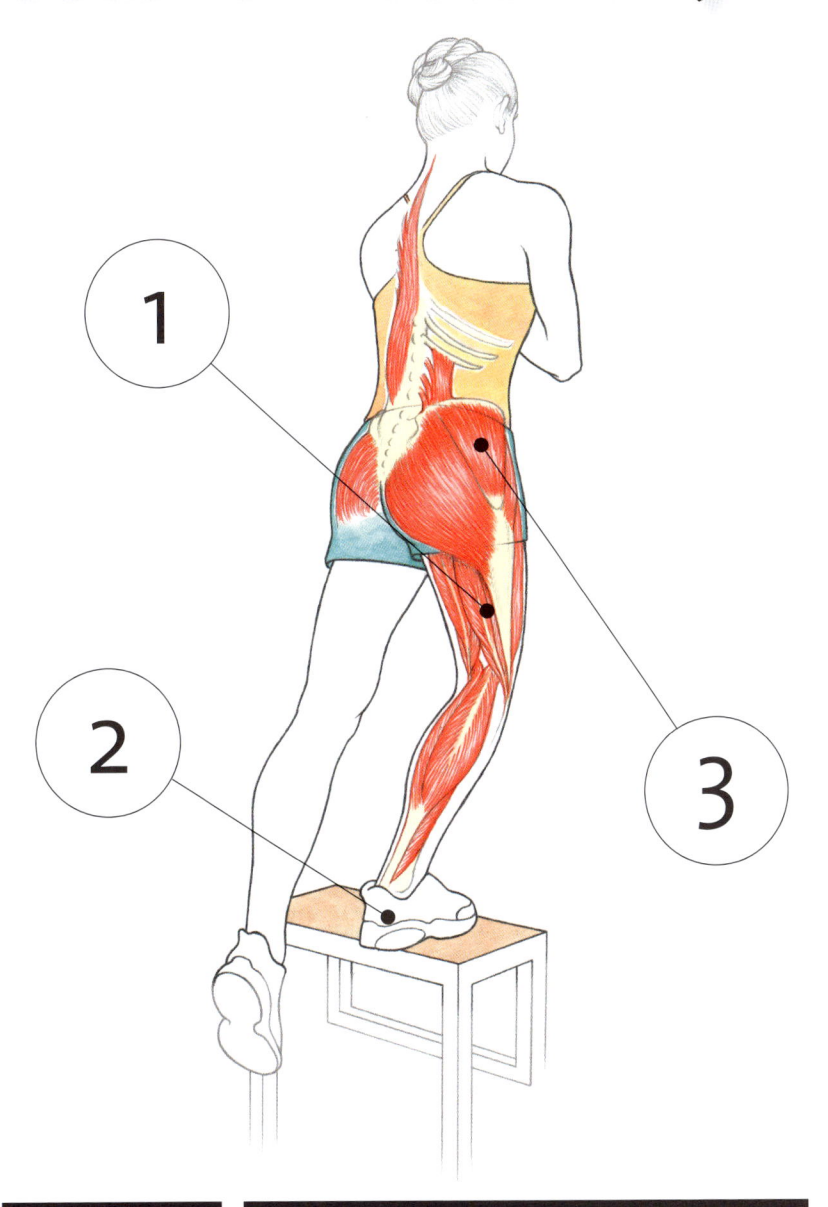

1 Önünüzdeki basamaktan yaklaşık 30 santimetre uzakta durun. Bir ayağınızı basamağa koyarak vücudunuzu yükseltin. Ayağınızın ve dizinizin daima doksan derecelik bir açıyla bükülü olmasına dikkat edin.

2 Ayağınızla basamağa çıkarken önce topuğunuzu yerleştirmeye özen gösterin. Bu şekilde hem basamak üzerinde güvende ve dengede olur hem de doğru kas gruplarını harekete geçirmiş olursunuz.

3 Vücudunuzun daima dik durduğundan emin olun. Egzersiz sırasında kalçadan öne doğru eğilmemeye çalışın. Alıştırmanın etkisini artırmak için uygulama sırasında ellerinize ağırlık alabilirsiniz.

Kullanılan kaslar

Birinci derece: Ön bacak kasları, kalça kasları.

İkinci derece: Arka bacak kasları, baldırlar.

Bu hareket bisiklete binmemi nasıl geliştirecek?

Güçlü bacak kasları ve kaslarınızın genel anlamda dayanıklı olması bitkinlik hissinin önlenmesine yarar ve bu kondisyon reflekslerinizi keskin tutarak tekniğinize olumlu etki yapar.

ÇAPRAZ ANTRENMAN

Bacaklar – baldır çalıştırma

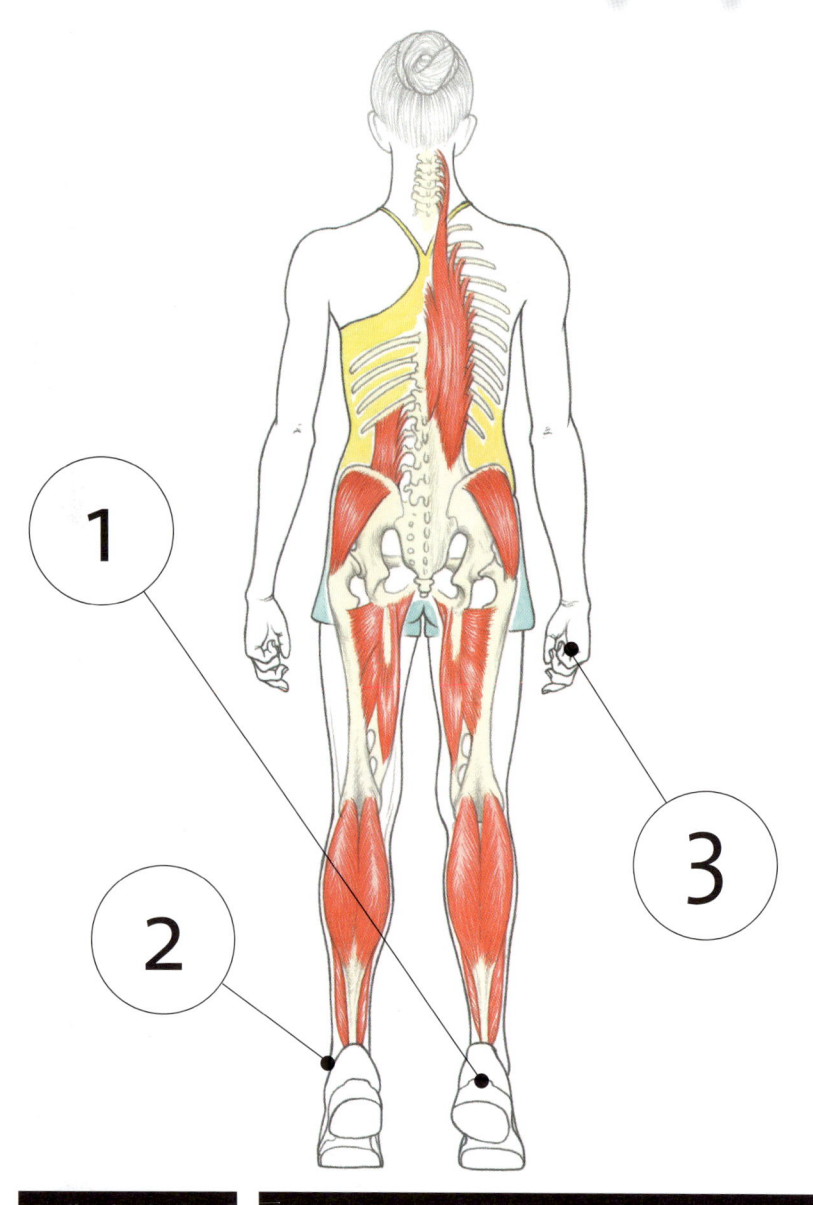

1 Ayaklarınızı kalça genişliğinde açarak gövdenizi dik tutun. Parmak uçlarında yükseldikten sonra yeniden başlangıç pozisyonuna geri dönün.

2 Ayaklarınızın düz durmasına özen gösterin. Topuklarınızın dışa doğru dönmediğinden emin olun. Vücudunuzun dik durması gerektiğini unutmayın.

3 Egzersiz yoğunluğunu artırmak için uygulama sırasında ellerinize ağırlık alabilirsiniz. Eğer çevrenizde ağırlık yoksa konserve kutularından ya da kavraması kolay ve ağır olan başka şeylerden de faydalanabilirsiniz.

Kullanılan kaslar	Bu hareket bisiklete binmemi nasıl geliştirecek?
Birinci derece: baldırlar.	Baldır kasları önemlidir; çünkü gücü ön uyluk ve kalça kaslarınızdan ayaklarınıza iletirler ve pedal devrinin ikinci yarısındaki (aşağıdan yukarı çekerken) kuvveti sağlarlar.

ÇAPRAZ ANTRENMAN

Bacaklar – sıçramalı çömelme

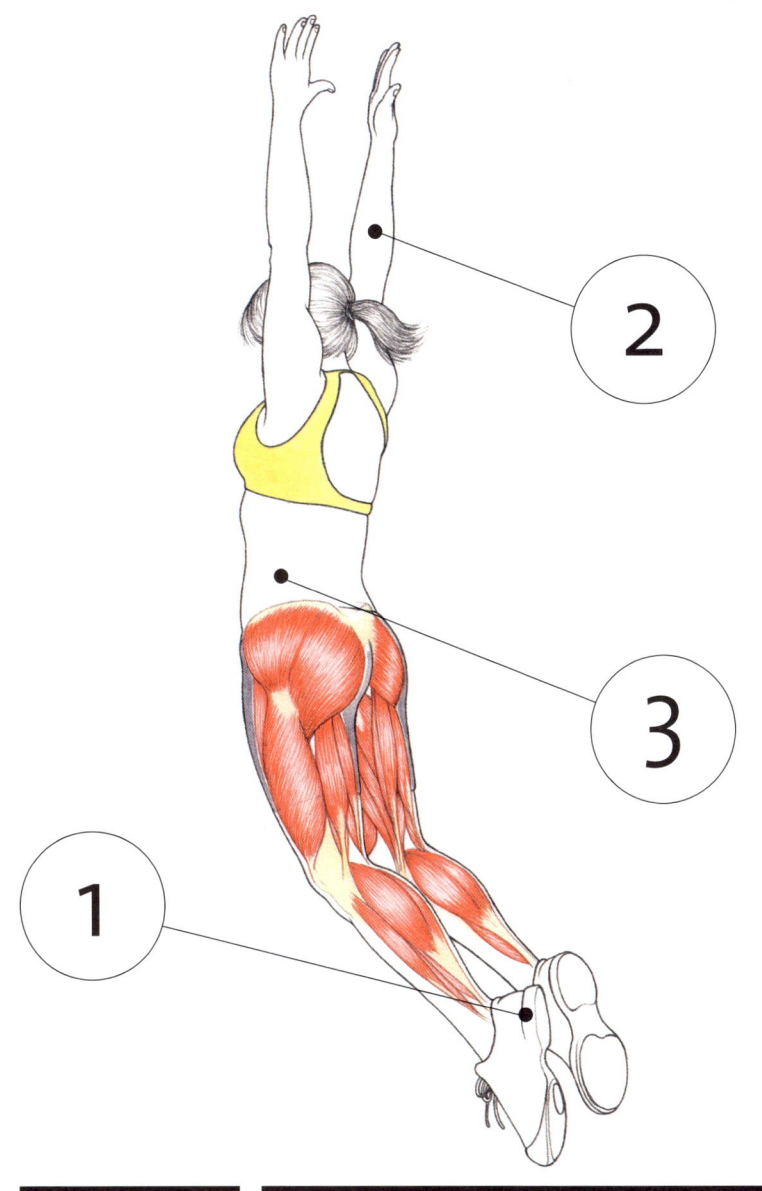

1 İleri seviye dinamik egzersizlerden biri olan bu alıştırma için yere iyice çömelin ve ardından her iki ayağınızla kendinizi yerden iterek mümkün olduğunca ileri doğru sıçrayın. İniş sırasında önce topuklarınızı, sonra ayak parmaklarınızı yere basmaya özen gösterin ve darbeyi azaltmak için dizlerinizi bükün.

2 Hareketi tekrarlamadan önce bir süre dinlenerek dengenizi bulun ve güç toplamaya çalışın. Alıştırma sırasında hız kazanmak için kollarınızın serbestçe savrulmasına izin verebilirsiniz.

3 Dinamik egzersizlerin tümünde olduğu gibi hareketin yanlış uygulanması yaralanmalara yol açabilir. Yorgunluk belirtileri göstermeye başladığınızda karın kaslarınızın sıkılı olduğundan ve yere yumuşak bir şekilde indiğinizden emin olun. Eğer bunu sağlamakta zorlanıyorsanız egzersize ara vermeniz daha iyi olacaktır.

Kullanılan kaslar

Birinci derece: ön bacak kasları, kalça kasları, arka bacak kaslar, bel kasları.

İkinci derece: baldırlar.

Bu hareket bisiklete binmemi nasıl geliştirecek?

Bu genel amaçlı, çok faydalı bir harekettir; çünkü ön ve arka uyluk kaslarınızı, kalça kasları ve baldırlarınızı geliştirir. Bu kasların hepsi pistte bisiklete binerken sizin için önem taşır.

ÇAPRAZ ANTRENMAN

Omuzlar – omuz press

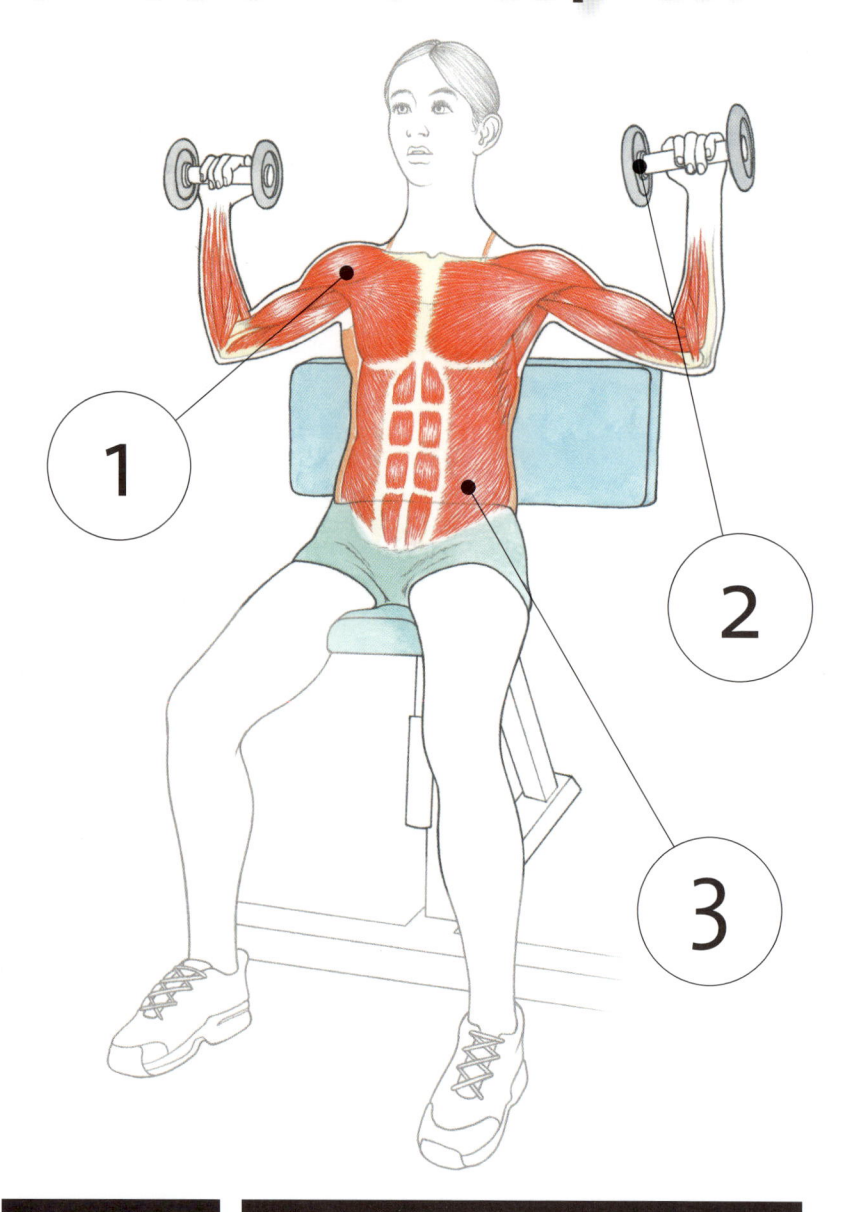

1 Dirsekler omuz hizasında, ellerle dik bir açı yapar ve ağırlıklar yukarıya bakacak şekilde oturun. Ağırlıkları yukarı doğru kaldırın ve yukarıda birleştirin.

2 Ağırlıklar yukarıda hafif bir kavis oluşturacaktır. Kontrolü kaybetmeyin ve ağırlıkları birbirine çarpmayın.

3 Bu egzersizi yaparken belinize dikkat edin. Sırtın kamburlaşmasına izin vermeyin. Karın kaslarınızı sıkarak ve leğen kemiğinizi hafifçe öne vererek bu durumun üstesinden gelebilirsiniz.

Kullanılan Kaslar

Birinci derece:
Omuzlar (deltoidler)

İkinci derece:
Üst arka kol kasları.

Bu hareket bisiklete binmemi nasıl geliştirecek?

Omuzlar yaralanmalara son derece açıktır; çünkü bisikletinizden düştüğünüz zaman kendinizi korumak amacıyla kollarınızı ileri doğru uzatmak şeklindeki doğal içgüdünüz sizi yönlendirir, bu sebeple omuzlarınızın genel kuvvetini geliştirin.

* Bu egzersizi ağırlık olmadan yaparsanız harekete aynı pozisyonda başlayın. Her iki ayağınızı da güç alacağınız bir yere dayayın. Ellerinizde ağırlık varmış gibi omuzlarınızdan yukarı bir kavis oluşturacak şekilde çekerek hareketi tamamlayın.

Omuzlar – rotator manşon

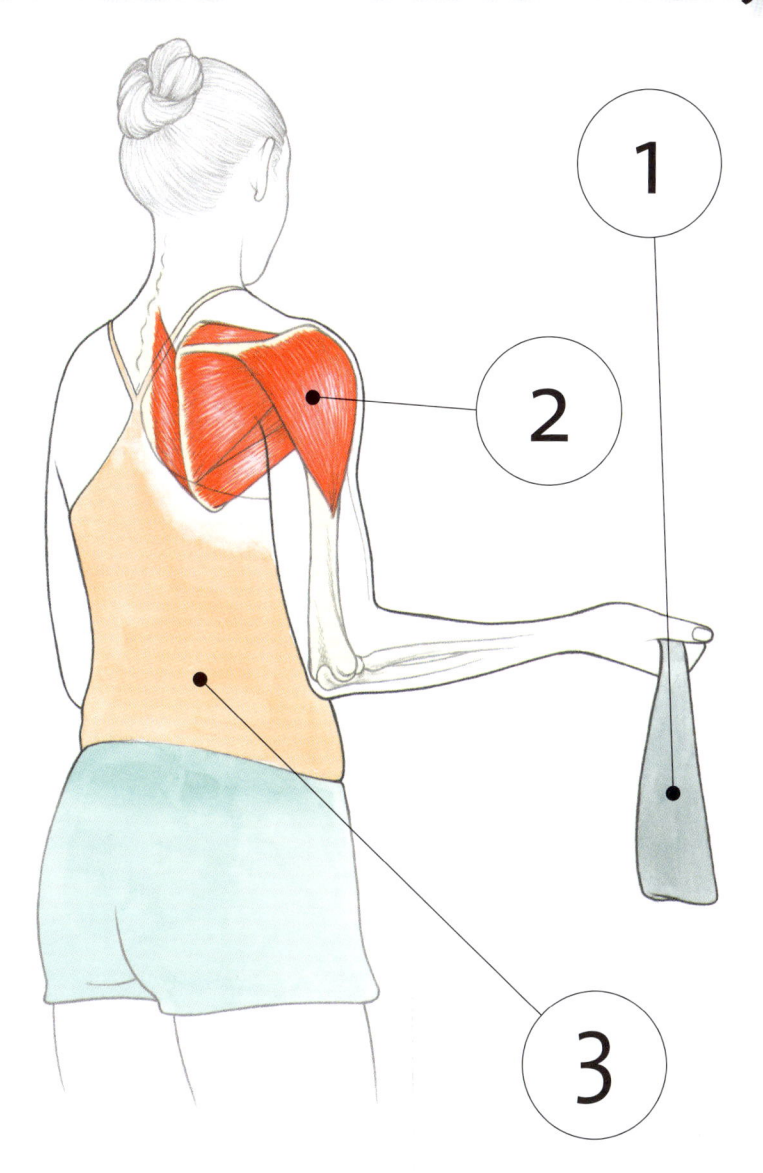

1 Dirençli elastik bir bant alarak bir ucunu sabit bir direğe bağlayın. Diğer ucunu elinizle kavrayın ve dirseğinizin gövdenize bitişik kalmasına dikkat ederek bandı gövdenizin bir yanından diğerine doğru çekin. Bu hareket esnasında dirseğinizin doksan derece bükülü kaldığından emin olun.

2 Dirsek açınızı değiştirmeden kolunuzu yana doğru açarak omuzlarınızın arkasındaki kasları sıkıştırın.

3 Bu harika egzersiz omuzlarınızı dik ve geride taşımanızı sağlar. Alıştırma sırasında dik durun ve sırtınızın herhangi bir yöne doğru hareket etmesine izin vermeyin.

Kullanılan Kaslar

Birinci derece: arka omuz kasları (rotator manşon).

Bu hareket bisiklete binmemi nasıl geliştirecek?

Bisiklete uzun süre binmek omuzlarınızı öne düşürebilir. Bunun gibi telafi edici kuvvet egzersizleri olmazsa, omuzlarınızın şeklinin bozulması yüzünden bisiklet üzerindeki duruşunuz bozulur ve sırt ağrıları baş gösterebilir.

ÇAPRAZ ANTRENMAN

Sırt – öne doğru eğilerek kürek hareketi

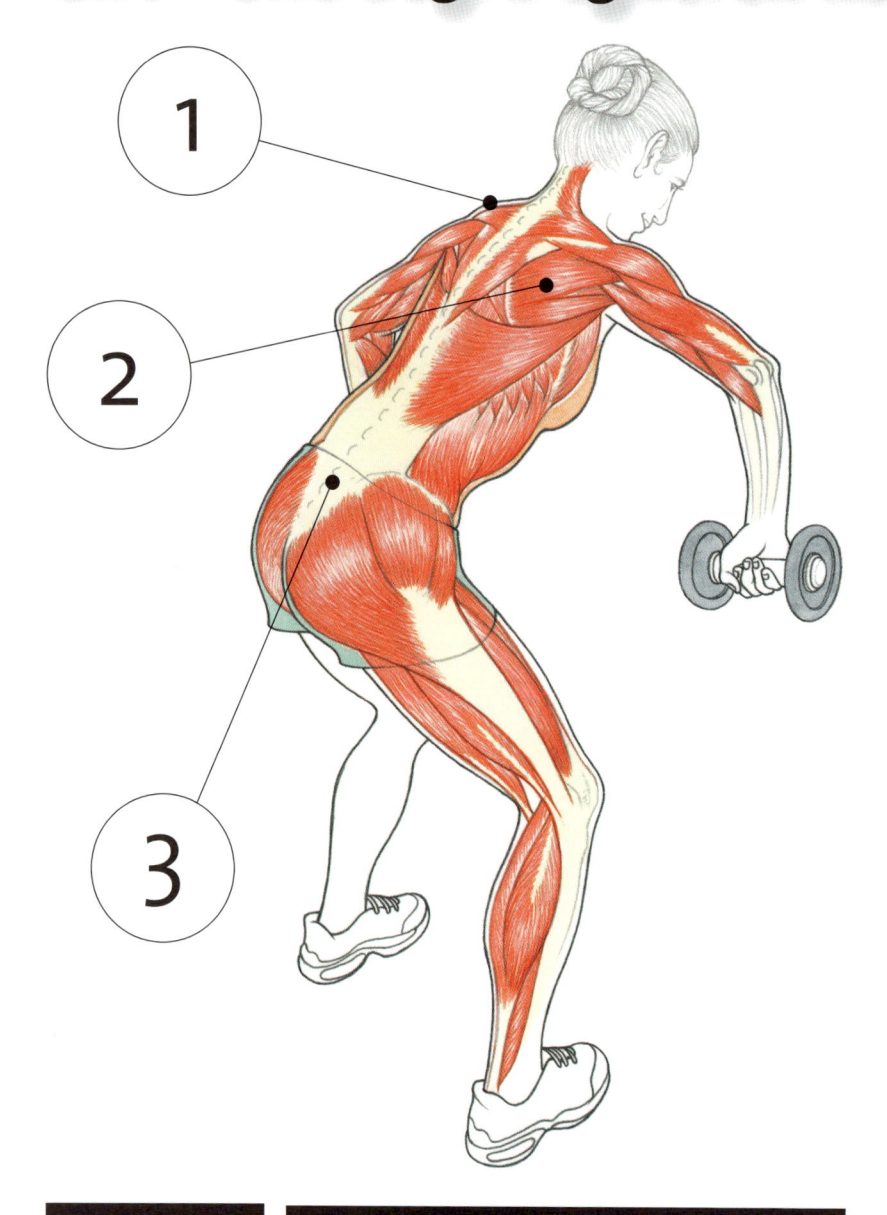

1 Ağırlıkları kaldırırken kürek kemiklerinizin birbirine yaklaştığını hissedin. Bu sayede iş yükü sırtınızın ortasında yoğunlaşmış olur.

2 Başlangıçta ağırlıkları dizlerinizle aynı seviyede tutun. Öne doğru eğilerek ağırlıkları göbek deliğinize doğru kürek çeker gibi kaldırın. Ardından kollarınızı düzleştirerek yeniden başlangıç pozisyonuna dönün.

3 Bu şekilde durmak bel kaslarınızı yorabileceğinden sırtınızı kamburlaştırma eğiliminde olabilirsiniz. Leğen kemiğinizi doğru pozisyonda tutarak ve karın kaslarınızı sıkarak bu sorunu çözebilirsiniz.

Çalıştırılan Kaslar

Birinci derece: Boyun omuz ve sırt kasları (trapezius).

İkinci derece: Biceps (pazu)

Bu hareket bisiklete binmemi nasıl geliştirecek?

Güçlü omuz kasları, hızla pedal basarken, özellikle de depara kalktığınızda ve dik yokuşlar çıkarken gidonu sabit bir şekilde tutabilmenize yardımcı olur.

* Bu alıştırmayı ağırlıksız uygulamak için aynı başlangıç pozisyonuna geçin ve her iki ayağınızın altından bir jimnastik bandı geçirin. Bandın uçlarını ağırlık kaldırırken izlediğiniz hat üzerinde karnınıza doğru çekin.

ÇAPRAZ ANTRENMAN

Göğüs – şınav

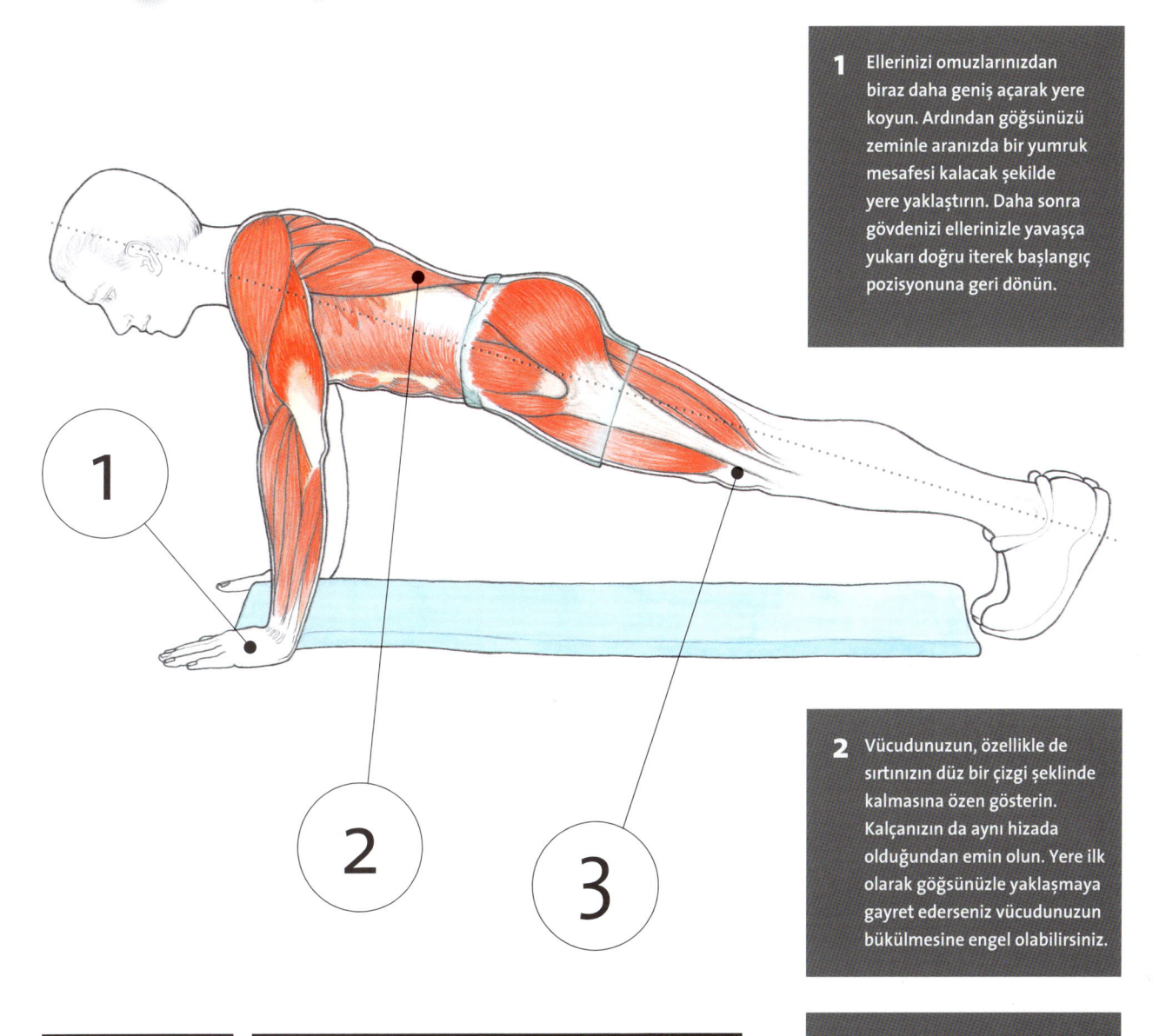

1 Ellerinizi omuzlarınızdan biraz daha geniş açarak yere koyun. Ardından göğsünüzü zeminle aranızda bir yumruk mesafesi kalacak şekilde yere yaklaştırın. Daha sonra gövdenizi ellerinizle yavaşça yukarı doğru iterek başlangıç pozisyonuna geri dönün.

2 Vücudunuzun, özellikle de sırtınızın düz bir çizgi şeklinde kalmasına özen gösterin. Kalçanızın da aynı hizada olduğundan emin olun. Yere ilk olarak göğsünüzle yaklaşmaya gayret ederseniz vücudunuzun bükülmesine engel olabilirsiniz.

3 Şınavın yoğunluğunu azaltmak için dizlerinizi yere koyabilirsiniz. Aynı uygulama vücudunuzun kontrolünü kaybetmeye başladığınızda da işinize yarayabilir.

Kullanılan kaslar

Birinci derece: Göğüs kasları.

İkinci derece: Üç başlı kas (triceps).

Bu hareket bisiklete binmemi nasıl geliştirecek?

Bu egzersiz, çukurlu ve çakıl taşlı yollar gibi düzgün olmayan arazilerdeki teknik sürüşlerde kullanılan, gidona abanma hareketinin taklit edilmesidir.

ÇAPRAZ ANTRENMAN

Kollar – biceps (pazu) bükme

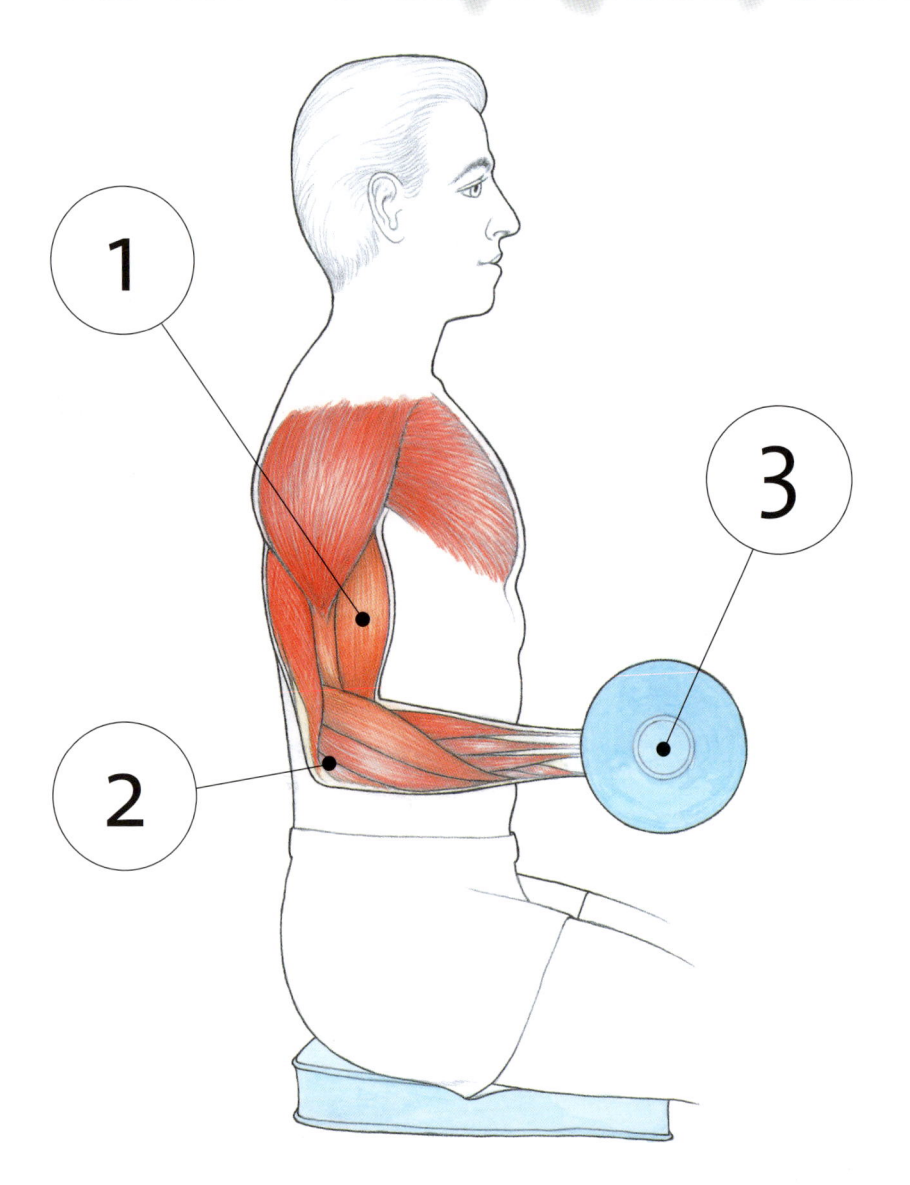

2 Dirseklerinizi vücudunuzun iki yanında tutun ve geriye doğru savrulmalarına izin vermeyin.

3 Ellerinizin güçlü, kavrayışınızın yumuşak olmasına özen gösterin. Eğer ağırlıkları çok sert tutarsanız ön kol kaslarınızın biceps adı verilen pazu kaslarından çok daha fazla çalışmasına neden olursunuz.

Kullanılan kaslar

Birinci derece: biceps. (İki başlı kol kası, pazu.)

Bu hareket bisiklete binmemi nasıl geliştirecek?

Güçlü pazular, bisiklet üzerindeyken vücudunuzun genel dengesini sağlamak bakımından büyük önem taşır. Güçlü kollar, enerjinizi gereksiz yere harcamanızı önler.

* Bu alıştırmayı ağırlıksız uygulamak için başlangıç pozisyonuna geçin ve her iki ayağınızın altından bir jimnastik bandı geçirin. Bandın uçlarını ağırlık kaldırırken izlediğiniz hat üzerinde karnınıza doğru çekin.

ÇAPRAZ ANTRENMAN

Kollar – triceps (arka kol)

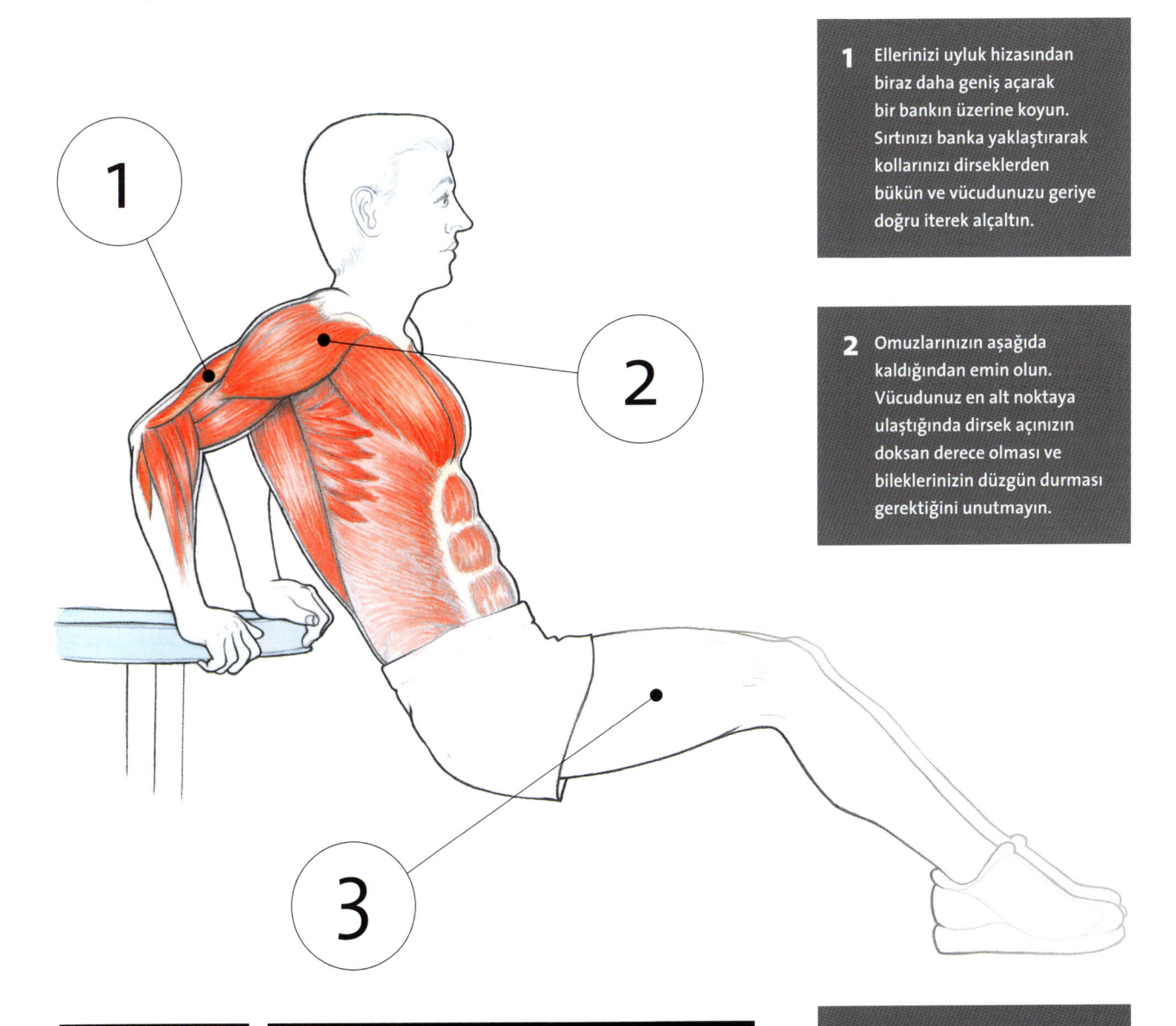

1 Ellerinizi uyluk hizasından biraz daha geniş açarak bir bankın üzerine koyun. Sırtınızı banka yaklaştırarak kollarınızı dirseklerden bükün ve vücudunuzu geriye doğru iterek alçaltın.

2 Omuzlarınızın aşağıda kaldığından emin olun. Vücudunuz en alt noktaya ulaştığında dirsek açınızın doksan derece olması ve bileklerinizin düzgün durması gerektiğini unutmayın.

3 Egzersiz yoğunluğunu artırmak için bacaklarınızı düzleştirip ayaklarınızı gevşetebilirsiniz. Ancak bunu yaparken sırtınızın banka mümkün olduğunca yakın durmasını sağlayın.

Kullanılan kaslar

Birinci derece: triceps. (Üç başlı kol kası.)

Bu hareket bisiklete binmemi nasıl geliştirecek?

Güçlü üst arka kol kasları vücudunuza genel bir denge sağlar ve bisikletinizi kontrol yeteneğinizi geliştirir.

ÇAPRAZ ANTRENMAN

Gövde – (plank) kalas duruşu

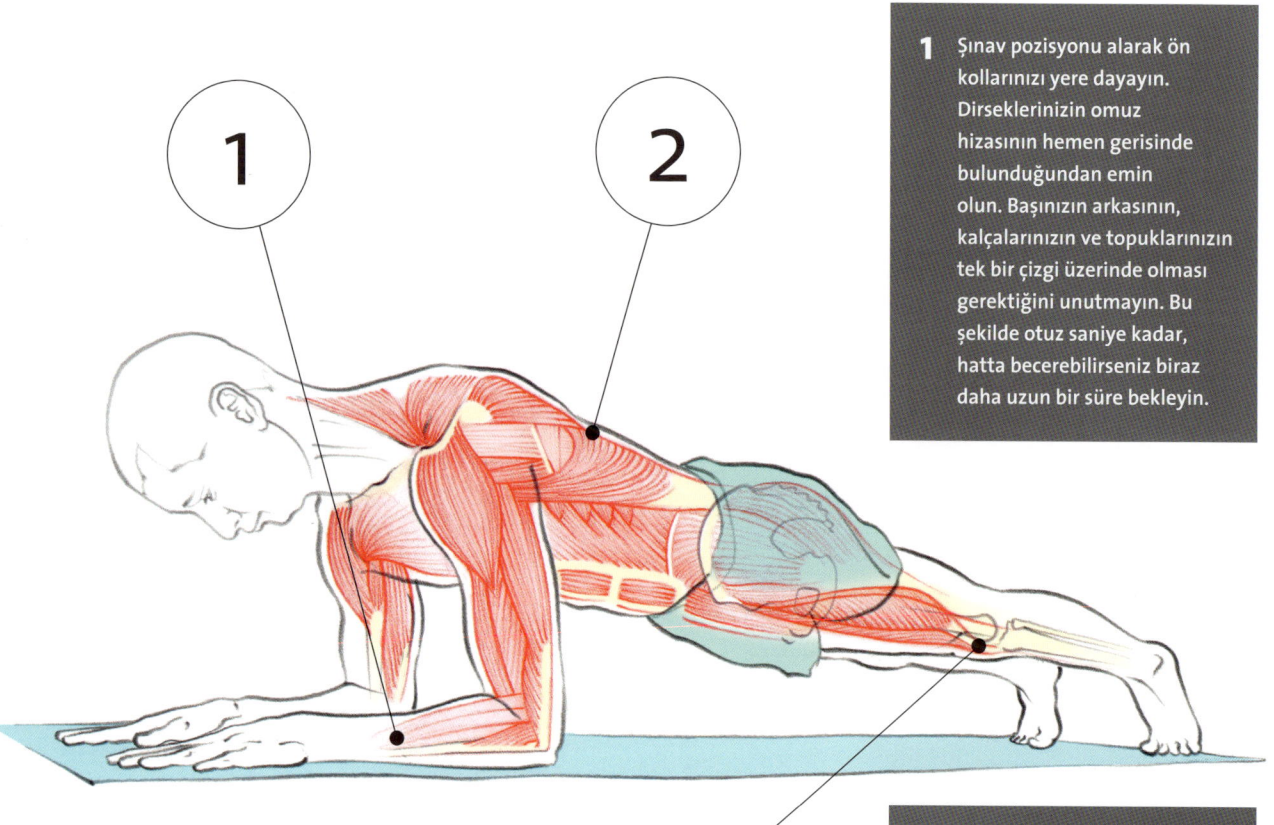

1 Şınav pozisyonu alarak ön kollarınızı yere dayayın. Dirseklerinizin omuz hizasının hemen gerisinde bulunduğundan emin olun. Başınızın arkasının, kalçalarınızın ve topuklarınızın tek bir çizgi üzerinde olması gerektiğini unutmayın. Bu şekilde otuz saniye kadar, hatta becerebilirseniz biraz daha uzun bir süre bekleyin.

2 Bu alıştırma sırasında sırtınızın duruşu çok önemlidir. Leğen kemiğinizi merkezde tutarak omurganızın doğal kıvrımlarını korumanız gerekir. Vücut ağırlığınızı topuklarınıza doğru verirseniz omurganızı elinizden geldiğince uzatmış ve esnetmiş olursunuz.

3 Eğer gerekli olan duruşu sağlayamıyorsanız dizlerinizi yavaşça yere indirin. Daha hafif bir egzersiz tercih ettiğinizde de bu alternatif uygulamadan faydalanabilirsiniz.

Kullanılan kaslar

Birinci derece: Derin ve yüzeysel karın kasları, bel kasları.

Bu hareket bisiklete binmemi nasıl geliştirecek?

Pedal çevirirken, gövdeniz hareketin tamamlayıcı unsurudur. Güçlü bir gövde, ön uyluk kaslarınızdan pedallara maksimum gücü aktarabilmeniz için gereken sağlam duruşu kazanmanızı sağlayacaktır.

ÇAPRAZ ANTRENMAN

Gövde – yan cephe duruşu

1 Başlangıç pozisyonu için bir elinizi yere koyun ve kolunuzu dikleştirin. Dirseğinizin omuz hizasında olmasına gayret edin. Kalçalarınızın birbiri üstünde durduğundan emin olun. Ardından vücudunuzu alevlerden kaçırırcasına yukarı doğru itin ve resimdeki pozisyona ulaşmaya çalışın. Bu şekilde en az otuz saniye bekleyin.

2 Bir önceki alıştırmada olduğu gibi bu egzersizde de asıl önemli nokta vücut duruşudur. Omurganızın doğal pozisyonunu korumanız gerektiğini unutmayın. Bacaklarınızı mümkün olduğunca uzatarak sırtınızı dik tutmaya çalışın.

3 Bu egzersizi daha hafif uygulamak isterseniz dizlerinizi doksan derecelik bir açı oluşturacak şekilde bükerek ayaklarınızı geriye doğru uzatabilir ve boşta kalan kolunuzu havaya kaldırabilirsiniz. Bu şekilde dizlerinizin üzerinde dengede kalmanız kolaylaşacaktır. Egzersizin bu hafif yoğunluklu versiyonuna omuzlarınızda bir zayıflık hissettiğinizde de başvurabilirsiniz.

Kullanılan kaslar:

Birinci derece: Yan karın kasları, derin ve yüzeysel karın kasları, bel kasları.

Bu hareket bisiklete binmemi nasıl geliştirecek?

Vücudunuzun sırt ve karın kaslarınızı da kapsayan merkezi, özellikle de zamana karşı yarış üzerine uzmanlaşıyorsanız, sizi sınırlayan bir nokta olabilir. Birçok bisikletçi, bel ve karın kasları yeterince güçlü olmadığı için ciddi bir pedal kuvveti kaybetmektedir.

ÇAPRAZ ANTRENMAN

Gövde – mekik

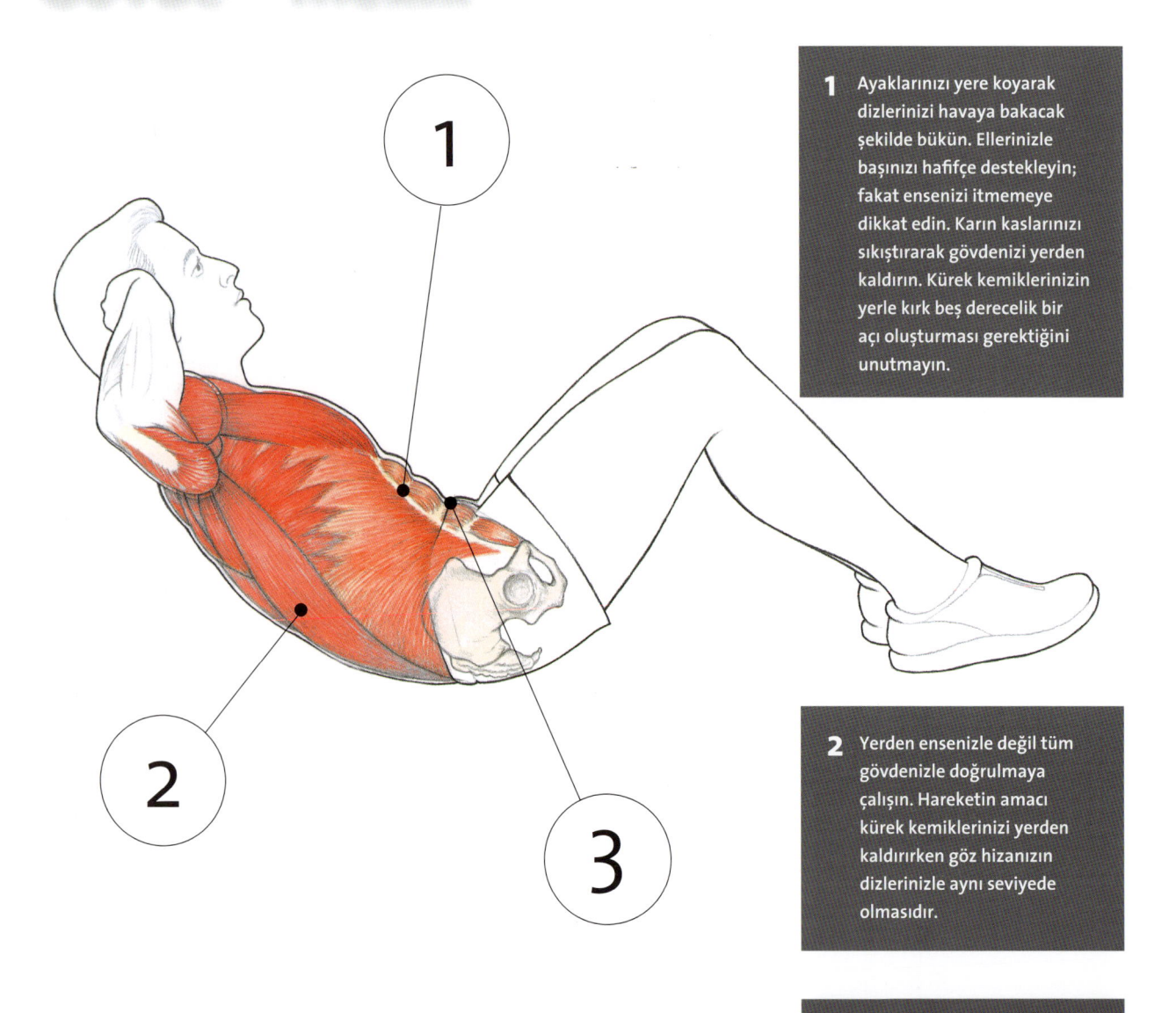

1. Ayaklarınızı yere koyarak dizlerinizi havaya bakacak şekilde bükün. Ellerinizle başınızı hafifçe destekleyin; fakat ensenizi itmemeye dikkat edin. Karın kaslarınızı sıkıştırarak gövdenizi yerden kaldırın. Kürek kemiklerinizin yerle kırk beş derecelik bir açı oluşturması gerektiğini unutmayın.

2. Yerden ensenizle değil tüm gövdenizle doğrulmaya çalışın. Hareketin amacı kürek kemiklerinizi yerden kaldırırken göz hizanızın dizlerinizle aynı seviyede olmasıdır.

3. En iyi sonucu elde edebilmek için göbeğinizi hafifçe içeri çekin. Egzersizi bir kademe daha zorlaştırmak ve denge yetisini geliştirmek için aynı alıştırmayı sırtınızı bir Pilates topuna yaslayarak da uygulayabilirsiniz.

Kullanılan kaslar

Birinci derece: Yüzeysel karın kasları.

Bu hareket bisiklete binmemi nasıl geliştirecek?

Karın kaslarını da içeren "gövde", pek çok bisikletçinin zayıf noktasıdır. Bacak kaslarınızın ürettiği büyük kuvvete direnç gösterebilmek için gövdenizin ciddi desteğine ihtiyacınız olacak.

ÇAPRAZ ANTRENMAN

Gövde – omuz köprüsü

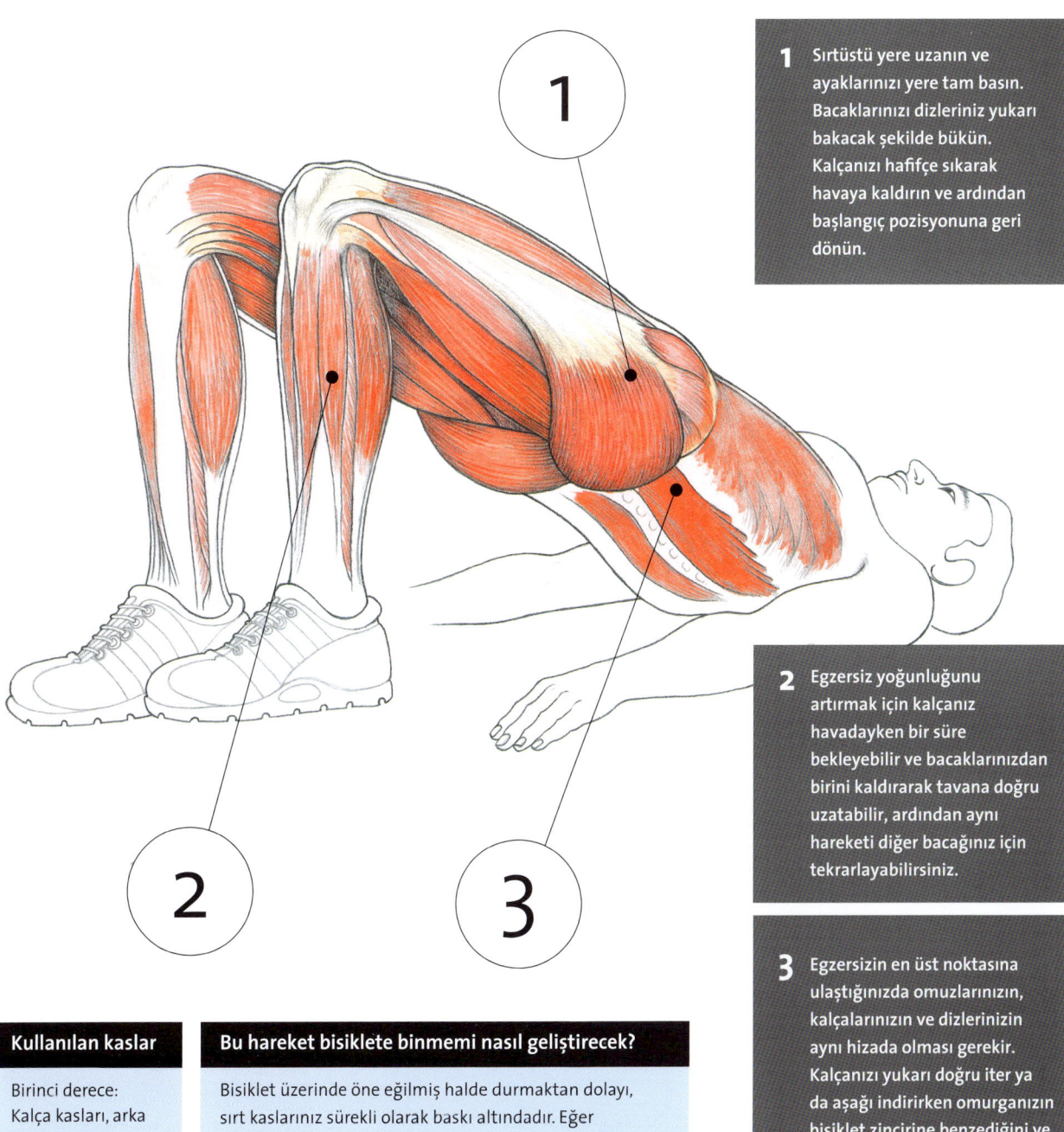

1 Sırtüstü yere uzanın ve ayaklarınızı yere tam basın. Bacaklarınızı dizleriniz yukarı bakacak şekilde bükün. Kalçanızı hafifçe sıkarak havaya kaldırın ve ardından başlangıç pozisyonuna geri dönün.

2 Egzersiz yoğunluğunu artırmak için kalçanız havadayken bir süre bekleyebilir ve bacaklarınızdan birini kaldırarak tavana doğru uzatabilir, ardından aynı hareketi diğer bacağınız için tekrarlayabilirsiniz.

3 Egzersizin en üst noktasına ulaştığınızda omuzlarınızın, kalçalarınızın ve dizlerinizin aynı hizada olması gerekir. Kalçanızı yukarı doğru iter ya da aşağı indirirken omurganızın bisiklet zincirine benzediğini ve her bir dişlinin tek tek harekete geçirilmesi gerektiğini hayal edebilirsiniz.

Kullanılan kaslar

Birinci derece: Kalça kasları, arka bacak kasları, bel kasları, karın kasları

Bu hareket bisiklete binmemi nasıl geliştirecek?

Bisiklet üzerinde öne eğilmiş halde durmaktan dolayı, sırt kaslarınız sürekli olarak baskı altındadır. Eğer antrenmanlarda bu bölge üzerinde durulup, sarf edilen efora dayanabilmesi için çalıştırılmazsa, bu baskı büyük sorunlara sebep olabilir.

ÇAPRAZ ANTRENMAN

Gövde – çakı duruşu

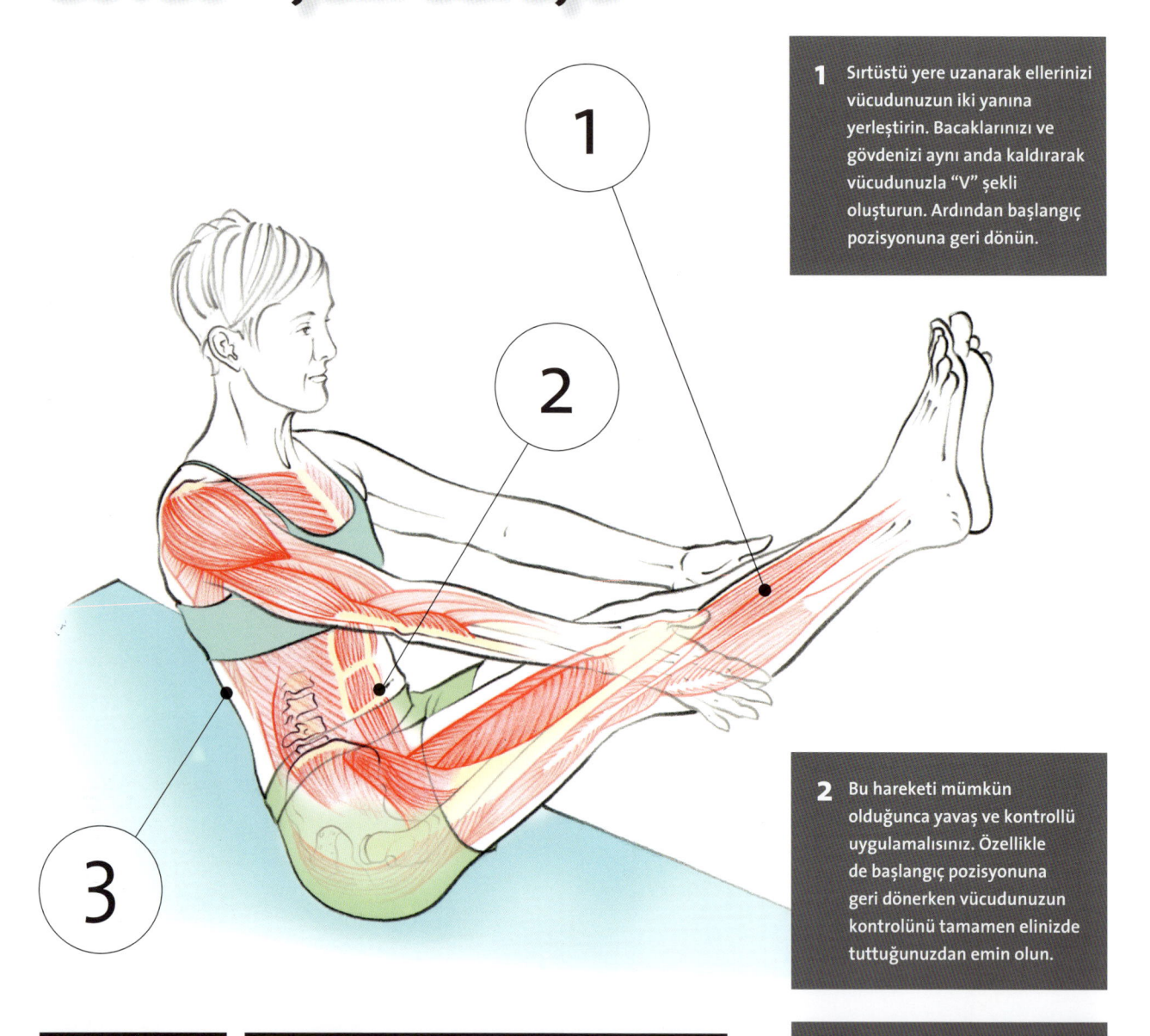

1 Sırtüstü yere uzanarak ellerinizi vücudunuzun iki yanına yerleştirin. Bacaklarınızı ve gövdenizi aynı anda kaldırarak vücudunuzla "V" şekli oluşturun. Ardından başlangıç pozisyonuna geri dönün.

2 Bu hareketi mümkün olduğunca yavaş ve kontrollü uygulamalısınız. Özellikle de başlangıç pozisyonuna geri dönerken vücudunuzun kontrolünü tamamen elinizde tuttuğunuzdan emin olun.

3 Bu oldukça zor bir egzersizdir ve yanlış uygulama sırt bölgesinde yaralanmalara neden olabilir. Bu yüzden başlangıçta doğrulurken dizlerinizi bükülü tutmayı deneyebilirsiniz.

Kullanılan kaslar

Birinci derece: Üst bacak kasları, karın kasları, kalça kasları.

Bu hareket bisiklete binmemi nasıl geliştirecek?

Bacak kuvvetinin sürekli etkisi, bel kaslarının çok fazla çalışmasına sebep olarak sırtınızda meşhur "S" eğrisinin oluşmasına yol açabilir. Bu egzersiz bunu düzeltebilmenizi sağlar.

ÇAPRAZ ANTRENMAN

Gövde – ters mekik

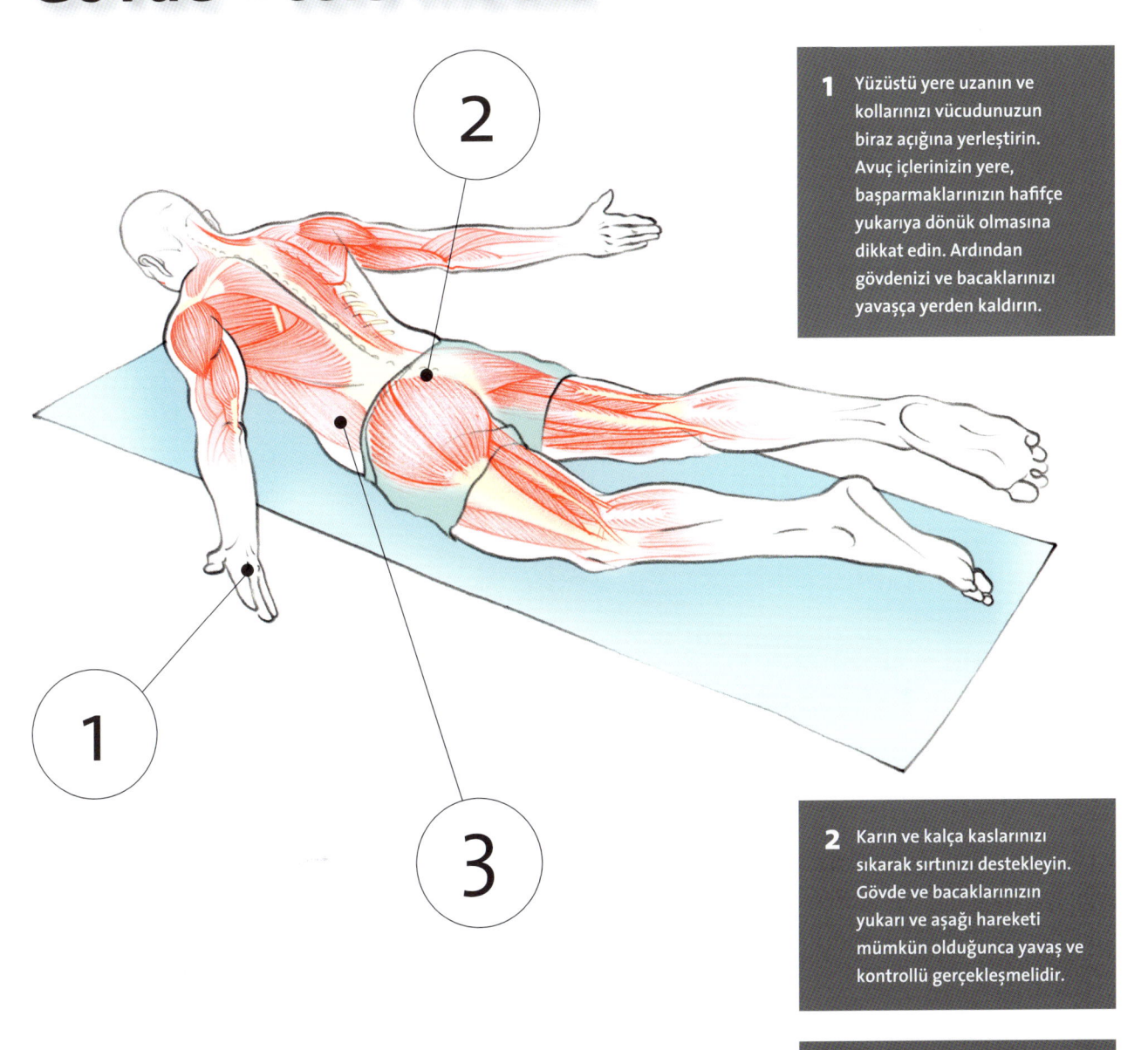

1 Yüzüstü yere uzanın ve kollarınızı vücudunuzun biraz açığına yerleştirin. Avuç içlerinizin yere, başparmaklarınızın hafifçe yukarıya dönük olmasına dikkat edin. Ardından gövdenizi ve bacaklarınızı yavaşça yerden kaldırın.

2 Karın ve kalça kaslarınızı sıkarak sırtınızı destekleyin. Gövde ve bacaklarınızın yukarı ve aşağı hareketi mümkün olduğunca yavaş ve kontrollü gerçekleşmelidir.

3 Sırtınızı daha fazla destekleme ihtiyacı hissediyorsanız ellerinizi omuzlarınızın hemen aşağısında yere koyun ve gövdenizi bu şekilde yerden itin. Bunu yaparken ellerinize fazla yüklenmemeye çalışın.

Kullanılan kaslar	Bu hareket bisiklete binmemi nasıl geliştirecek?
Birinci derece: Bel kasları.	Bu egzersiz bisiklete binenler için çok faydalıdır; çünkü özellikle zamana karşı yarışta ve yokuşlarda önem kazanan bel ve arka uyluk kaslarınızı güçlendirmenize yardımcı olur.

ÇAPRAZ ANTRENMAN

Sırt - ters mekik

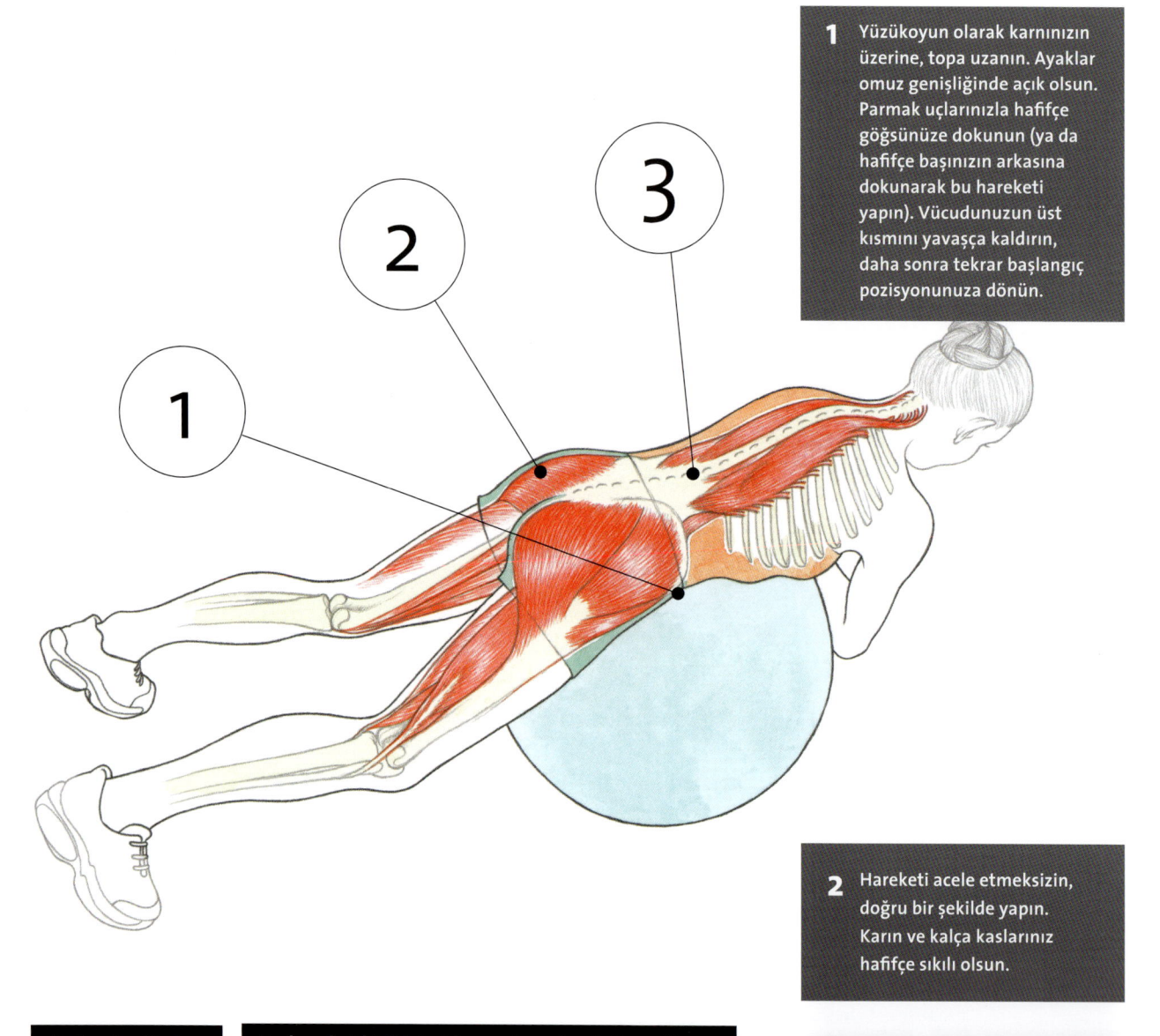

1. Yüzükoyun olarak karnınızın üzerine, topa uzanın. Ayaklar omuz genişliğinde açık olsun. Parmak uçlarınızla hafifçe göğsünüze dokunun (ya da hafifçe başınızın arkasına dokunarak bu hareketi yapın). Vücudunuzun üst kısmını yavaşça kaldırın, daha sonra tekrar başlangıç pozisyonunuza dönün.

2. Hareketi acele etmeksizin, doğru bir şekilde yapın. Karın ve kalça kaslarınız hafifçe sıkılı olsun.

3. Topun üzerinde ileri doğru yuvarlanmak, hareketi daha da etkili kılar. Ancak o zaman belinize daha fazla yük bineceği için dikkatli olmalısınız.

Kullanılan Kaslar

Birinci derece:
Bel.

Bu hareket bisiklete binmemi nasıl geliştirecek?

Kalça kaslarınızın sıkı ve sırt kaslarınızın zayıf olması durumundan kaçınmalısınız; çünkü böyle olursa dizlerinizde ağrı çekebilirsiniz. Bu egzersiz sırt kaslarınızı güçlendirmenizde faydalı olacak.

Kuvvet antrenman programı – yeni başlayanlar için

2'li setler halinde, 8-12 kez tekrarla, (karın ve bel hareketleri 15 kez tekrarla), setler arasında 1 dakikalık dinlenme süresiyle uygulanmalıdır.

Kalas ve yan cephe duruşu hareketlerinde, pozisyonu otuz saniye boyunca korumaya çalışın (önerilen tekniği korumakta zorlanıyorsanız süreyi kısaltın).

Hareketlerde kullanmanız gereken ideal ağırlığı belirlemek için söz konusu tekrar sayısına bağlı kalmanız ancak son tekrara geldiğinizde hedefinize ulaşamayacakmış gibi hissetmeniz gerektiğini unutmayın. Temel olarak, çömelme hareketinde çalıştırdığınız kalça ve ön bacak gibi büyük kas grupları için büyük ağırlıklar, biceps bükme hareketinde çalıştırdığınız kol kası gibi küçük kas grupları içinse küçük ağırlıklar kullanmanız gerektiği söylenebilir.

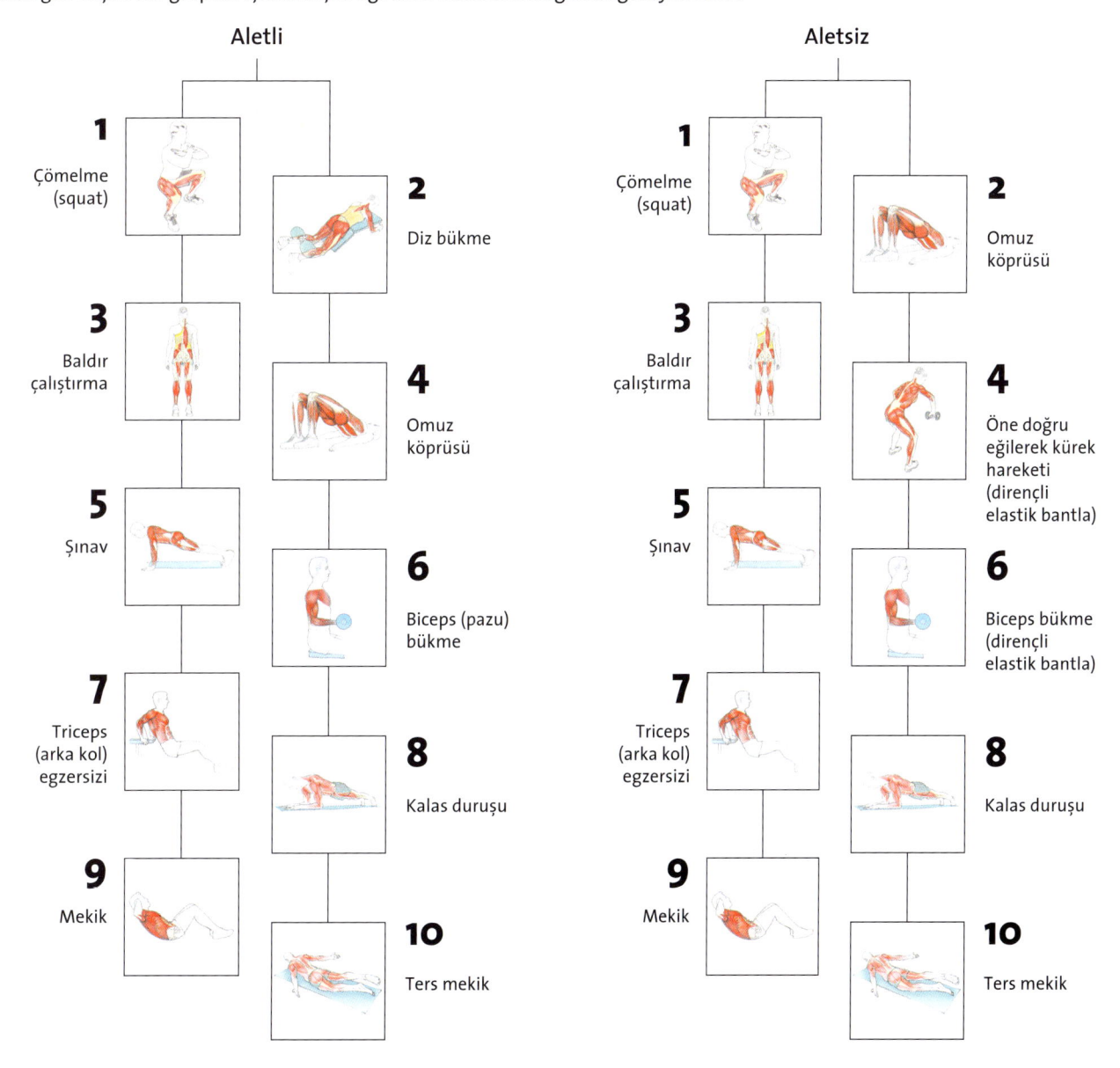

Aletli

1. Çömelme (squat)
2. Diz bükme
3. Baldır çalıştırma
4. Omuz köprüsü
5. Şınav
6. Biceps (pazu) bükme
7. Triceps (arka kol) egzersizi
8. Kalas duruşu
9. Mekik
10. Ters mekik

Aletsiz

1. Çömelme (squat)
2. Omuz köprüsü
3. Baldır çalıştırma
4. Öne doğru eğilerek kürek hareketi (dirençli elastik bantla)
5. Şınav
6. Biceps bükme (dirençli elastik bantla)
7. Triceps (arka kol) egzersizi
8. Kalas duruşu
9. Mekik
10. Ters mekik

Kuvvet antrenman programı – orta seviye için

2'li setler halinde, 10-15 kez tekrarla (bacak kaldırma hareketleri 20 kez tekrarla) uygulanmalıdır.
Kalas ve yan cephe duruşu hareketlerinde pozisyonu kırk beş saniye boyunca korumaya çalışın (önerilen tekniği korumakta zorlanıyorsanız süreyi kısaltın).

Hareketlerde kullanmanız gereken ideal ağırlığı belirlemek için söz konusu tekrar sayısına bağlı kalmanız ancak son tekrara geldiğinizde hedefinize ulaşamayacakmış gibi hissetmeniz gerektiğini unutmayın. Temel olarak, çömelme hareketinde çalıştırdığınız kalça ve ön bacak gibi büyük kas grupları için büyük ağırlıklar, öne doğru eğilerek kürek hareketinde çalıştırdığınız kol kası gibi küçük kas grupları içinse küçük ağırlıklar kullanmanız gerektiği söylenebilir.

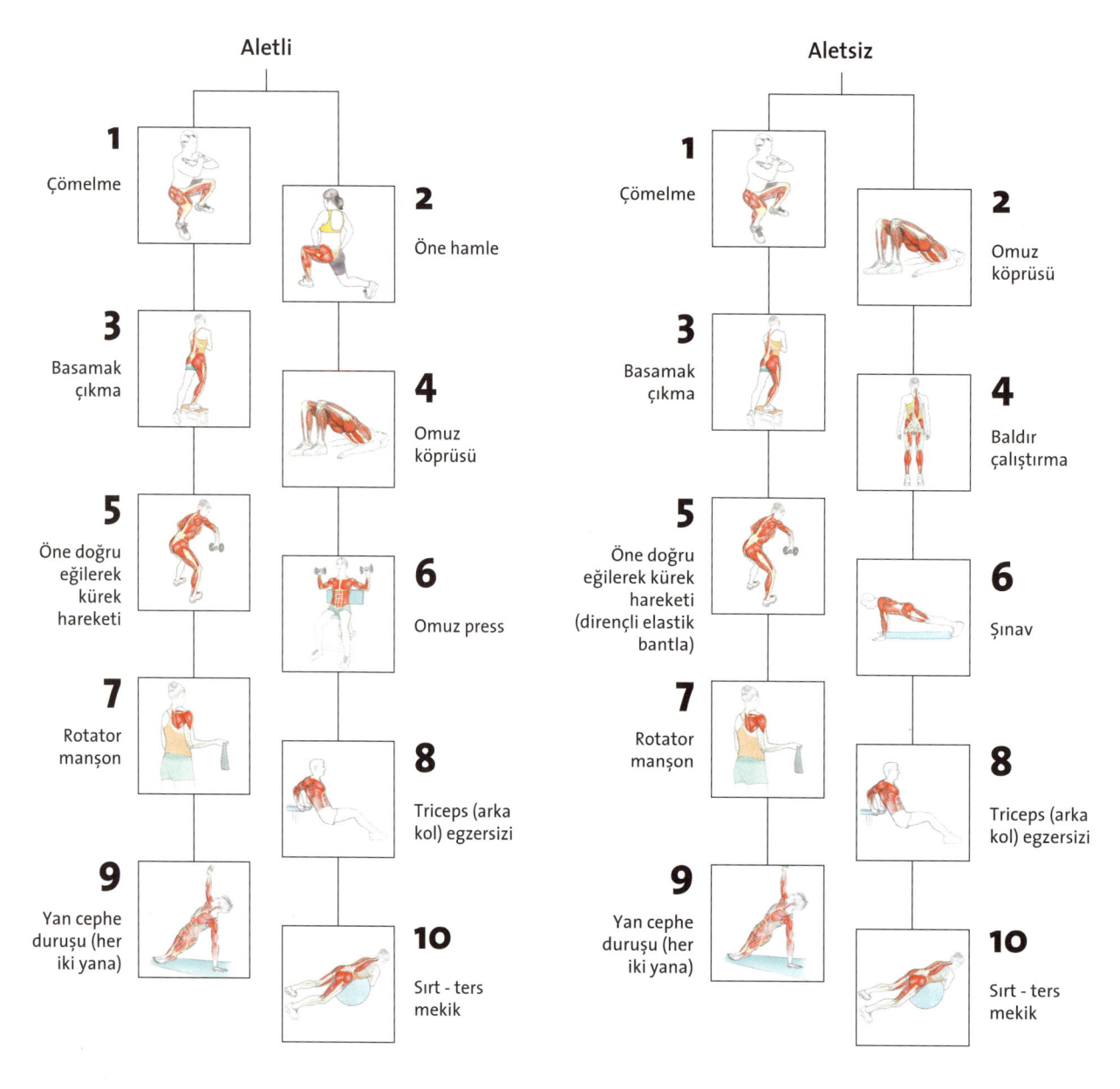

Aletli

1. Çömelme
2. Öne hamle
3. Basamak çıkma
4. Omuz köprüsü
5. Öne doğru eğilerek kürek hareketi
6. Omuz press
7. Rotator manşon
8. Triceps (arka kol) egzersizi
9. Yan cephe duruşu (her iki yana)
10. Sırt - ters mekik

Aletsiz

1. Çömelme
2. Omuz köprüsü
3. Basamak çıkma
4. Baldır çalıştırma
5. Öne doğru eğilerek kürek hareketi (dirençli elastik bantla)
6. Şınav
7. Rotator manşon
8. Triceps (arka kol) egzersizi
9. Yan cephe duruşu (her iki yana)
10. Sırt - ters mekik

ÇAPRAZ ANTRENMAN

Kuvvet antrenman programı – ileri seviye için

3'lü setler halinde, 12-15 kez tekrarla (bacak kaldırma egzersizleri 30 kez tekrarla) uygulanmalıdır.
Dirsek üzerinde duruş ve yerde yan duruş egzersizlerinde pozisyonu altmış ila doksan saniye boyunca korumaya çalışın (önerilen tekniği korumakta zorlanıyorsanız süreyi kısaltın).

Hareketlerde kullanmanız gereken ideal ağırlığı belirlemek için söz konusu tekrar sayısına bağlı kalmanız ancak son tekrara geldiğinizde hedefinize ulaşamayacakmış gibi hissetmeniz gerektiğini unutmayın. Temel olarak, çömelme hareketinde çalıştırdığınız kalça ve ön bacak gibi büyük kas grupları için büyük ağırlıklar, öne doğru eğilerek kürek hareketinde çalıştırdığınız kol kası gibi küçük kas grupları içinse küçük ağırlıklar kullanmanız gerektiği söylenebilir.

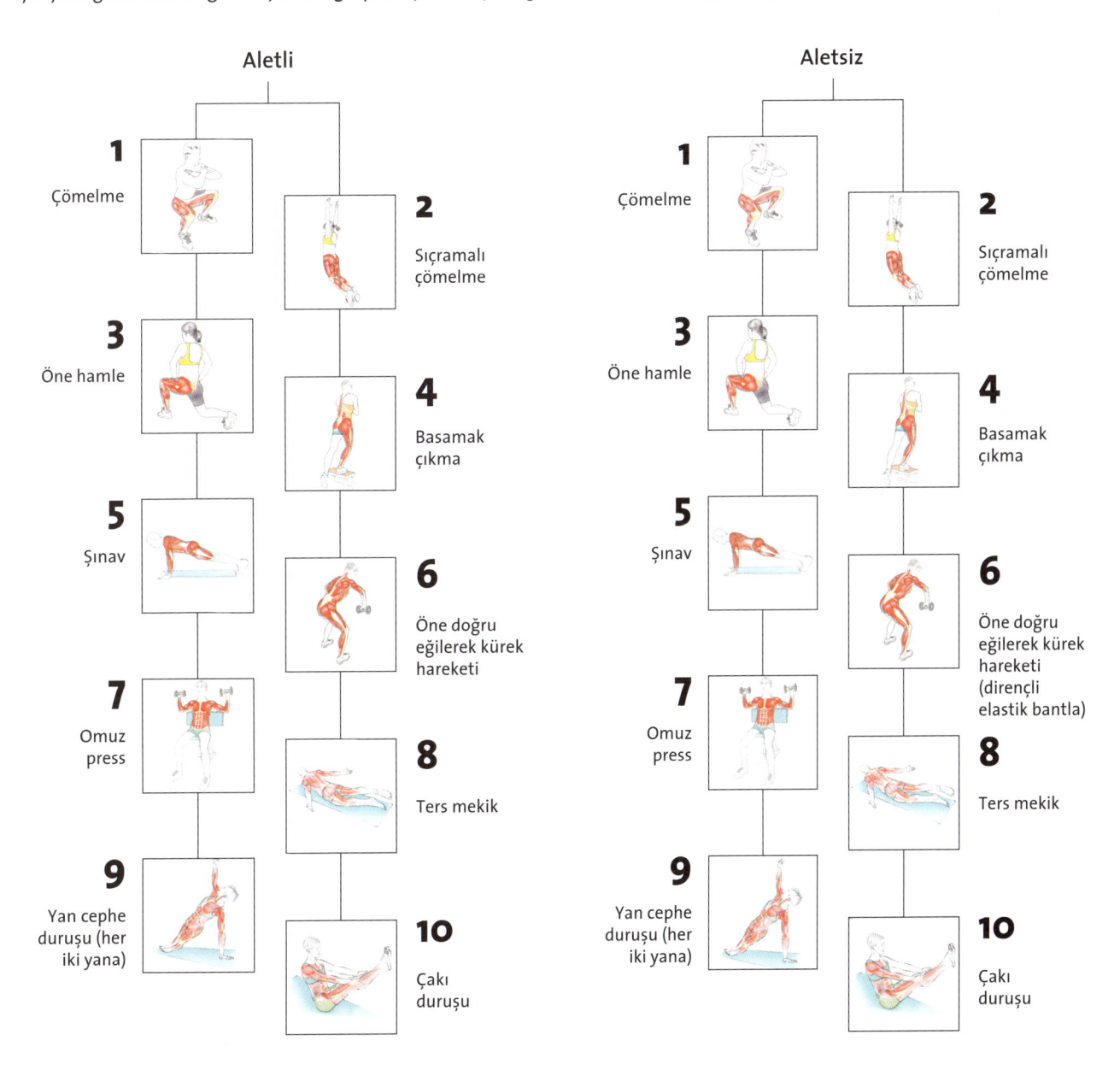

Aletli

1 Çömelme
2 Sıçramalı çömelme
3 Öne hamle
4 Basamak çıkma
5 Şınav
6 Öne doğru eğilerek kürek hareketi
7 Omuz press
8 Ters mekik
9 Yan cephe duruşu (her iki yana)
10 Çakı duruşu

Aletsiz

1 Çömelme
2 Sıçramalı çömelme
3 Öne hamle
4 Basamak çıkma
5 Şınav
6 Öne doğru eğilerek kürek hareketi (dirençli elastik bantla)
7 Omuz press
8 Ters mekik
9 Yan cephe duruşu (her iki yana)
10 Çakı duruşu

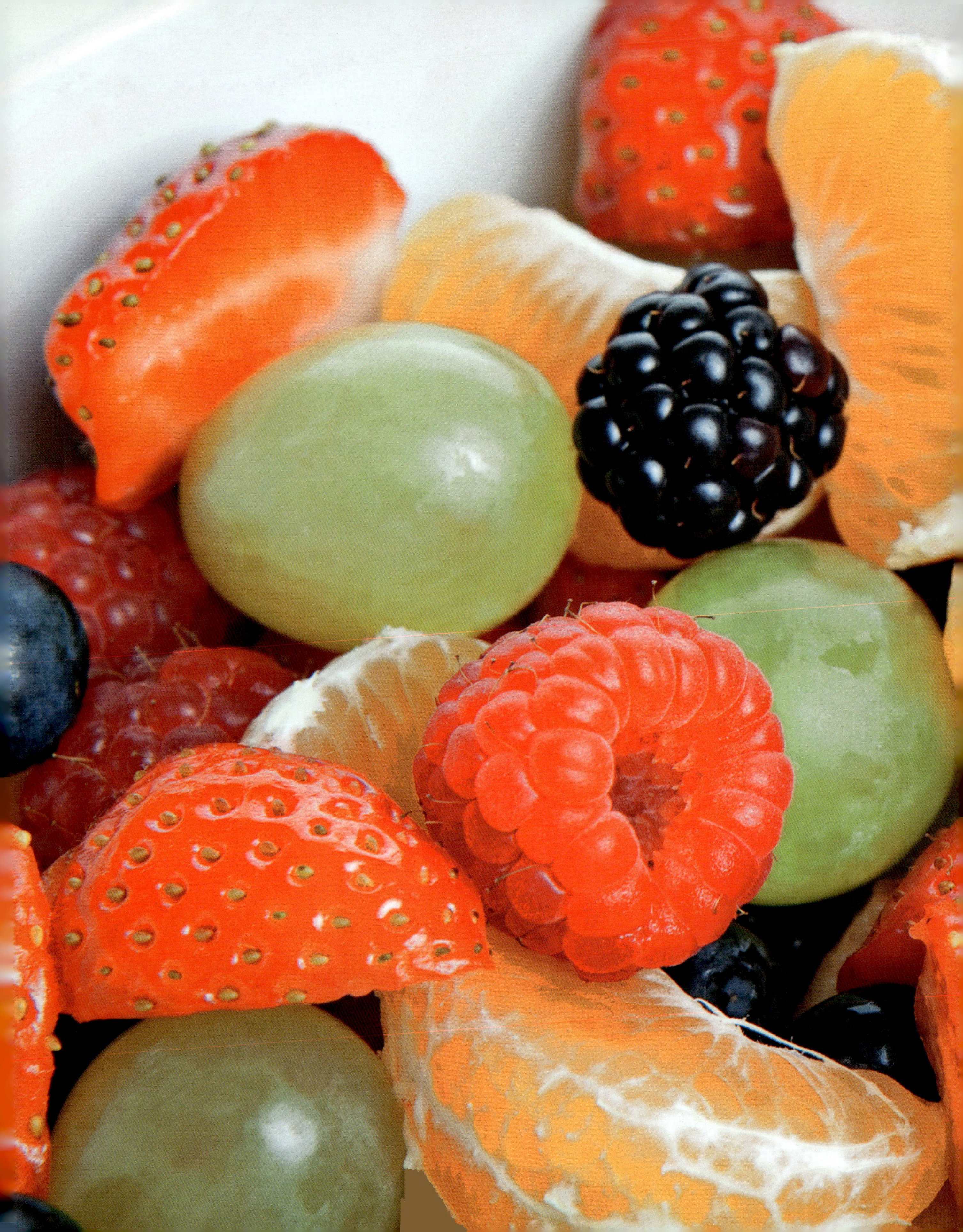

beslenme

// DAHA SAĞLIKLI // DAHA CANLI // DAHA ENERJİK

BESLENME

Temel bilgiler

Beslenme tüm spor türleri için sağlıklı bir antrenman programının vazgeçilmez parçasıdır. Bu konuyu daha iyi kavrayabilmek için vücudunuzu bir arabaya benzetebilirsiniz. Arabanız dünyanın en güçlü motoruna, en olağanüstü aerodinamik yapısına ya da en iyi tasarımına sahip olabilir. Ancak yakıtınız olmadıktan sonra bir adım bile ilerleyemezsiniz. İşte besin de vücudunuzun ihtiyaç duyduğu yakıtın ta kendisidir.

Besinleri dört ana gruba ayırmak mümkündür: **Karbonhidratlar, proteinler, yağlar** ve **sıvılar.** Besin gruplarının hepsi de aynı ölçüde önemlidir. Her biri vücudumuza enerji, güç ve direnç kazandırıp yoğun çalışma sonrasında toparlanmasına yardımcı olarak bedenimizin gerektiği şekilde işlemesini sağlar. Tüm besin grupları beslenmenin vazgeçilmez yapı taşlarından sayılır; doğru oranda ve dengeli bir biçimde tüketildiğinde sağlık açısından kesinlikle zararsızdır.

Karbonhidratlar kaslarınız için yakıt görevini üstlenir ve kaslarınızın çalışması için gerekli olan enerjiyi sağlar.

Proteinler antrenman sırasında yorulan ve yıpranan kaslarınızı onarıp geliştirir.

Yağlar vücudunuzun enerji depolarıdır ve hücrelerin doğru bir şekilde işlemesine yardımcı olarak vücut sıcaklığınızı korumanızı sağlar.

Sıvılar vücudun ihtiyaç duyduğu sıvı dengesini korumaya yardımcı olur ve toksinleri vücuttan atmaya yarar.

Yukarıda adı geçen dört farklı besin grubundan oluşturulan, yapılan spora ve vücudun tepkisine göre düzenlenecek bir beslenme şekli ihtiyacınız olan gıdayı almanızı, böylelikle hem antrenman hem de yarışlar için en iyi şekilde hazırlanmanızı sağlayacaktır.

Atletler ya da sporla aktif olarak ilgilenen (haftada üç gün, en az birer saatlik antrenman yapan) kişilerin günlük kalori ihtiyacı spor türüne ve antrenman yoğunluğuna bağlı olarak 3.000 – 4.500 kalori arasında değişmektedir. Bu miktar size spor kulübünde ya da sohbet sırasında duyduklarınıza oranla çok yüksek gelebilir. Ancak söz konusu beslenme şeklinin kilo vermenizi değil, vücudunuzun atletik çaba içerisindeyken mümkün olduğunca iyi işlemesini hedeflediğini unutmamalısınız.

Doğru gıdaları doğru zamanda aldığınız ve haftalık diyetinizi antrenman programınız gibi özenle planladığınız sürece kilo konusunu kafanıza takmanız gerekmeyecektir. Ayrıca bu sayede düzgün beslenmenin (telaşla kilo vermeye çalışmak yerine, vücudunuzun ihtiyacı olan gıdayı almasının) yaşam kalitenizi ve atletik performansınızı nasıl da bir anda değiştirdiğini kolaylıkla anlayabilirsiniz.

Sporla uğraşan bir kişi için beslenme, antrenmanın kendisi kadar önemlidir.

Bir arabaya benzeyen vücudunuzun performansını en üst seviyeye çıkarabilmek için onu doğru yakıtla beslemeniz gerekir.

Diyetinizi planlarken dört temel kuralı göz önünde bulundurmalısınız.

1. Uzun süre aç kalmamaya özen gösterin. Aksi halde yanlış gıda tercihlerinde bulunmanız ve elinize geçirdiğiniz her şeyi mideye indirmeniz kaçınılmazdır. Günde en az beş öğün yemek yemeye ve bu öğünlerde ne yiyeceğinizi önceden planlamaya çalışın.

2. Tek yönlü beslenme sık yemediğiniz gıdaların sindirimini zorlaştıracağı için her öğünde en az üç farklı türden yiyecek tüketmeye çalışın. Farklı türde sebzeler, balık ve et ürünleri vücudunuzun çeşitli vitamin ve minerallerle beslenmesini sağlayacaktır.

3. Her öğünde farklı besin gruplarına yer vermeye çalışın. Öğünlerinizin her biri karbonhidrat, protein ve yağdan oluşmalıdır. Bu grupların ağırlık oranları kişiden kişiye değişir; ancak genel olarak öğünün yüzde ellisinin karbonhidrattan, yüzde otuzunun proteinden ve yüzde yirmisinin yağdan oluşmasına özen göstermek yerinde olacaktır.

4. Gıdaları doğal halleriyle tüketmeye gayret edin. Taze bir muz enerji verici hazır atıştırmalıklardan, taze bir portakalsa portakal suyundan daha iyidir.

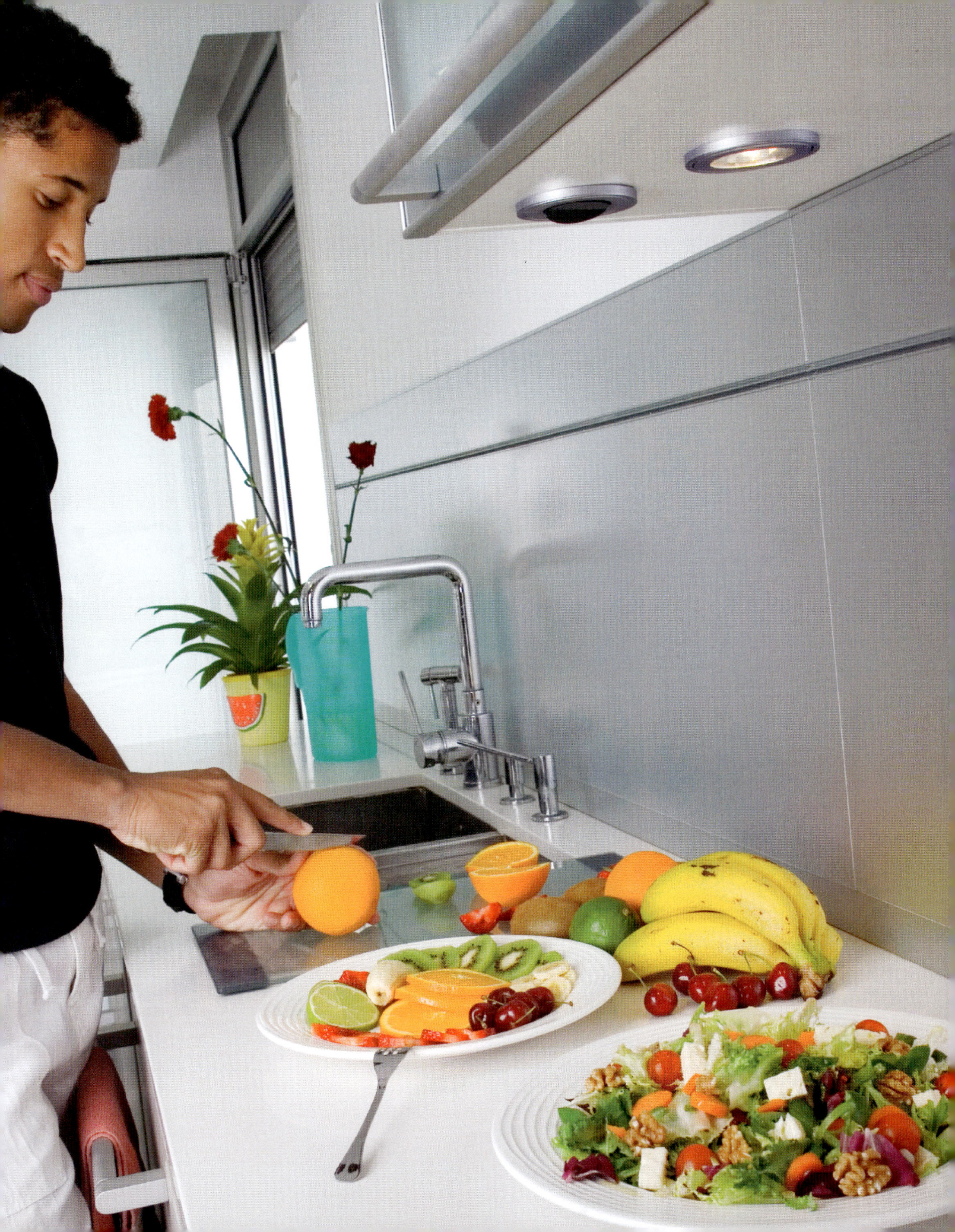

BESLENME

Beslenme alışkanlıklarınızı gözden geçirin

İnsanların çoğu vücutlarının biçimi konusunda takıntılıdır. Elbette bu durum medya dünyasının her gün beynimize işlediği imajlar göz önünde tutulduğunda oldukça normal sayılabilir. Beslenme üzerine düşünürken vücut şeklinizi unutup sportif hedeflerinizi gerçekçi bir bakış açısıyla gözden geçirmeniz yerinde olacaktır. Bu şekilde sağlıklı beslenmeyi daha iyi anlayıp planlayabilecek ve gündelik hayatınıza çok daha rahat adapte edebileceksiniz.

İlk soru: Kahvaltı ediyor musunuz?

Her sabah kahvaltı edin. Sabahın erken saatlerinde antrenman yapıyorsanız her zamankinden yarım saat önce kalkıp yeterli enerjiyi aldığınızdan emin olun. Eğer yataktan daha erken kalkmanız mümkün değilse bir gece önceden daha fazla karbonhidrat almaya, sabah kalktığınızda da size enerji verecek bir şeyler atıştırmaya özen gösterin. Antrenmandan bir saat önce bir şeyler yemeniz çok önemlidir; çünkü bu sayede kaslarınız gece boyunca depolanmış olan karbonhidrat sayesinde enerji elde ederken kanınızda dolaşacak şeker miktarını da garantilemiş olursunuz.

Protein miktarının aşırı yüksek olduğu kahvaltılardan kaçının. Her öğünün karbonhidrat ağırlıklı olması gerektiğini unutmayın. Aşağıdaki ideal kahvaltı örneklerinden faydalanabilirsiniz:

- Tuzsuz çökelek peyniriyle hazırlanmış yulaf lapası ve birkaç fındık ya da ceviz.
- Bir kâse tahıl ve bir muz üzerine eklenmiş bir bardak süt ya da yoğurt ve birkaç kuru üzüm. Kabuklu tahılların sindiriminin bağırsaklar için oldukça yorucu olduğunu ve bu durumun antrenmanlar ve yarışlar için uygun olmadığını unutmayın. Ayrıca şeker katkılı tahıllardan uzak durun.
- İki dilim tam tahıllı ekmek ve 60 gram somon fümeyle yapılmış bir sandviç (isteğe göre az miktarda yağsız krem peynir de ekleyebilirsiniz), bir adet portakal ya da bir bardak portakal suyu.
- Yoğurtlu müsli ve biraz meyve.

Kafein ihtiyacı hissediyorsanız kahve içmenizde sakınca yoktur. Bu durum antrenman performansınızı etkilemeyecektir (tabii bazı insanların mide asidi seviyesi kahve yüzünden yükselebilir). Herkesin yapısı farklıdır. Bu yüzden hem bünyeniz hem de damak zevkiniz için en doğru olanı farklı kombinasyonları deneyerek kendiniz bulmalısınız.

İkinci soru: Antrenman sonrasında atıştırıyor musunuz?

Antrenman sonrasında bir şeyler yiyip içmek gıdasız kalan kaslarınızı yeniden beslemenin tek yoludur. Harcadığınız enerji miktarına ve bir sonraki antrenmanın zamanına göre ihtiyacınız olan atıştırmalığa karar verebilirsiniz. Bu şekilde kaslarınızın eskisinden daha fazla glikojen depolamasını sağlamış olursunuz.

Bu noktada iki farklı seçeneğiniz vardır: Gİ değeri düşük ya da yüksek olan bir atıştırmalık tercih edebilirsiniz. Gİ, glisemik indeks olarak bilinen ve karbonhidratların kandaki şeker seviyesine etkisini belirten bir değerin kısaltmasıdır. Karbonhidratlar kana yavaş karışıyorsa söz konusu gıdanın Gİ değeri düşük demektir. Eğer karbonhidratların kana geçişi hızlı seyrediyorsa yüksek Gİ'li gıdalardan söz edilir. Her ne kadar şeker hastalığı gibi bazı rahatsızlıkların kontrol altında tutulması açısından önemli olsa da çoğu atlet glisemik indeks konusunu fazla kafaya takmaz. Asıl önemli olan aldığınız gıdanın vücudunuzda ne gibi bir etki sağlamasını istediğinizdir.

Gün içerisinde iki farklı antrenman planlıyorsanız ya da hemen ertesi sabah yeniden koşacaksanız tahıl gevreği, beyaz ekmek, karpuz ya da fırınlanmış patates gibi yüksek Gİ'li besinlere yönelmeniz doğru olacaktır. Diğer taraftan meyve, sebze, tam tahıllı ekmek, makarna, süt ve yoğurt gibi orta ya da düşük Gİ'li besinlerin kan şekerini yavaş yavaş yükselttiğinden uzun vadede daha etkili olduğu da bilinen bir gerçektir.

Antrenman sonrasında litrelerce protein içeceği tüketmenin neredeyse hiçbir faydası olmadığını unutmamalısınız. Kaslarınızın ihtiyacı olan yakıtı temel olarak karbonhidratlardan karşıladığınızı, yorulan kaslarınızı onarmak ve gelişmelerini sağlamak içinse az miktarda proteinin yeterli olacağını bilmelisiniz.

Üçüncü soru: Gün içinde aç kaldığınız oluyor mu?
Gün içerisinde açlık hissediyorsanız bu duruma engel olmak için diyetinizi yeniden gözden geçirmeniz gerekebilir.
Birkaç günü deneme yanılma yöntemiyle geçirerek ana ve ara öğünlerinizi önceden planlayın. Günlük beslenme programınızın merkezine ihtiyacınız olan gıdaları yerleştirmeye özen gösterin.

İdeal olan evden çıkmadan kahvaltı etmek, en geç dört saat sonra (çoğu insan için 10.00 – 11.00 arasında) ufak bir şey atıştırmak, ardından da öğle yemeği (acıktığınızda restoranda karşınıza çıkan ilk şeyi aceleyle yememek için öğle yemeğinizi bir gece önceden hazırlayabilirsiniz) yemektir. Ayrıca öğle yemeğinden üç dört saat sonra yine ufak bir şey atıştırmalı, ardından iyi bir akşam yemeği yemeli, yarışa hazırlanmıyor ya da bir sonraki gün yarışa katılmıyorsanız mümkün olduğunca makarna, pilav ve ekmek gibi gıdalardan kaçınmalısınız. Yatmadan önce de son bir ara öğün yiyebilirsiniz.

Dördüncü soru: Antrenman sırasında bitkinlik hissediyor musunuz?
Antrenman sırasında oluşan bitkinliğin çok çeşitli sebepleri olabilir.

- Düşük glikojen düzeyi. Glikojen tamamen tüketildiğinde vücudunuz protein ve yağ yakmaya başlar ve kana karışan ketonlar beyne iletilir. Bu durumda antrenman öncesinde ve sonrasında daha fazla karbonhidrat alarak kaslarınızı daha fazla glikojen depolamaya alıştırabilirsiniz.
- Dehidrasyon. Sıvı eksikliği vücudunuzun gerektiği gibi soğumasına engel olur. Bu da hücrelerinizi sağlıklı çalışmaktan alıkoyar ve karbondioksitle laktik asidin vücuttan atılmasını zorlaştırır.

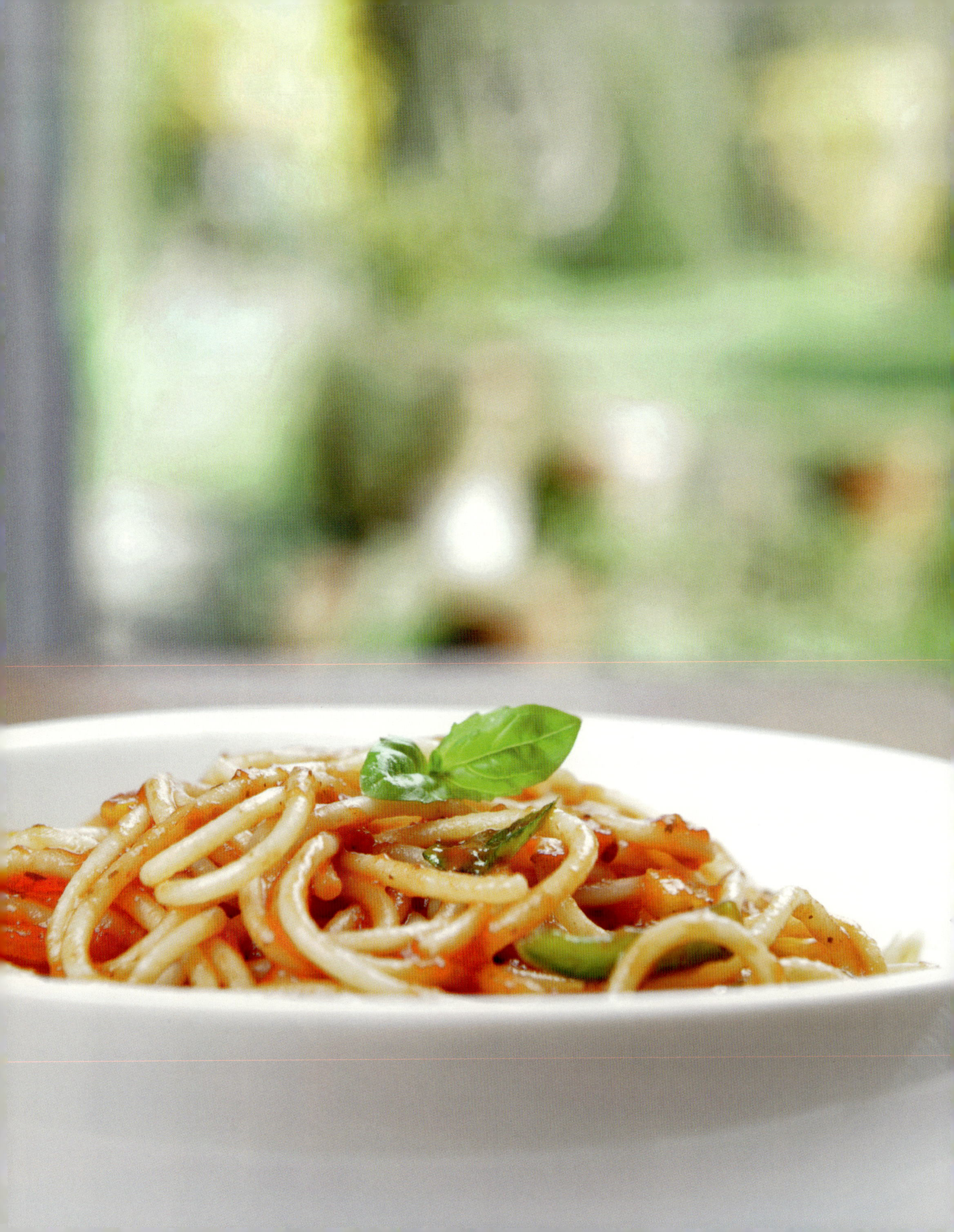

Karbonhidratlar

Kulaktan kulağa dolaşan yanlış bilgilerden biri de karbonhidratların şişmanlattığıdır. Bu saptama kesinlikle doğru değildir. Asıl şişmanlatan yağlardır. Karbonhidratlarsa kaslarınızın yeterli enerjiye sahip olması için gerekli olan temel yakıttır. Sporla uğraşan biri için karbonhidratlar beslenme rejiminin vazgeçilmez bir parçasıdır.

Karbonhidratlar iki gruba ayrılır: Basit ve kompleks. Basit karbonhidratlar monosakkaritler (tek şeker molekülünden oluşan fruktoz, glikoz ve galaktoz) ve disakkaritlerdir (çift şeker molekülünden oluşan sofra şekeri, süt şekeri, bal ve rafine şuruplar). Meyve ve sebzelerde ise çok çeşitli karbonhidratlar bulunur. Bu yüzden beslenmenizde sebze ve meyve çeşitlerine ağırlıklı olarak yer vermeniz gerekir.

Sindirim sırasında mideniz şekeri ve karbonhidratı glikoza çevirir. Ardından glikoz glikojen adı verilen bir polimere (beş ya da daha fazla şeker molekülünden oluşan zincir) dönüştürülür. Glikojen enerji seviyeniz söz konusu olduğunda anahtar görevini üstlenir. Bu madde kaslarınızda ve karaciğerinizde depolanır ve vücudunuzun antrenman ya da yarış sırasında ihtiyaç duyduğu enerjiyi sağlar.

Kaslarda depolanan glikojen vücudunuzu hareket ettirmek ve kaslarınızı çalıştırmak için gerekli enerjiyi sağlarken, karaciğerde depolanan glikojen şekerin kana çok daha yavaş karışmasını sağlayarak beyne daima düzenli ve sabit oranda şeker ulaşmasını garantiler. Bu durum oldukça önemlidir; çünkü beyninize ulaşan şeker miktarı performansınızı doğrudan etkiler.

"Duvara çarpmak" olarak da bilinen durum hakkında bir şeyler duymuş ya da bu durumu bizzat yaşamış olabilirsiniz. Birçok atlet spor kariyerinin belirli aşamalarında bu deneyimi yaşamıştır. Duvara çarptığınız an bitiş çizgisine ulaşamayacağınızdan kesinlikle emin olduğunuz andır. Söz konusu duvarsa metafizik bir kavram değil, kanınızda beyni besleyecek şekerin kalmadığı anın ta kendisidir. Kaslarınızda ve karaciğerinizde gerektiği kadar glikojen depolarsanız bu duruma engel olabilirsiniz.

Şeker çeşitleri arasındaki en önemli farkın ne olduğunu merak ediyor olabilirsiniz. Rafine şekerler, meşrubatlar ve enerji içecekleri sadece enerji kaynağı olarak iş görürken, sebze ve meyveler çeşitli miktarlarda glikozun yanı sıra vitamin ve mineral almanızı da sağlar. Bu sayede vücut motorunuzu gerektiği şekilde ateşlemiş ve çalıştırmış olursunuz.

Gıdaları her zaman doğal halleriyle tüketmeye çalışmanız önemlidir. Tam tahıllı ekmek, kabuklu pirinç, tam tahıllı makarna gibi rafine olmayan gıdaların besin değerleri rafine olanlarınkilere oranla çok daha yüksektir. Aynı bakış açısı pişirilen karbonhidratlar için de geçerlidir. Şeker ve nişastanın yanı sıra vitamin ve mineral de içeren sebzeleri mümkün olduğunca az pişirmek besin değerlerini korumaları açısından önemlidir. Bu noktada çok faydalı bir bilgiye dikkatinizi çekmek gerekir. Kaslarınızın sadece egzersizle çalışması yeterli değildir. Aynı zamanda mümkün olan en yüksek glikojen seviyesini depolamak üzere eğitilmesi de önemlidir. Bunun içinse doğru zamanda doğru karbonhidratları yemeniz gereklidir.

Antrenman sırasında kaslarınızın büyüyüp güçlenmesi için onları zorlarsınız. Aynı zamanda da doğru miktarda karbonhidrat alımı sayesinde kaslarınıza mümkün olan en üst seviyede glikojen depolamayı öğretebilirsiniz.

Egzersizle çalıştırılmayan 100 gramlık kas kütlesi sadece 13 gram glikojen depolayabilirken egzersiz geçmişi olan aynı ağırlıktaki kas kütlesi yaklaşık 32 gram glikojen depolayabilir. Eğer söz konusu kas kütlesi karbonhidrat depolama konusunda eğitilmişse bu miktar 35-40 grama kadar çıkabilir. Bu son örnekte belirtilen kas kütlesinin daha uzun süreyle daha yüksek performans sergileyeceği oldukça açıktır.

BESLENME

Karbonhidratlar

1 Rafine olmayan gıdaların besin değeri rafine gıdalara oranla daha yüksektir. Kepekli pirinç, tam tahıllı ekmek, tam tahıllı makarna, patlamış mısır (yağsız), yulaf ve yulaf lapası, taze meyve ve sebze, vb.

2 Gün içinde yediğiniz her öğünün karbonhidrat temelli olmasına özen gösterin. Bunu yaparken daha önce belirtilen oranlara (50-30-20) bağlı kalmayı deneyebilirsiniz.

3 Aldığınız gıdaların mümkün olduğunca çeşitlilik göstermesine dikkat edin. Yemeklerinizi renklerine göre (yeşil yapraklı sebzeler ve brokoli, domates, biber, havuç, portakal, elma, yaban mersini, vs.) planlamak iyi bir fikir olabilir.

4 Antrenman öncesinde ve sonrasında enerji seviyenizi ve kan şekerinizi kontrol altında tutabilmek için doğru miktarda karbonhidrat aldığınızdan emin olun. Vücudunuzda depolanan glikojen tükendiğinde metabolizmanız enerji takviyesi sağlayabilmek için yağ yakmaya başlayacaktır. Kilo vermenin temelinde bu prensip bulunur. Ancak vücudunuzun yağ yakmasının atletik performansınızı olumsuz yönde etkileyeceğini unutmayın. Çünkü bu durumda damarlarınızda dolaşan kan beyne şeker yerine keton taşıyacaktır. Bu da kendinizi yorgun ve keyifsiz hissetmenize yol açar.

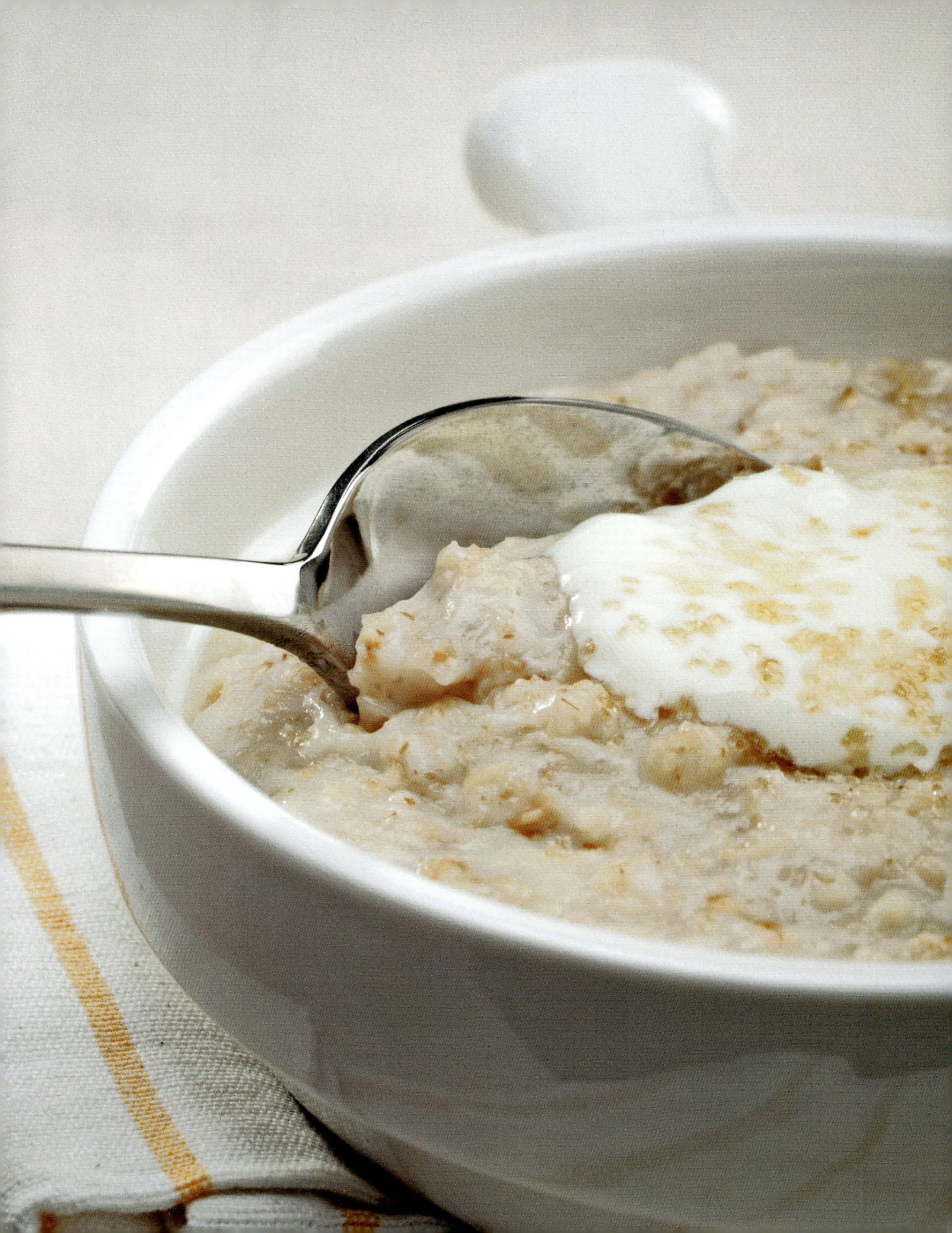

BESLENME

Proteinler

Kulaktan kulağa dolaşan bir diğer asılsız bilgiyle devam edelim: Sizi güçlü kılan şey protein değil, egzersizdir. Protein ve amino asit gibi sözcüklerin çevresinde büyülü bir hale varmış gibi görünse de bu kavramlar kaslı bir vücudun gizemli anahtarları olmaktan uzaktırlar.

Proteinlerin vücudumuzda üstlendiği çeşitli görevler vardır. Yeni liflerin oluşmasına yardımcı olur, antrenman sırasında yorulan kasları onarır, saç ve tırnaklarınızın uzamasını sağlar, bağışıklık sisteminizi güçlendirir ve her şeyin ötesinde, alyuvarlarınızı yenilemeye yardımcı olur. Ancak protein ağırlıklı bir beslenme kesinlikle anlamsızdır. Protein içecekleri tüketmek, sayısız yumurta beyazı yutmak, boğulurcasına tavuğun göğüs etinden yemek umduğunuz hedeflere ulaşmanıza yardımcı olmayacaktır. Aşırı protein tüketimi işe yaramadığı gibi sizi amacınızdan da uzaklaştırabilir. Vücudunuz sadece belirli oranda protein ve amino asit depolayabilir. İhtiyacın üzerindeki proteinler ya yedek enerji kaynağı olarak (karbonhidratlara göre çok daha düşük oranda) kullanılır ve yakılır, ya da glikojen ve yağ olarak depolanır. Aşırı proteine dayalı bir beslenme şekli iki büyük sorunu da beraberinde getirir.

1. Bu durum yeterli miktarda karbonhidrat alamamanıza yol açarak kaslarınızda depolanan enerji miktarını düşürür.
2. Protein parçalanarak idrarla vücuttan atılan organik bir madde olan üreye dönüşür. Aşırı protein tüketen kişilerin mümkün olduğunca fazla üre boşaltabilmek için bol su içmeleri gerekir. Bu da düzenli tuvalet ziyaretlerine neden olur.

Ayrıca fazla protein tüketimi sırasında (et ürünlerine eşlik eden soslar yüzünden) fazla yağ alma ihtimaliniz de yüksektir. Bir atletin bir günde sindirebileceği protein miktarı kişiden kişiye değişebilir. Fakat genel olarak vücut ağırlığı temel alınarak kilogram başına 1,2 ila 1,6 gramdan söz edilebilir. Bu da genellikle tüm gününü et, balık, süt ürünleri ve bakliyat yiyerek geçiren birinin günlük tüketiminin oldukça altında kalır. İki porsiyon az yağlı süt ürünü (süt, yoğurt ve peynir) de dâhil olmak üzere günde 150-200 gram protein tüketmek idealdir.

Et ürünleri üç ana grupta toplanabilir: Beyaz et, kırmızı et ve balık. Sporcuların haftalık beslenme programında her üçüne de yer verilmesi önemlidir.

- Doymamış yağ oranı yüksek olduğundan (ve meşhur Omega-3 yüzünden) balık en sağlıklı seçenek olacaktır. Diğer et ve süt ürünleri yüksek düzeyde doymuş yağ içerir.
- Beyaz et (göğüs, derisiz but ya da baget but) kırmızı ete oranla genellikle daha az yağ içerdiğinden tercih edilebilir.
- En sağlıklı seçenek olmasa da yağsız kırmızı etin haftada üç ila dört kez tüketilmesinde fayda vardır. Kırmızı et demir ve çinko yönünden zengindir. Demir kaslarınıza ve beyninize oksijen ulaşmasını sağlayan bir protein olan hemoglobinin önemli bir parçasıdır. Yeterli miktarda demir almazsanız yorgunluk ve bitkinlik hissedersiniz. Çinko ise antrenman sırasında kaslarınızda oluşan karbondioksidi ortadan kaldırmaya yarayan bir çeşit mineraldir. Geyik gibi hayvanlardan elde edilen av eti doymuş yağ oranının düşük olması nedeniyle nispeten daha sağlıklı bir tercih olacaktır.

Süt ürünlerinde yağ oranı düşük olanları tercih etmelisiniz. Az yağlı süt ve yoğurt ideal kabul edilene oldukça yakın sayılan (%40 karbonhidrat, %35 protein, %25 yağ) besin değerleri nedeniyle sağlıklı bir atıştırmalık sayılır. Bu şekilde proteinin yanı sıra D vitamini ve kalsiyum almış, ayrıca günlük ihtiyacınız olan potasyum, fosfor ve B2 vitaminini temin etmiş olursunuz. Potasyum ve fosfor, kalsiyumun vücutta metabolize edilmesine yardımcı olur ve böylelikle kemiklerin güçlenmesini sağlar. B2 ise vücudunuzun aldığı besinleri enerjiye dönüştürmesine yardımcı olan bir vitamindir.

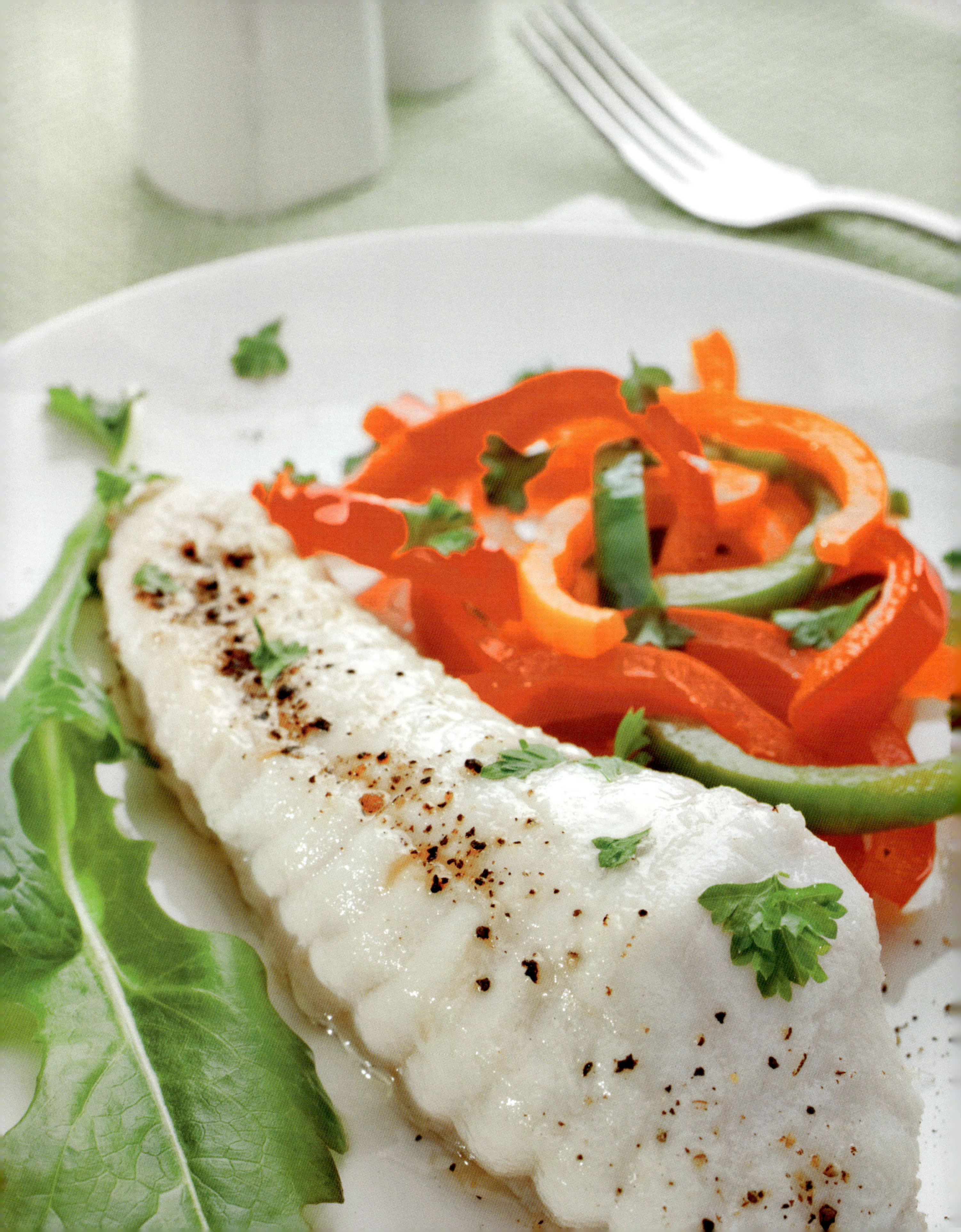

BESLENME

Proteinler

1 Balığı beyaz ya da kırmızı ete tercih edin; ancak haftalık beslenme programınızda her üç et grubuna da yer vermeye özen gösterin.

2 Her öğünde bir miktar protein almaya dikkat edin.

3 İhtiyacınız olan tüm proteini gıdalardan elde etmeniz mümkündür. Bunun için ayrıca protein içeceği, barı ya da hapı almanıza gerek yoktur.

4 Günde en az bir kez, hatta mümkünse iki kez yağ oranı düşük süt ürünlerinden tüketmeye gayret edin.

5 Gereğinden fazla protein almaktan kaçının; çünkü bunun vücudunuza ya da performansınıza herhangi bir faydası olmayacaktır.

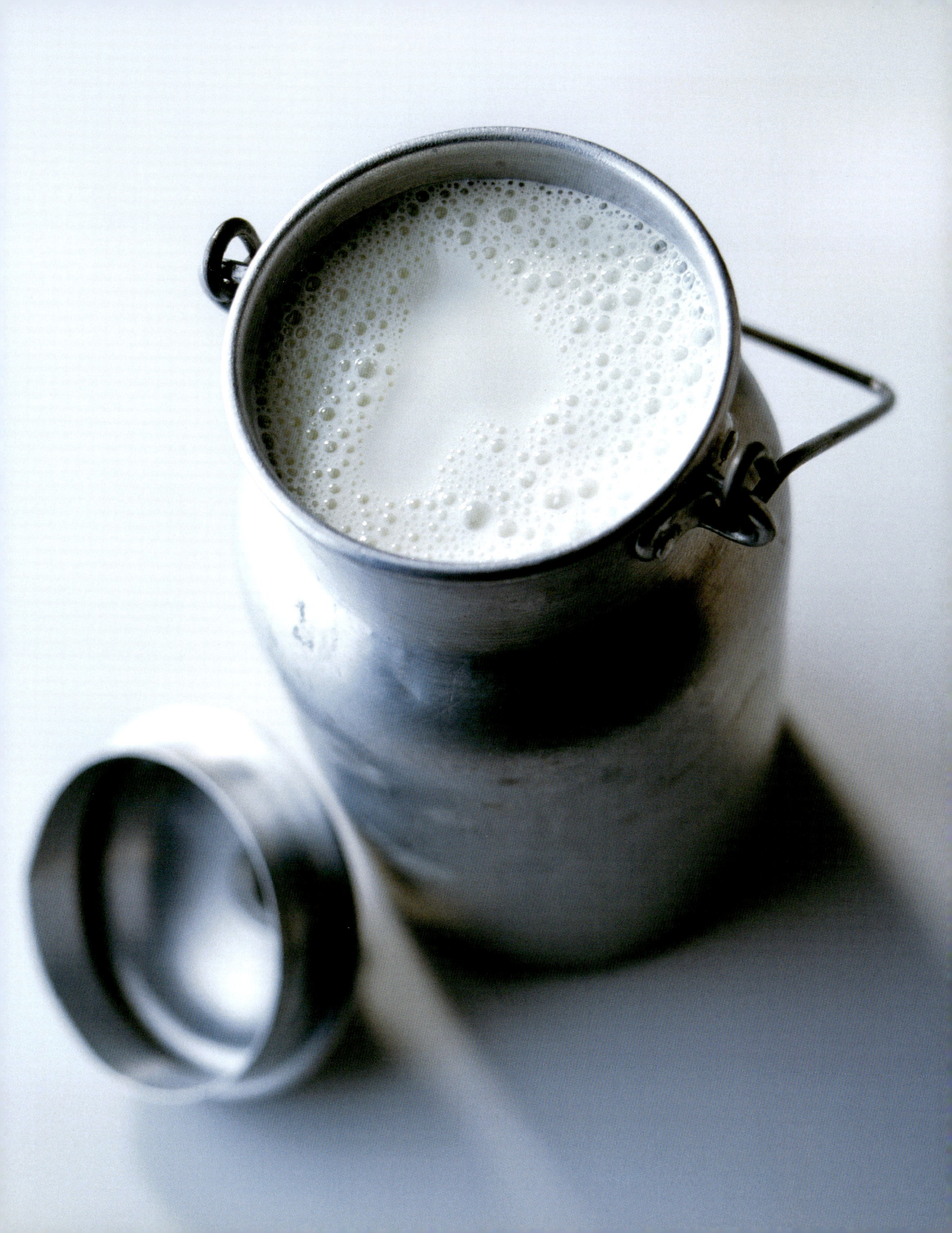

Yağlar

Sağlıklı bir beslenme için yağlar da diğer besin grupları kadar önemlidir. Yağlar vücut ısınızın ayarlanmasına, cildinizin ve saçlarınızın sağlıklı olmasına yardımcı olarak iç organlarınızın güvenli bir kılıf içinde korunmasını sağlar.

Bu konuda en önemli nokta hangi yağları ne miktarda tüketmeniz gerektiğidir. Yağları katı ve sıvı yağlar olmak üzere iki grupta toplamak mümkündür. Katı yağlara iç yağı, tavuk derisi ya da tereyağı örnek verilebilir. Asıl tercih etmeniz gereken sıvı yağlar arasındaysa zeytinyağı ve ayçiçek yağı sayılabilir.

Daha önce belirtildiği gibi yağdan aldığınız kalorinin günlük ihtiyacınızın yüzde yirmisine denk gelmesi önemlidir. Bu noktada unutmamanız gereken en önemli şey tekli ve çoklu doymamış yağlara hidrojen eklenerek kimyasal yöntemlerle elde edilen ve oldukça sağlıksız olan hidrojenize edilmiş trans yağlardan uzak durmak olacaktır. Antrenman aralarında yağ yemekten korkmanız gereksizdir. Çoğu insan çalıştırılmayan kasların yağa dönüşeceğinden ve bunun kilo alımına yol açacağından korkar. Fakat bu kesinlikle yanlıştır. Kaslar ve yağlar, vücudun birbirinden farklı iki bileşenidir. Kilo almanıza yol açabilecek tek şey yaktığınızdan fazla kaloriyi yağ grubundan almanız olacaktır ki bu durum daha önce de belirtildiği gibi pek olası değildir.

Spor salonlarında insanların karın kası çalıştıracak egzersizlerle kendilerine işkence ettiklerine, göbek yağlarından kurtulmak için bu bölgeye en yakın kasları aşırı çalıştırdıklarına defalarca tanık olmuşsunuzdur. Ancak bilmeniz gerekir ki vücudunuzun herhangi bir bölgesindeki aşırı yağlanmadan kurtulmak için tüm vücudunuzu çalıştırmanız ve aldığınız kalorinin tamamını tüketmeniz gerekir. Bir başka deyişle, vücudunuzdaki yağ oranını azaltmak istiyorsanız tüm vücudunuzdaki kasları geliştirmelisiniz. Gelişmiş kaslar gelişmemiş olanlara oranla çok daha fazla kalori yakar. Ancak egzersiz sırasında vücudunuzun belirli bölgelerine aşırı yüklenmeniz anlamsızdır.

Yağlar aynı zamanda yemeklere lezzet kazandırır ve yediklerinizin damak zevkinize uygun olmasını sağlar. Atletik antrenman programınız kapsamında belirli bir beslenme programına bağlı kalmaya kararlıysanız sağlıklı yağları doğru oranlarda kullanarak yiyeceklerden tad ve keyif almaya çalışmalısınız.

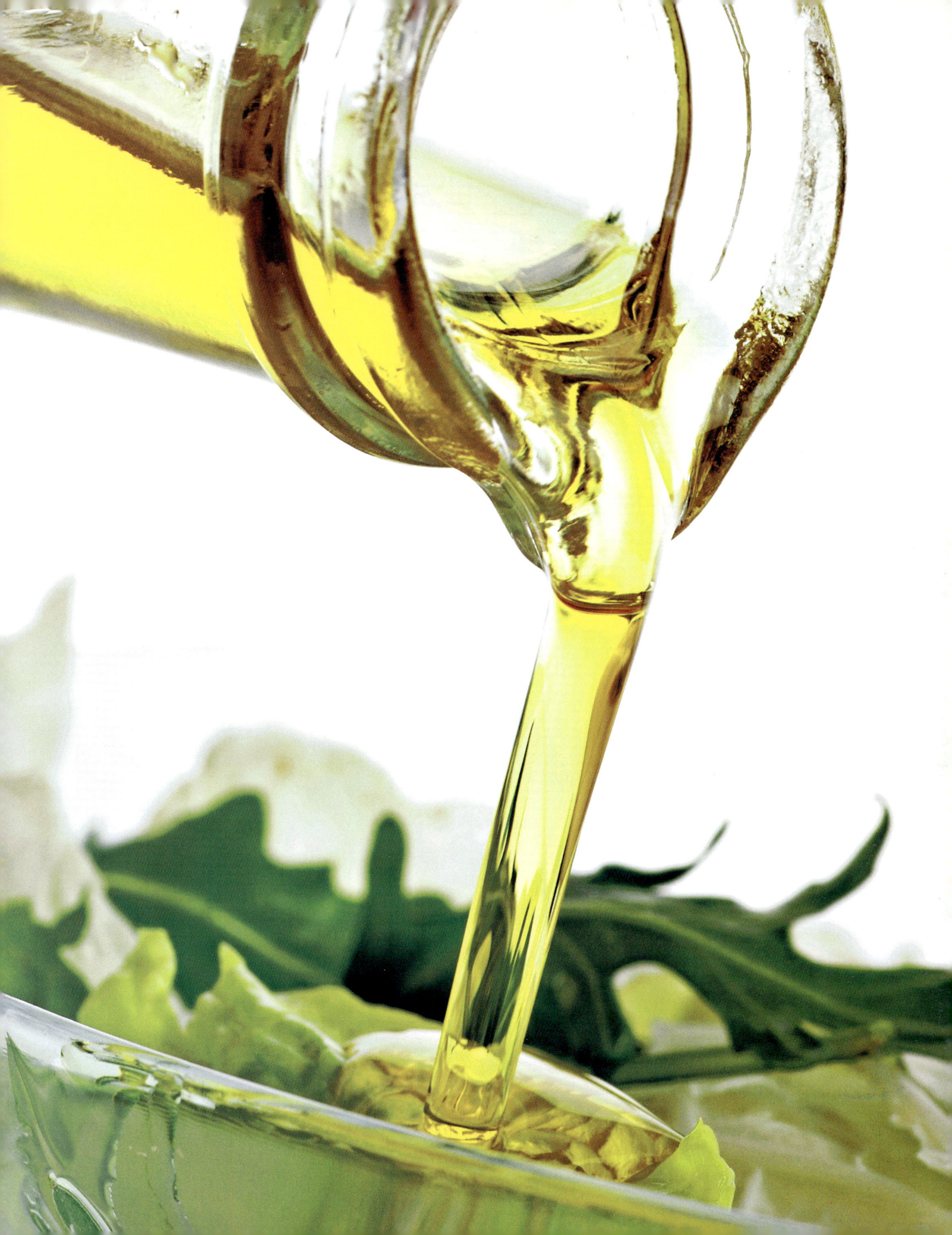

BESLENME

Yağlar

1 Zeytinyağı, çoklu doymamış yağlar arasında en sağlıklı seçenektir. Her zaman sızma zeytinyağı almaya çalışın ve bu yağı tüm yemeklerinizi hazırlarken güvenle kullanın. Doğru ölçü, her öğünde iki çay kaşığı kadar olmalıdır.

2 Ceviz, badem, Antep fıstığı, fındık, çam fıstığı, zeytin gibi yiyecekler de yağ tüketimi için sağlıklı seçeneklerdir. Söz konusu besinlerin her biri farklı boyda olduğundan ve farklı oranlarda yağ içerdiğinden yiyeceğiniz miktarı tartarak ihtiyacınızı belirlemek doğru bir tercih olacaktır. Örneğin, kaju, yerfıstığı, badem ve çam fıstığı için doğru ölçü öğün başına 9 gramken, ceviz ve Antep fıstığı söz konusu olduğunda bu ölçü 7-8 gram civarındadır. Avokado ve yeşil zeytin içinse öğün başına önerilen miktar (avokado için 18 gram, zeytin için 30 gram) biraz daha yüksektir.

3 Balık yağı da içerdiği sağlıklı yağlardan dolayı doğru seçenekler arasında yer alır. Ancak çoğu insan bu yağın tadını sevmez. Bu durumda koskoca bir öğünün lezzetini kaçırmak doğru olmayacaktır.

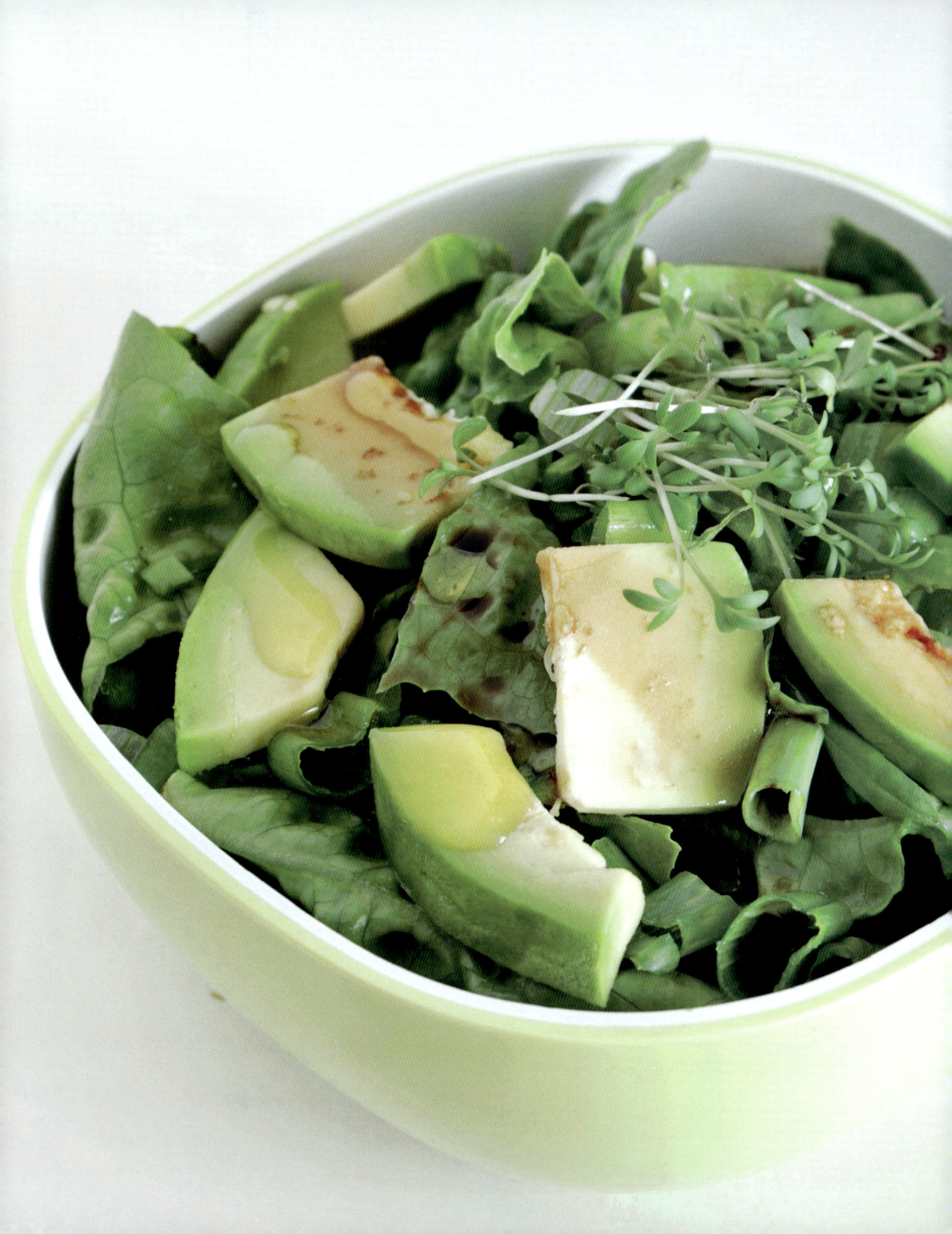

BESLENME

Sıvılar

Su yaşamın temelidir. Vücudunuzun büyük bir bölümü sıvılardan meydana gelir ve kaybedilen sıvının en kısa zamanda yerine koyulması gerekir.

Suyun faydaları şu şekilde özetlenebilir:

- Kanınızın akışkan olmasını sağlayarak oksijen, glikoz ve yağın gerektiği şekilde vücudun çeşitli bölgelerine taşınmasına, bunun yanı sıra karbondioksit ve laktik asidin vücuttan atılmasına yardımcı olur.
- Kaslarınızdaki ısıyı emerek, terlemeyi; terin buharlaşması sayesinde de cildi serinleterek ve soğuyan epidermisin kanı ve dolayısıyla organları soğutmasını sağlayarak vücut ısısını düşürür. Bu oldukça sağlıklı ve gerekli bir döngüdür.

Susamak vücudumuzun eksilen sıvıyı yerine koymamız için gönderdiği en belirgin sinyaldir. Ancak bu duygu sporla uğraşırken oldukça karmaşık bir hal alabilir.

Antrenman sırasında dikkate alınması gereken çok fazla değişken bulunur. Hazırlık düzeyinize, hava koşullarına, zihninizin hedefe kilitlenmiş oluşuna, vücudunuzu fazlasıyla iyi çalıştırmış oluşunuza ya da vücudunuzdaki su miktarına bağlı olarak vücut ısınızın yükseldiğini hissetmeyebilirsiniz. Antrenman sırasında beyniniz "susama" sinyalini gönderdiğinde vücudunuzdaki sıvının yüzde birini çoktan kaybetmiş ve bu sıvıyı yerine koymak için geç kalmış olabileceğinizi unutmayın. Böyle bir durumda kalbiniz daha hızlı atmaya başlayacak, gereğinden çok daha fazla glikojen yakacaktır. Vücut sıvınızın yüzde ikisini kaybettiğinizde resmen susuz kalmış olursunuz. Yüzde üçlük bir kayıpta ise vücudunuz antrenmana devam edemeyecek hale gelir.

İşin sırrı sıvı alımını tıpkı yemek gibi önceden planlamaktır. Bunun için sıradan bir antrenman esnasında ne kadar su kaybettiğinizi hesaplamanız yeterli olacaktır. Antrenman öncesinde ve sonrasında su içmeden ve çıplak olarak tartılırsanız ağırlıklar arasındaki fark sayesinde ne kadar sıvı kaybettiğinizi kolayca anlayabilirsiniz. İdrarınızın her zaman açık sarı olmasına dikkat edin; koyu renkli ve yoğun idrarda suya oranla çok daha fazla miktarda metabolik atık bulunduğunu unutmayın.

Vücudunuzda eksilen su miktarını tamamlamak için sekiz ila on iki saate ihtiyaç vardır. Bu yüzden sıvı alımınızı gün içinde ve antrenman sırasında özenle planlamanız yerinde olacaktır. Terlerken sadece sıvı değil, aynı zamanda magnezyum, potasyum, sodyum ve kalsiyum gibi elektrolitleri de kaybedersiniz.

Antrenmana başlamadan önce bir önceki antrenmandan sonra vücudunuzun sıvı dengesinin yerine gelmiş olmasına özen gösterin. Bu da vücut ağırlığınız baz alındığında kilogram başına beş ila sekiz mililitre sıvı almanız demektir. İçtiğiniz sıvıya sodyum ekleyebilir ya da sodyum içeren hazır bir içecek tercih edebilirsiniz. Bu sayede vücudunuzun su tutmasını sağlamış olursunuz.

İkinci bir antrenman (ilkinden en fazla 12 saat sonra) için sıvı dengenizi mümkün olduğunca çabuk tazelemek istiyorsanız yiyecek ve içeceklerinizde sodyum kullanabilirsiniz. Antrenman sırasında kaybettiğiniz sıvının %30 ila %50 fazlasını almanız sıvı dengesini yeniden sağlamanız için yeterli olacaktır.

Alkolden mümkün olduğunca uzak durmanız gerektiğini unutmayın. Alkol diüretik etkisinden dolayı gereğinden fazla su kaybetmenize yol açacaktır. Ayrıca alkol sakinleştirici etkisinden dolayı motor yetilerinizi baskılayacak ve motivasyonunuzu olumsuz yönde etkileyecektir.

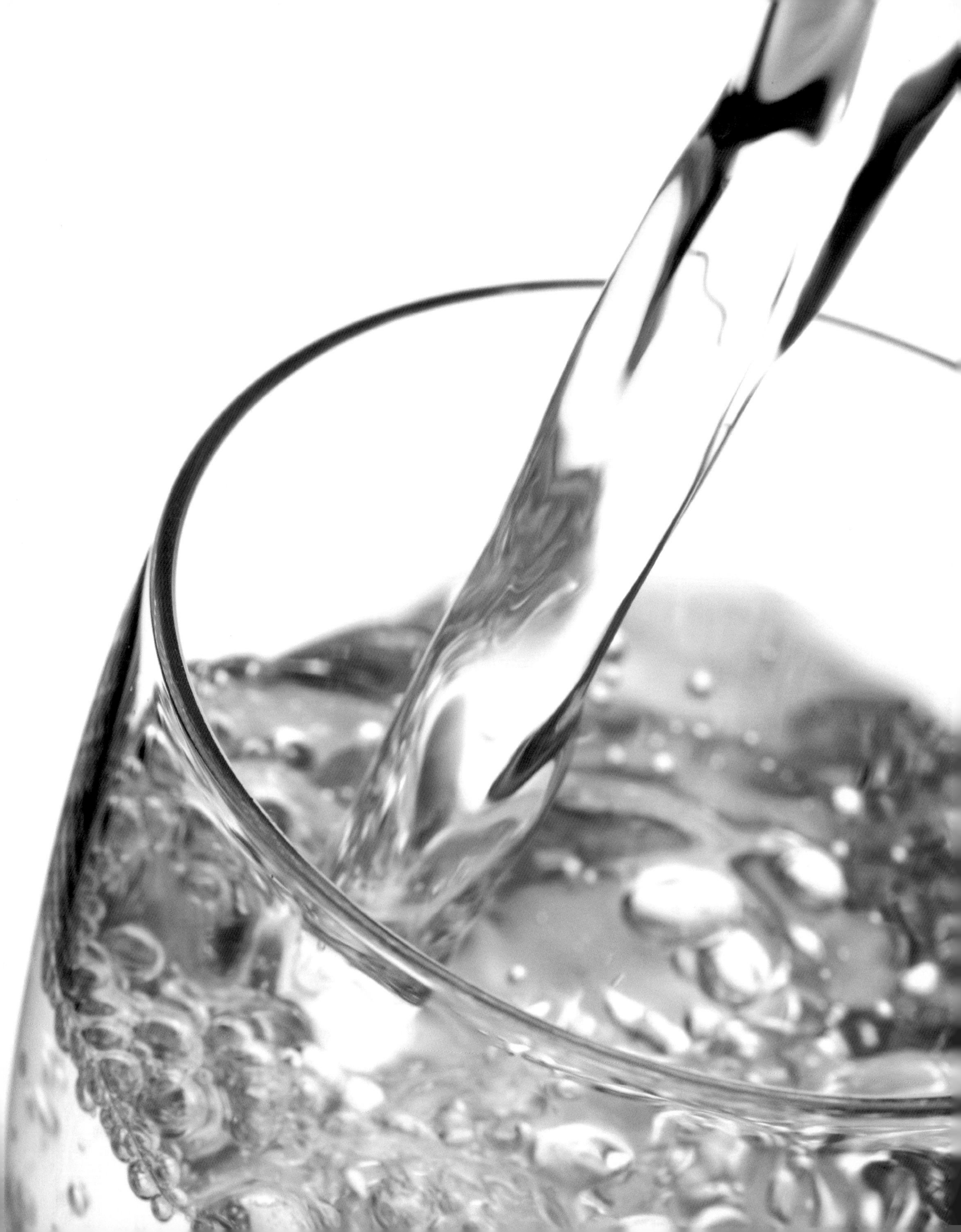

BESLENME

Yarış öncesi ve sonrası için beslenme planı

Yarış öncesi

Yarıştan birkaç gün önce antrenman yoğunluğunun kademeli olarak düşmesi gerekir (Bkz. Antrenman Programları, Sayfa 149). Bunun nedeni kaslarınızın yorucu antrenmanlardan sonra dinlenmek için zamana ihtiyaç duymasıdır. Antrenmanı azalttığınız bu süre zarfında kaslarınızdaki glikojen depolarını yeniden doldurmanız, vücudunuzun kaybettiği sıvıyı tamamlamanız ve protein alarak yıpranan kaslarınızı onarmanız gerekir.

Yarış öncesi yapacağınız antrenmanı asıl koşunun son provası olarak görebilirsiniz. Bazıları yarıştan bir gece önce tıka basa makarna yemenin yeterli olacağını düşünür; ancak durum sanıldığından biraz daha karmaşıktır.

Antrenman süreciniz boyunca kaslarınıza günlük enerji ihtiyacını karşılamak üzere yeterince glikojen depolamayı öğretmiş olacaksınız. Kaslarınızı çeşitli egzersizler aracılığıyla ne kadar çalıştırırsanız glikojen depolama kapasitelerini o kadar artırmış olursunuz. Elbette kasların glikojen depolamayı öğrenmesi gerektiğini de unutmamalısınız.

Yarıştan bir iki hafta kadar önce karbonhidrat alımınızı yavaş yavaş yükseltmeniz, yani günde yaklaşık 100 gram kadar artırmanız gerekir.

Yarıştan önceki gün ise daha kahvaltıdan itibaren karbonhidrat yemeye başlamanız önemlidir.

Her atlet yarış psikolojisine farklı tepki gösterir. Bazıları yarıştan önceki akşam güzel ve sağlıklı bir yemek yemekte en ufak bir güçlük çekmezken bazıları heyecan ya da endişeden dolayı yediklerini sindirmekte zorlanır. Bu nedenle güne başlarken karbonhidrat alımına ağırlık vermekte fayda vardır.

Akşam yemeği yiyebilecek durumdaysanız tüketeceğiniz karbonhidratların mümkün olduğunca çeşitlilik taşımasına özen gösterin. Vücudunuzun ihtiyaç duyduğu karbonhidratı sadece makarnadan da alabileceğinizi ancak meyve ve sebzelerdeki karbonhidratların kana şeker salımının çok daha yavaş gerçekleştiğini ve bu durumun yarış günü performansınızı daha uzun süreyle yüksek tutacağını unutmayın. Buğday kepeği ya da mide sorunlarına yol açacağını bildiğiniz diğer gıdalardan kesinlikle uzak durun.

Bisiklete binmek, diğer pek çok spor dalıyla (mesela koşu ile) karşılaştırıldığı zaman iyi bir spordur; çünkü yiyecek ve içecek taşımak çok daha kolaydır, bunun anlamı da kaslarınızı yeniden doldurmak ve vücut sıvılarınızı dengelemek için durmak zorunda kalmamanızdır. Antrenman konusunda ileriye dönük plan yapmalı ve o antrenman için enerjinizi yeniden doldurmak anlamında ne gerekiyorsa yanınızda onu taşımanız gereklidir.

Yarış günü sabahı, etkinliğin başlayacağı saate göre, uymanız gereken bazı kurallar vardır.

- Sabah doğru bir sıvı dengesiyle uyandığınızdan emin olun. Bunu idrarınızın renginden kolaylıkla anlayabilirsiniz.

- Büyük bir bardak suyla güne başlayın ve sıkı bir kahvaltı edin veya yarış kahvaltı edebilmek için fazla erkense, etkinlikten bir saat önce bir miktar daha karbonhidrat yüklemesi yaptığınızdan emin olun. Böylece karaciğerinizin yarış süresi boyunca beyninize gönderilmek üzere yeterli miktarda şeker üretmesini garanti altına almış olursunuz.

- Suyunuzu yarış saatinden bir ya da iki saat önce için ki yarış başlamadan önce dışarı atabilesiniz.

Yarıştan sonra

Sizin de göreceğiniz gibi, yarıştan sonra glikojeni ve sıvıları dengelemek yoluyla vücudunuzun toparlanmasını sağlamanız gerekecektir. Yarıştan hemen sonraki bir saatlik süreden faydalanmaya bakın; çünkü bu süre zarfında vücudunuz besinleri en iyi şekilde sindirebilir.

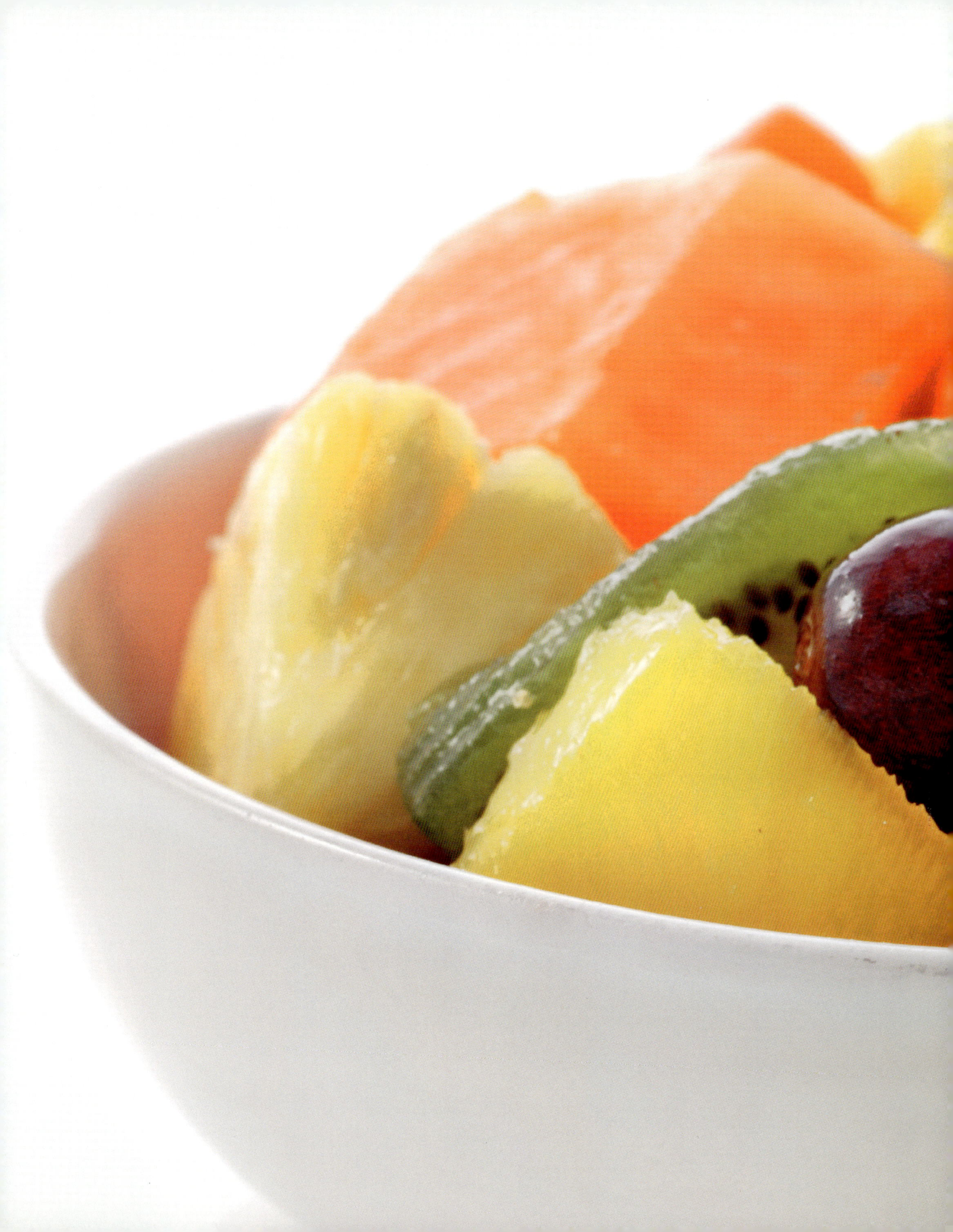

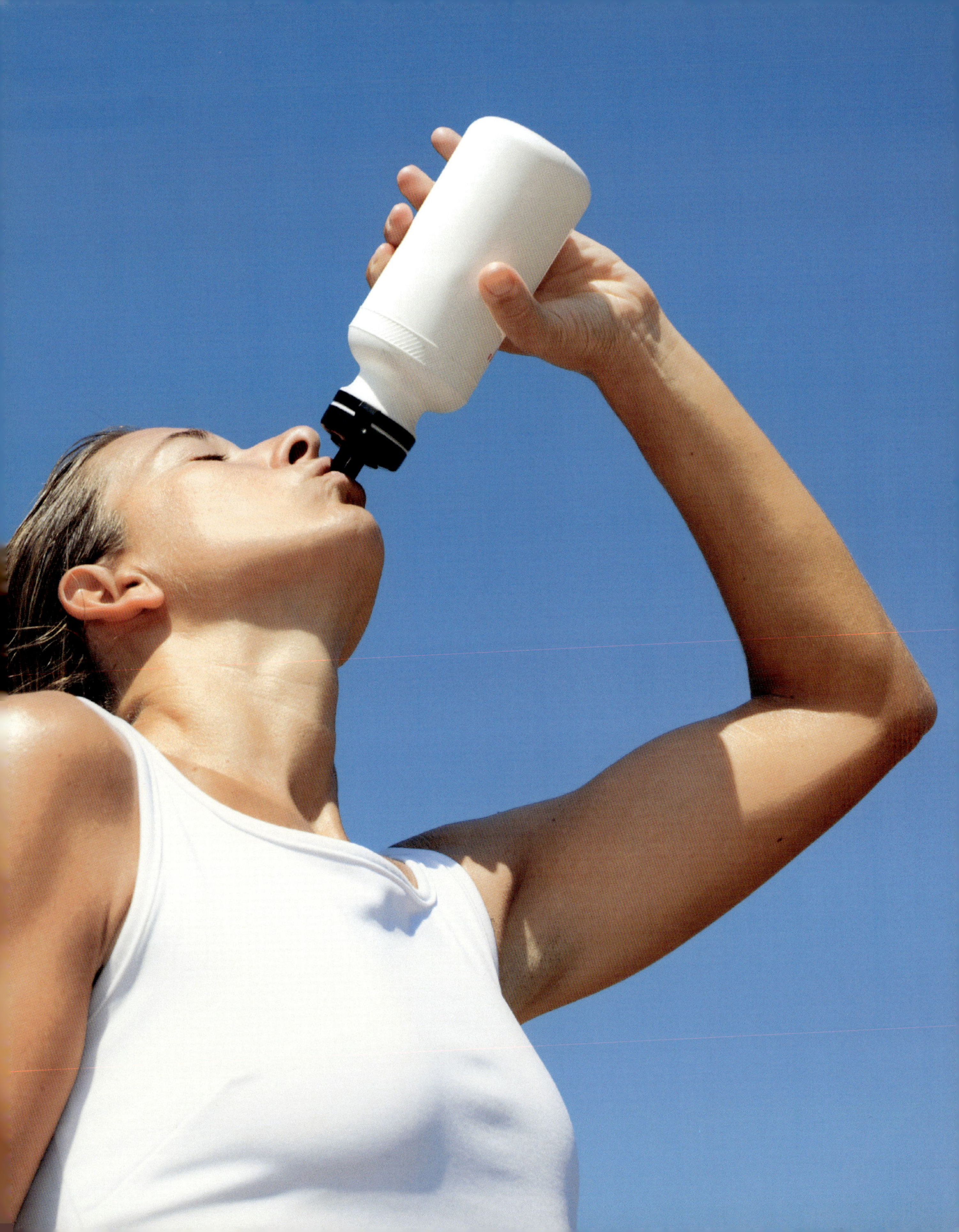

BESLENME

Biraz proteinle karıştırılmış karbonhidratlar, hem glikojenin kaslarınıza aktarılmasına yarar hem de egzersiz sırasında kaslarınızı yıpratan hormon olan kortizolün salgılanmasını azaltır.

Bir sonraki yarışa kadarki sürenin kısa mı yoksa uzun mu olduğuna bağlı olarak, kaslarınızı ve kanınızı tam anlamıyla toparlamak için doğru yolu sizin deneyerek bulmanız gerekecektir. Yüzmek genellikle arka arkaya denk düşen yarışlarda sorun yaratabilir. Toparlanma süresi dikkatli bir şekilde planlanmalıdır.

Farklı sporcular, deneyimlerine bağlı olarak farklı çözümleri tercih ederler. Asıl dikkat edilmesi gereken şey, iyi bir beslenme programı planlamaktır. Önünüzdeki 40 saat içinde üç tane yarışla karşı karşıya geleceğinizi biliyorsanız, diyetinizi bir hafta önceden planlamaya başlamak isteyebilir ve yarışlar arasında kendinizi daha hızlı toparlayabilecek bir beslenme düzeni uygulayabilirsiniz.

Eğer arka arkaya iki yarışınız varsa yalnızca sıvılarınızı değil, aynı zamanda elektrolitleri de size geri kazandıracak (bazı spor içecekleri bunu yapar) yüksek GI değerine sahip karbonhidrat ve içeceklerle kendinize yükleme yapmak yoluyla ilk yarıştan hemen sonra toparlanacağınızdan emin olmak istersiniz. Olabildiğince fazla sıvı almaya gayret edin ve vücudunuzdaki su düzeyini idrarınızın rengine bakarak anlamaya çalışın (vücudunuzun etkinlikten önceki ve sonraki ağırlıklarını karşılaştırmak da işe yarar). Eğer birbirinden iki günden daha fazla arayla ve ardı ardına ikiden fazla yarışınız varsa, düşük GI karbonhidratların uzun vadede daha etkili olduğunun kanıtlanmış olduğunu unutmayın.

Eğer yarıştan sonra kendinizi toparlamak için yeteri kadar zamanınız varsa (bir hafta kadar), vücudunuzdaki sıvıları yeniden dengelediğinizden ve her zamanki oranlarda protein ve karbonhidrat içeren bir ara öğün yaptığınızdan emin olun, sonra da kendinize biraz zaman ayırarak yarışa hazırlanmadan önceki beslenme planınızı bıraktığınız yerden tekrar devam ettirin.

BESLENME

Tarifler

YULAF, LOR PEYNİRİ VE ANTEP FISTIĞI

Malzemeler
- 50 gram yulaf
- 140 gram lor peyniri
- 8-10 adet Antep fıstığı
- Bir tutam tuz ya da bal

Hazırlanışı Yulaf tanelerini istediğiniz kıvama gelinceye dek suda haşlayın. Ardından lor peyniri ve Antep fıstığıyla karıştırın. Tercihinize göre bir tutam tuz veya yarım tatlı kaşığı bal ilave edin. Bu tarif protein, karbonhidrat ve yağı mükemmel şekilde dengeler ve oldukça sağlıklıdır.

YABAN MERSİNLİ VE CEVİZLİ SICAK ÇÖKELEK PEYNİRİ

Malzemeler
- 220 gram yaban mersini
- 1 tatlı kaşığı fruktoz (meyve şekeri)
- 70 gram az yağlı tuzsuz çökelek peyniri
- 3 ceviz

Hazırlanışı Yaban mersinlerini şekerle ve bir miktar suyla birlikte bir kapta, düşük ateşte ısıtın ve meyveler yumuşayana kadar karıştırarak pişirin. Çökelek peynirini bir kâseye alın, meyveleri ekleyin ve üzerine dövülmüş ceviz serpiştirin. İşte size harika bir ara öğün!

KALAMAR DOLMA

Malzemeler
- 1 büyük kalamar (200 gram, temizlenmiş halde – dokunaçlarıyla birlikte)
- 2 tatlı kaşığı kıyılmış maydanoz ve kıyılmış ufak bir diş sarımsak
- 250 gram ufalanmış tam tahıllı taze ekmek ya da tam tahıllı pane unu
- 30 gram rendelenmiş parmesan peyniri
- 1 çorba kaşığı zeytinyağı

Hazırlanışı Kalamarı parçalamayın. İçi için dokunaçlarını ince ince kıyın ve maydanoz, sarımsak, ufalanmış ekmek ve parmesan peyniriyle birlikte bir kâseye alın. Karışımı ellerinizle yoğurun; gerektiği kadar su ve zeytinyağı ekleyin. Bu karışımı kalamarın içine doldurun ve kalamarı bir kürdan yardımıyla kapatın. İçten artanları kalamarın üzerine sürerek yemeği 30 dakika boyunca fırında pişirin. Biraz salata ya da dilimlenmiş bir parça meyveyle servis edin.

YAĞSIZ ISPANAKLI YUMURTA

Malzemeler
- 300 gram ıspanak
- Beyaz şarap sirkesi
- 35 gram tuzsuz çökelek peyniri
- 2 dilim kızarmış tam tahıllı ekmek
- 2 adet haşlanmış yumurta
- İsteğe göre tuz ve karabiber
- Rendelenmiş parmesan peyniri ya da ince kıyılmış taze çedar peyniri

Hazırlanışı Ispanağı hafifçe yumuşayana kadar haşlayın. Çökelek peynirine bir tatlı kaşığı sirke ekleyin ve iyice karıştırın. Ispanağı iki dilim kızarmış ekmeğin üzerine sürün. Pişmiş ve suyu süzülmüş yumurtaları ıspanaklı ekmeklerin üzerine yerleştirin ve çökelek peyniriyle süsleyin. Ekmek dilimlerinin üzerine tuz, karabiber ve rendelenmiş parmesan peyniri serpin.

BAHARATLI YULAFLI IZGARA TAVUK GÖĞSÜ

Malzemeler
- 3 tatlı kaşığı zeytinyağı
- Yarım kırmızı soğan
- Bir tutam acı kırmızıbiber, bir tutam tatlı kırmızıbiber, 1 adet defne yaprağı
- Bir diş sarımsak
- 350 gram pişmemiş kabuklu yulaf
- Izgara tavuk göğsü
- Maydanoz

Hazırlanışı Zeytinyağıyla 3 çorba kaşığı suyu tavada karıştırın. Kıyılmış soğanı, acı ve tatlı biberi, defne yaprağını ve sarımsağı da ekleyerek pembeleşinceye kadar tavada kızartın. Ardından yulafları da ekleyin. Daha sonra tavaya su katarak yemeği 30 dakika kadar pişirin. Bu sırada tavuğun göğsünü ızgaraya alın. Servisten önce tabağı bir tutam maydanozla süsleyin.

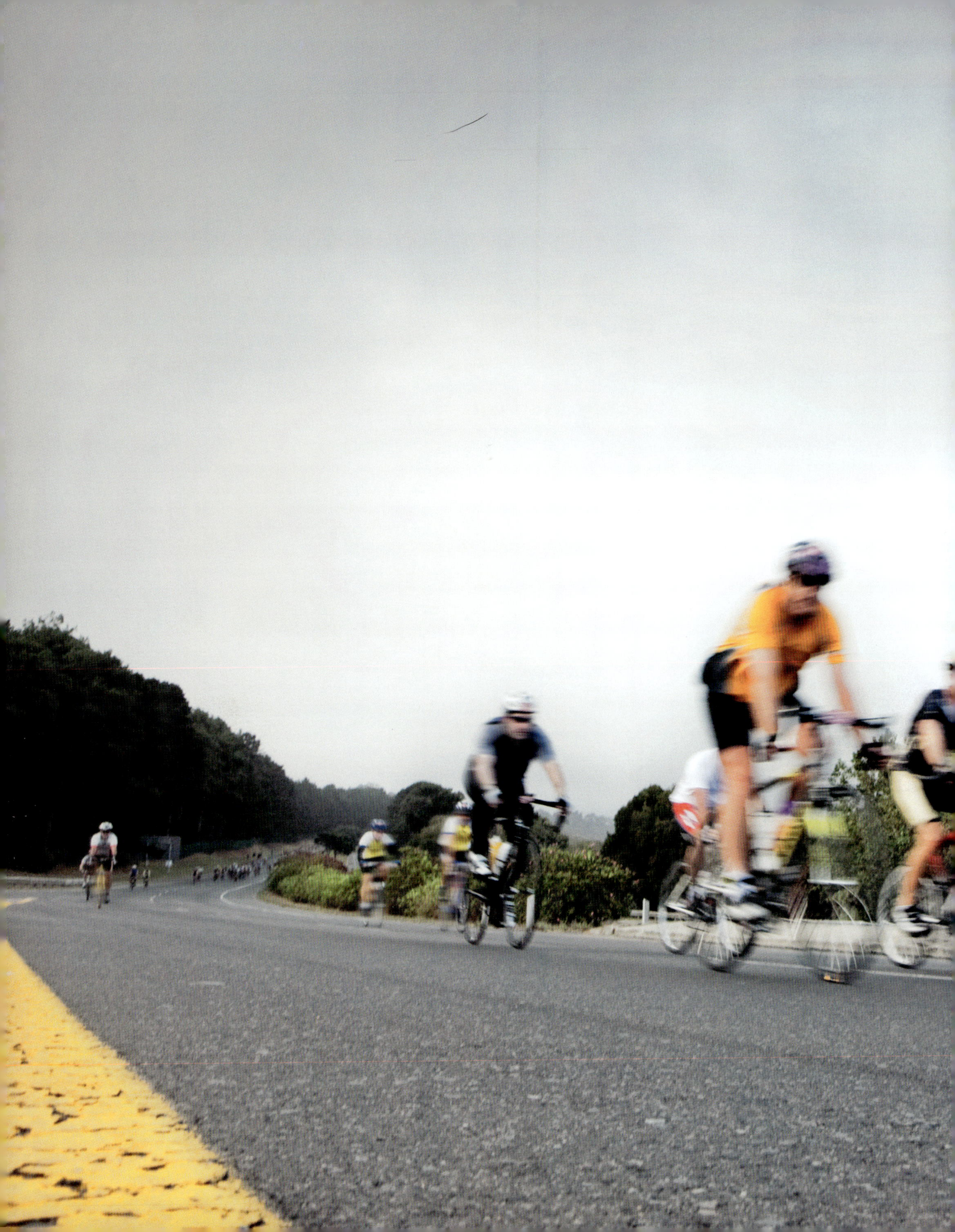

antrenman programları

// PLANLAMA // HAZIRLANMA // YARIŞA DOĞRU

ANTRENMAN PROGRAMLARI

Temel bilgiler

Burada, uluslararası düzeyde yarışan elit amatör bisikletçiler için tasarlanmış 20 haftalık bir antrenman programı verilmektedir. Program buradaki haliyle kullanılabilir ve eğer bu seviyede bir sporcuysanız sizi zorlu bir yarış sezonuna hazırlayacaktır. Bulunduğunuz bölgede yarış sezonunun ne zaman başladığına bağlı olarak, programınızın başlangıcını ayarlamanız gereklidir.

Bu program, çeşitli antrenman aşamalarının sayısını, yoğunluğunu ve toparlanma sürelerini sistematik olarak değiştirmek yöntemiyle periyodlama prensiplerini takip etmektedir. Eğer sadece birkaç yıldır yarışlara katılıyor ya da sadece ulusal düzeyde yarışmak istiyorsanız, antrenman kapsamını %30-40 azaltmanız mümkündür. Aynı şey, mümkün olan en yüksek ulusal ve uluslararası düzeyde yarışmak isteyen küçük bisikletçiler (16-18 yaşları arasında) için de geçerlidir. Eğer çok fazla işiniz varsa, üniversiteye ya da ailenize zaman ayırmanız gerekiyorsa ve yarışmaya yeni yeni başlıyorsanız veya yalnızca bölgesel yarışlara katılmayı arzu ediyorsanız, antrenman kapsamını %10-15 daha azaltmanız lazımdır.

Antrenmanın yoğunluğunu, ortalama pedal devrini ve süresini bir nabız ölçer ekranı hatta daha da iyisi bir güç ölçer ile kontrol edin. Hız bu aşamada çok önemli bir nokta değildir; çünkü antrenman yaptığınız arazi şartlarına ve çevresel koşullara bağlıdır; bu sebeple antrenman programları mesafe yerine süre üzerine kurulmuştur. Asla antrenman programınızın kölesi haline gelmeyin. Eğer sakatlık geçirir veya birkaç gün hasta olursanız (özellikle de ateşiniz çıkarsa), programınızı takip etmek için kendinizi zorlamayın. Vücudunuzun kendini toparlamasına izin vermelisiniz. Yeniden gücünüzü topladığınız zaman, bir ya da birkaç haftalık bir süre boyunca yavaş yavaş eski formunuza kavuşursunuz.

Unutmayın, yarışlardaki başarınız antrenman ve dinlenme sürelerinin doğru oranlarda düzenlenmesiyle sağlanabilir, mesafeleri günden güne sürekli artırarak değil. Ayrıca uzun mesafe antrenmanlarınızda sık öğünler yemeyi de unutmayın. Yanınızda her zaman yeterli yiyecek ve içecek taşımalısınız; eğer bunu ihmal ederseniz yıldızlar görmeye ve büyük bir boşluk hissetmeye başlayabilirsiniz. Bunlar tipik "çakılma" belirtileridir ve her ne pahasına olursa olsun kaçınmanız gereklidir.

Eğer sağlığınızla ilgili şüpheleriniz varsa, bir antrenman programına başlamadan önce doktorunuza danışmayı ihmal etmeyin.

Yarış öncesi yoğunluğun azaltılması

Antrenmanları giderek hafifletmek, antrenman yüzünden ortaya çıkan bitkinlik hissini yok etmeyi ve aynı zamanda antrenman ortamına uyum sağlayabilme durumunun sürdürülebilmesini (hatta geliştirilebilmesini) hedefler. Antrenman programında sezonun önemli bir yarışından hemen önce gelen son aşamasıdır ve antrenmanın dozunu kaçırmanızı engeller. Amacı tazelik ve zindeliğin geri kazanılması, her gün yapılan antrenmanların yarattığı fizyolojik ve psikolojik stresin azaltılması ve yarış performansının üst düzeyde çıkarılmasıdır.

Spor bilimcisi Dave Costill'in yüzücülerle yaptığı öncü niteliğindeki çalışmalar, her zamanki antrenman yükünü 15 günlük bir süre zarfında 9000 metre gibi uzun bir mesafeden 3000 metre gibi daha mütevazı bir mesafeye azalttıkları zaman, derecelerinin neredeyse yüzde 4 oranında iyileştiğini, kol güçlerinin ise yaklaşık yüzde 25 arttığını gösterdi.

Tempo düşürmenin faydalı olduğundan pek kuşku olmasa da, tempo düşürme tekniklerinin başarılı bir şekilde nasıl planlanıp nasıl uygulanacağı konusunda tartışmalar sürmektedir. Bazı sporcular tempo düşürme dönemlerini kolay antrenmanların yapıldığı bir zaman olarak düşünmekte ve antrenman sıklıklarını ya da yoğunluklarını pek fazla değiştirmemekte, sadece en zor antrenmanları listeden çıkarmaktadırlar.

Bir spor dalındaki her bir sporcunun kendine göre fiziksel ve duygusal gereksinimleri olduğu için, yarış yaklaştıkça antrenman temposunu düşürme konusundaki doğru teknikler kişisel tercihlerle belirlenecektir. Ama tabii ki herkes için faydalı olan bazı noktalar vardır; bunlar aşağıda belirtilmiştir:

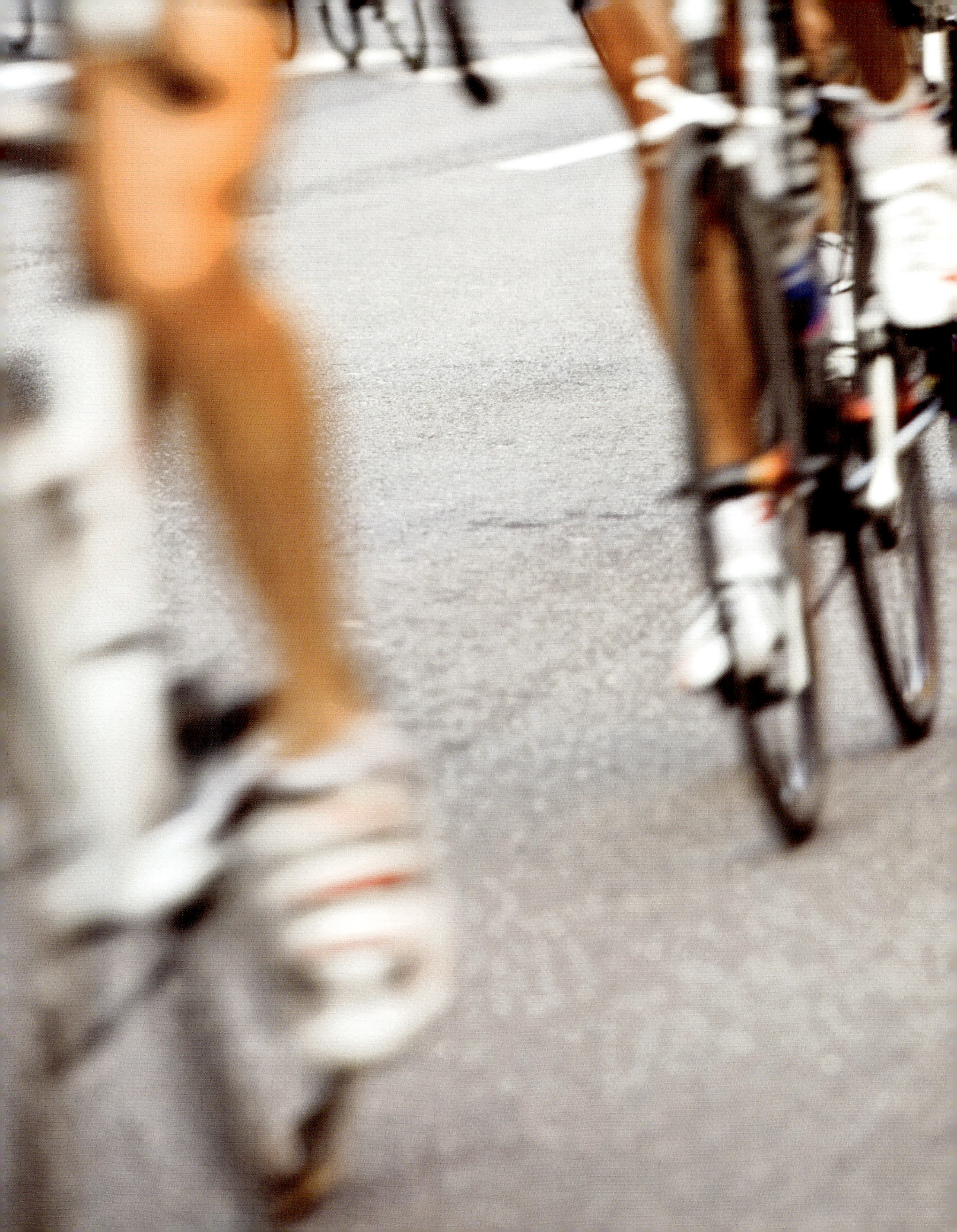

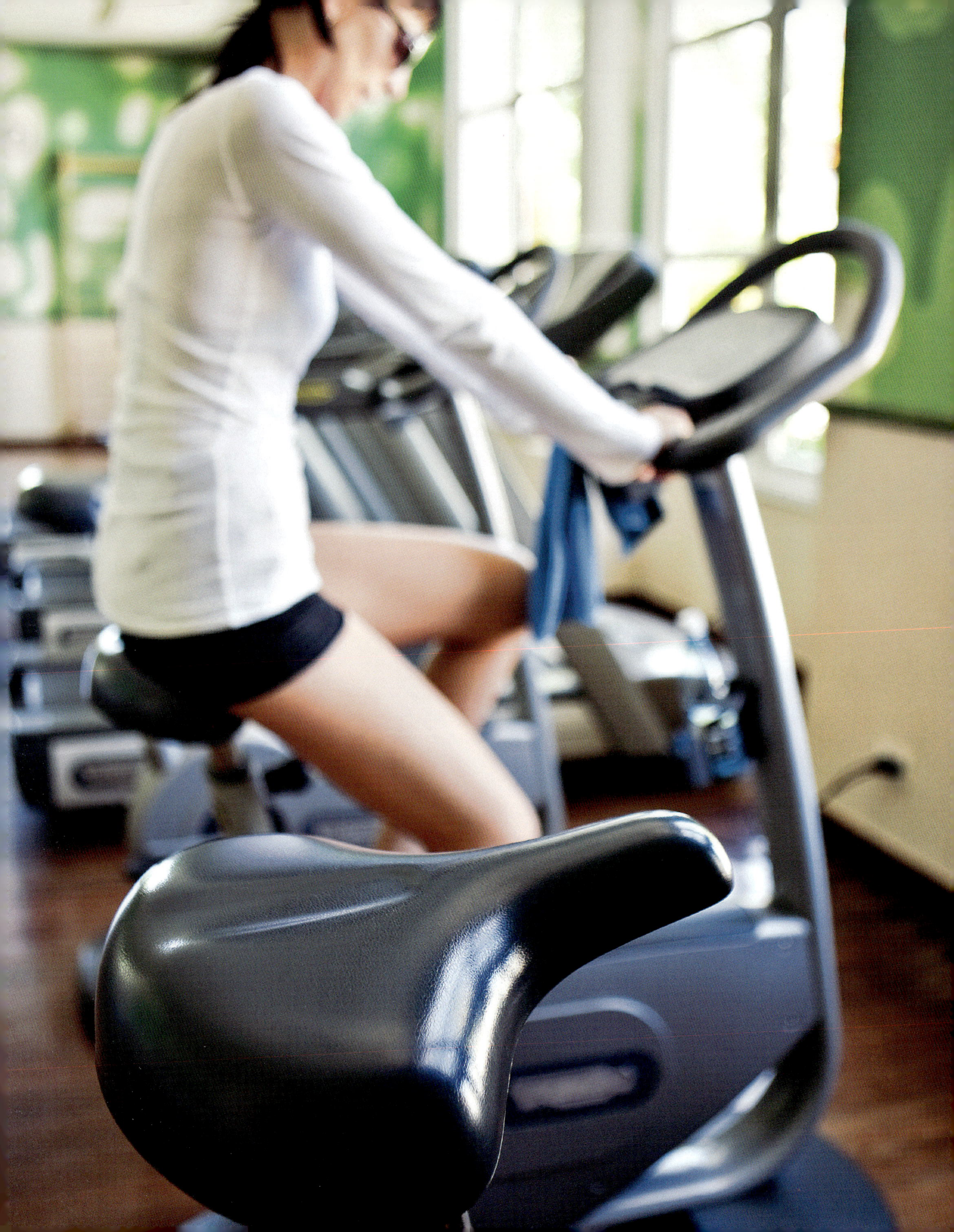

ANTRENMAN PROGRAMLARI

- Tempo düşürmenin asıl amacı, önemli yarışların öncesindeki ana antrenmanlardaki fiziksel bitkinliğin azaltılmasıdır.

- Bisikletçiler için antrenmanları hafifletme dönemlerinin uzunlukları, kişinin kendisine ve yarışın türüne bağlı olarak en az 4 gün ile en çok 10 gün arasında değişebilir.

- Bisiklete binmeye devam edin. Kanepeye uzanıp kendinizi dinlenmeye bırakmayın. Antrenman kapsamı kademeli şekilde azaltılmalıdır ve normalde bisiklete bindiğiniz mesafenin yüzde 30-40 daha kısası kadar antrenmana devam edilmelidir.

- Belli yoğunluk düzeylerini korumak ancak vücudunuzu antrenman esnasında ulaştığı denge noktasında tutmaya çalışmak da iyi bir fikirdir. Ortalama ritminizi ve yoğunluğunuzu antrenman kapsamınız azaldığında bile korumalısınız. Daha yüksek bir yoğunluk, vücudunuzun laktat üretimini sağlayan kas enzimlerini koruyabilmenizi garanti altına alır. Bisiklete hızlı binmek aynı zamanda sinir ve kaslarınızla ilgili sistemlerinizin hızlı çalışmaya alışık olmaları ve yarış esnasında gerektiğinde bu tempoya hazır olabilmeleri açısından da önem taşır.

- Zaman zaman aralara tamamen dinlenmeye ayrılmış ekstra günler koymak belli bazı durumlarda faydalı olsa bile, antrenman alışkanlıklarınıza ve performans düzeyinize göre haftalık antrenman sıklığınızı korumalısınız. Bu tür bir tempo azaltma çok işe yarar; çünkü dinlenme ve yoğunluğu birleştirmektedir. Toparlanmanız için zaman bırakmakta ama yine de hızlı olmanızı gerektirmektedir.

Antrenman programı yapmak

Kademeli gelişim

1. Kademeli ilerleme en önemli ihtiyaçtır. Antrenman blokları, antrenman programınızın giderek artan yoğunluk ve kapsamına vücudunuzun uyum sağlayabilmesine imkân verecek bir şekilde planlanmalıdır.

2. Antrenman programı, hedef yarışınızla tam denk gelecek bir zamanlamayla tepe noktasına ulaşacak biçimde tasarlanmalıdır.

3. İki hafta boyunca artan bir antrenman yoğunluğu ve kapsamından sonra, üçüncü haftada vücudunuzun antrenman dürtülerine uyum sağlamasına izin vermeniz gerekir. Bu toparlanma haftası enerjinizi ve gücünüzü yeniden toplamanızı sağlayarak bir sonraki "yükleme dönemine" zihinsel ve fiziksel olarak hazırlanmanıza olanak tanır. Ayrıca böylece aşırı antrenmanın da önüne geçmiş olursunuz. Aşırı antrenman, yeterli miktarda dinlenmeden çok fazla bisiklete bindiğiniz durumları ifade eder. Çalışmanın sizi daha iyiye götüreceğini düşündüğünüz anda, aksine performansınızı olumsuz etkilediğini fark edebilirsiniz.

Sistematik yapı

1. Diğer bir önemli gereksinim de antrenmanlara sebatla devam etmektir. Gelişme gösterebilmek için, haftada en az 3-4 kez uzun antrenman yapmanız gereklidir.

2. Antrenmanların yoğunluğu, nabız ölçer ve sayaçla kontrol altında tutulmalıdır. Güç ölçen cihazlar (antrenman) yoğunluğunu daha da iyi izleyebilmenize imkân verir.

3. Antrenman programınızın spesifikliği de onu ihtiyaçlarınız doğrultusunda düzenleyebilmeniz açısından önem taşır. Spesifiklik prensibi, eğer bir konuda iyi olmak istiyorsanız, onu yapmanız gerektiği temeline dayanır. Yani eğer zamana karşı yarışlarda arkadaşlarınızı geride bırakmak istiyorsanız, o zaman antrenmanlarda bindiğiniz mesafeleri sürekli artırmanın hiçbir gereği yoktur.

4. Antrenmanlarınız arasındaki dinlenme süreleri, kondisyonunuzu geliştirmek için hayati önem taşır.

Periyodlama

Antrenman yılı (makro döngü), her biri kendine göre hedefler ve yarışlar içeren 5 farklı zaman döngüsüne ayrılmıştır (ara döngüler) ve bu ara döngüler de kendi içlerinde haftalık antrenman döngülerine (mikro döngü) bölünebilir. Bu sürelerin her birinde antrenmanlarınızın kapsamını, yoğunluğunu, sıklığını ve yetenek geliştirme özelliklerini kontrol ederek

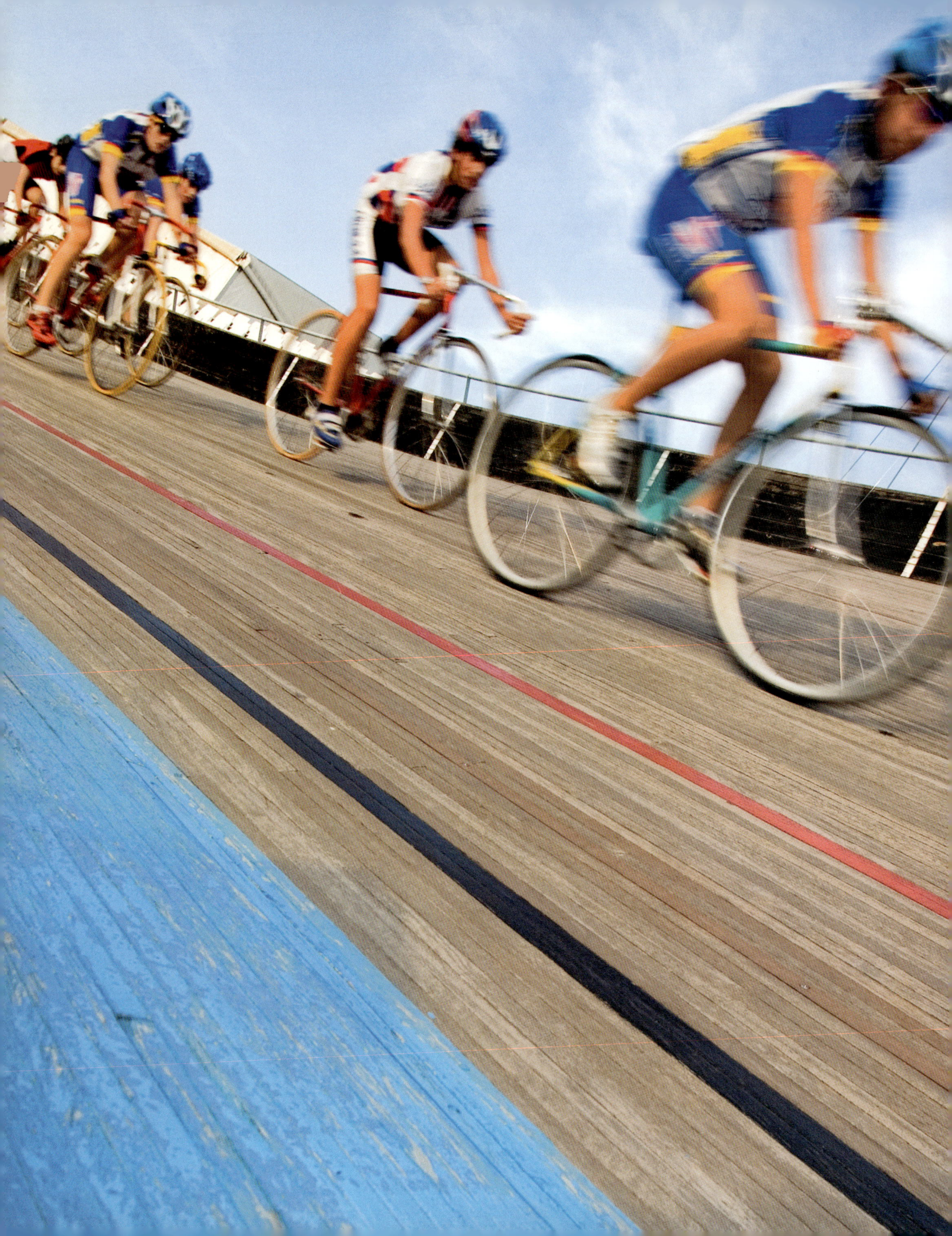

ANTRENMAN PROGRAMLARI

kendinizi performansınızın zirvesine yönlendirmeye çalışırsınız. Ara döngüler şunlardır:

1. *Altyapı oluşturma.* Antrenmanlar genellikle düşük yoğunluklu, aerobik enerji sistemi kullanılan egzersizler şeklindedir; zamanınızın büyük bölümünü 1. Seviye'de geçirirsiniz (Bkz. Antrenman yoğunluk seviyeleri, Sayfa 146-149). Antrenman kapsamı giderek artar ama yine de nispeten düşüktür; böylece bisiklet üzerindeki direnç antrenmanlarına ve serbest ağırlıklarla ya da makinelerle yaptığınız hareketlerle başa çıkabilirsiniz. Haftanın 3 gününü spor salonunda geçirmeniz gerekir. Aerobik performansınızı yüksek tutmak ve vücudunuzun üst kısmıyla gövdenizin genel kuvvet düzeyini korumak amacıyla kültürfizik hareketleri de eklenebilir. Bu dönem genellikle antrenman döngüsünün ilk 6 haftalık kısmı boyunca sürer.

2. *Hazırlık dönemi.* Bu dönemde antrenman kapsamını belirgin oranda artırırsınız. Yoğunluk asıl olarak 2. Seviye'ye geçer, biraz da 3. Seviye'ye yaklaşır (Bkz. Antrenman yoğunluk seviyeleri, Sayfa 146-149). Kültürfizik hareketlerini atlayıp spor salonunda direnç antrenmanlarıyla geçirdiğiniz gün sayısını üçten ikiye düşürürsünüz. Bu dönem, antrenman döngüsünün bir sonraki 6 haftalık kısmını oluşturur.

3. *Özel antrenmanlara geçiş dönemi.* Bu, en iyi durumunuza ulaşmadan önceki son aşamadır. Bu noktada, yarış, programınıza girmeye başlar. Antrenmanlarınız yarışın gerektirdiği noktalara yönelik olmalıdır ve artık sadece aerobik sistemi geliştirmeye odaklı değildir. Gireceğiniz yarışa özel yüksek hızlı denemeler yapmak üzere bir motosikletin arkasından yapacağınız hızlı antrenmanlar giderek daha fazla önem kazanır.

4. *Yarış dönemi:* Bu döneme girdiğiniz zaman mükemmel bir temel kondisyona sahip olmanız gerekir. Sezonun en önemli karşılaşmalarını içeren yarış döneminin süresi değişkenlik gösterir ama elit bir amatör bisikletçi için bu süre birkaç ay boyunca sürebilir. Bu kadar uzun bir sürenin tamamı boyunca performansınızı zirvede tutmanız mümkün değildir. Bu sebepten dolayı, formunuzun zirvesine ulaştıktan sonra birkaç tane toparlanma aşaması planlamalısınız. Daha sonra yeniden yükselişe geçip kondisyonunuza "ince ayar" yapabilirsiniz. Spor salonunda kışın yaptığınız antrenman programının faydalarını sürdürebilmek için serbest ağırlıklarla ve makinelerle haftanın en az bir günü ağırlık çalışmaları üzerine yoğunlaşmalısınız.

5. *Geçiş dönemi.* Bu aşama, sezonunuzun son yarışını da bitirir bitirmez başlar ve yaklaşık bir ay boyunca sürmesi gerekir. Yoğun antrenmanlarla ve yarışla geçen bir sezonun ardından, bisiklet dünyasından duygusal ve fiziksel açıdan biraz da olsa uzaklaşıp dinlenmek için böyle bir döneme gerçekten ihtiyacınız vardır. Günlük kat ettiğiniz mesafeleri ve genel antrenman yoğunluğunuzu ciddi anlamda düşürseniz bile, yollarla bağlantınızı tamamen kesmeyin. Bisikletinizden tamamen inip bir kenara bırakmayın!

ANTRENMAN PROGRAMLARI

Antrenman yoğunluk seviyeleri

Dayanıklılık

Eğer başarılı bir yol bisikletçisi olmak istiyorsanız, dayanıklılık antrenmanlarıyla bisiklete bindiğiniz süreyi her hafta düzenli olarak artırmalısınız. Dayanıklılığınızdaki bu ilerlemeyi, aerobik enerji sistemindeki kondisyonunuzla elde edersiniz. Dayanıklılık antrenmanı, aerobik kapasitenizi geliştiren temel antrenmandır ve bisiklet üzerinde uzun süre boyunca kaldığınızda bile kendinizi rahat hissetmenizi sağlar ve enerjinizi tamamen harcayıp bitirmenizi önler.

Ancak sadece dayanıklılık antrenmanı yaparsanız, zamana karşı yarışlarda, gruptan kopan bisikletçileri takip etmekte ya da yarışta bitiş çizgisine doğru depar atmakta sizi başarıya götürecek patlayıcı kuvvete sahip olamazsınız.

Sezonun hangi zamanında olduğunuz, amaçlarınız, yetenekleriniz, programınız, hava durumu ve çevresel etkiler gibi çok çeşitli faktörler, sele üzerinde geçirebileceğiniz toplam mesafeyi etkileyecektir. Genel bir kural olarak bu antrenmanlardan en uzunu, yarışmayı hedeflediğiniz mesafenin %110'undan fazla olmamalıdır.

Bisikleti çok hızlı sürmeye kendinizi mecbur hissetmeyin; arzu edilen etkiyi yaratmak için maksimum nabzınızın yüzde 60-80'i veya aerobik eşiğinizin yüzde 40-90'ı oranında bir nabız değeri tutturmalısınız. Kalp atışlarınızın yoğunluğunu bir nabız ölçerle ve/veya güç ölçen bir cihazla kontrol edin.

Seviye 1, Yavaş (Y)

Bu seviyede hız düşüktür ve her antrenman programının temelidir. Genel direncinizi geliştirir ve bisikletiniz üzerinde uzun süre oturmaya alışmanızı sağlar. Antrenman sürenizin büyük çoğunluğunu bu yoğunluk bölgesinde geçirmeniz gerekir. Yüksek yoğunluklu antrenmanlardan sonra aktif dinlenme için de hayati önemi vardır.

Bu yoğunluktaki antrenmanların süresi bir amatör için en az 1 saatten en çok 5 saate kadar uzayabilir. Profesyonel bisikletçiler bazen bu yoğunlukta 7 saate kadar antrenman yapabilirler. Bu tür antrenmanların yoğunluğu, maksimum nabzın yüzde 65-80'i ya da anaerobik eşikteki güç seviyenizin %40-70'i kadardır.

Seviye 1'de uzun süreli bir bisiklete binme antrenmanı, haftada en az bir sefer yapılmalı ve vücut sisteminde aşağıdaki noktaları başarmayı hedeflemelidir:

1. Vücudun enerji kaynağı olarak yağları kullanma yeteneğini geliştirmek. Bu özellikle uzun yarışlar için çok faydalıdır.

2. Dolaşım sistemini geliştirmek (kanın kılcal damarlarınızda ve atardamarlarınızda kolayca akmasını sağlamak ve bu yolla oksijeni akciğerlerinizden dokulara taşımak, atık ürünleri de dokulardan alıp ciğerlere ve böbreklere ulaştırmak, vücudunuzun hücrelerine yeni kan ve dolayısıyla oksijen/yakıt getirmek).

3. Daha da önemlisi, düşük yoğunluklu bu seviye, sinir ve kas sisteminizin verimliliğini artırır ve bu sebeple temel yeteneklerinizi geliştirmek, bisiklete biniş tekniğinizi ayarlamak ve vücudunuzun sele üzerinde geçireceği uzun zamanlara alışmasını sağlamak için idealdir. Seviye 1 antrenmanlar esnasında, düz yolda 90-100 devir civarında yüksek pedal devri kullanılarak akıcı ve etkili bir pedal çevirme tekniği geliştirilebilir.

Seviye 2, Orta (O)

Bu seviye orta hızdadır ve bir bisikletçi olarak performansınızı belirleyen ana biyolojik mekanizmaların üzerine yük bindiren antrenman yoğunluğundadır. Vücudunuz için Seviye 1'den daha zorlayıcı bir çaba gerektirir. Bu seviye dayanıklılığınızı geliştirecek, özellikle de enerji metabolizmanızı baskı altındayken üst düzeye çıkarma yeteneğinizi ilerletecektir.

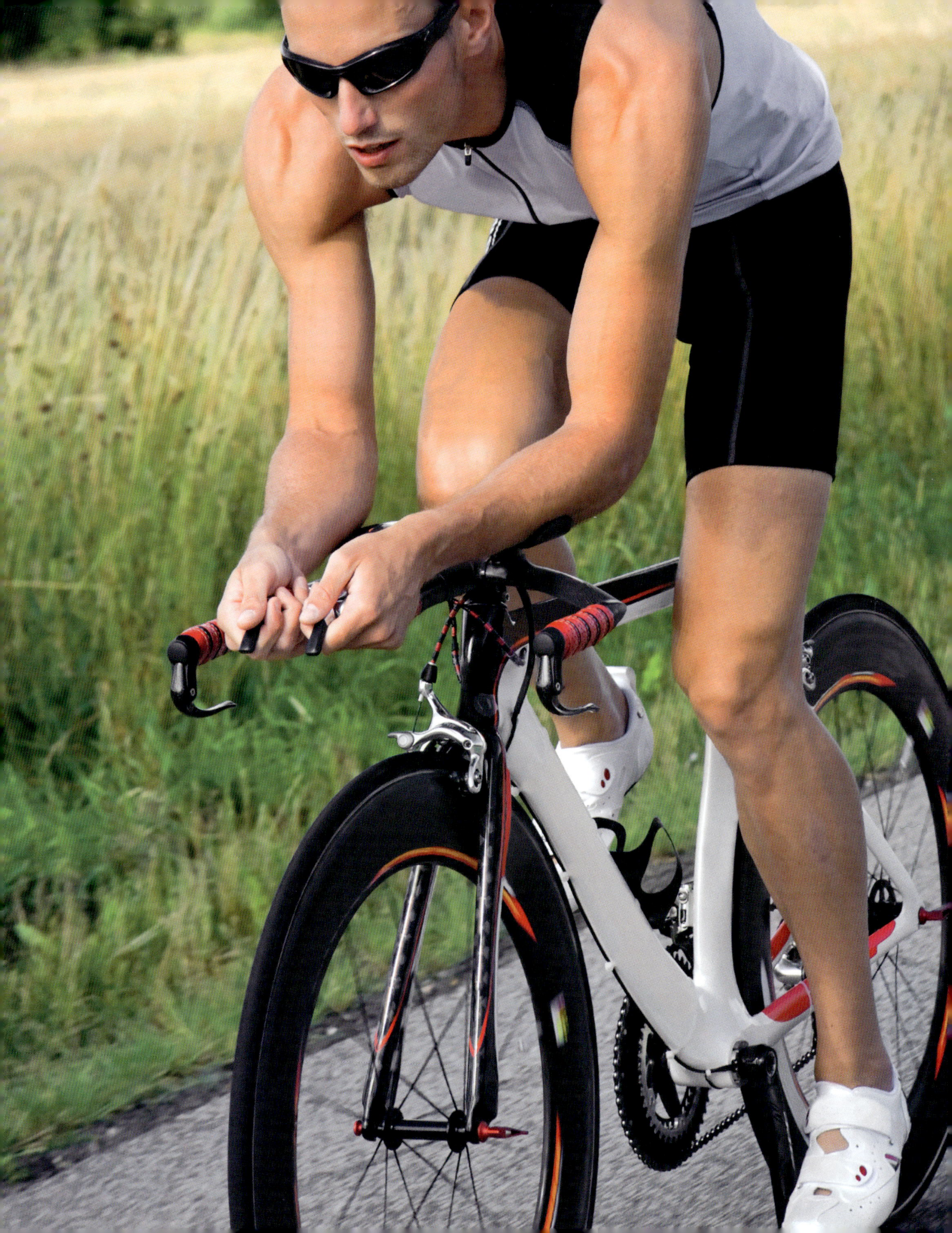

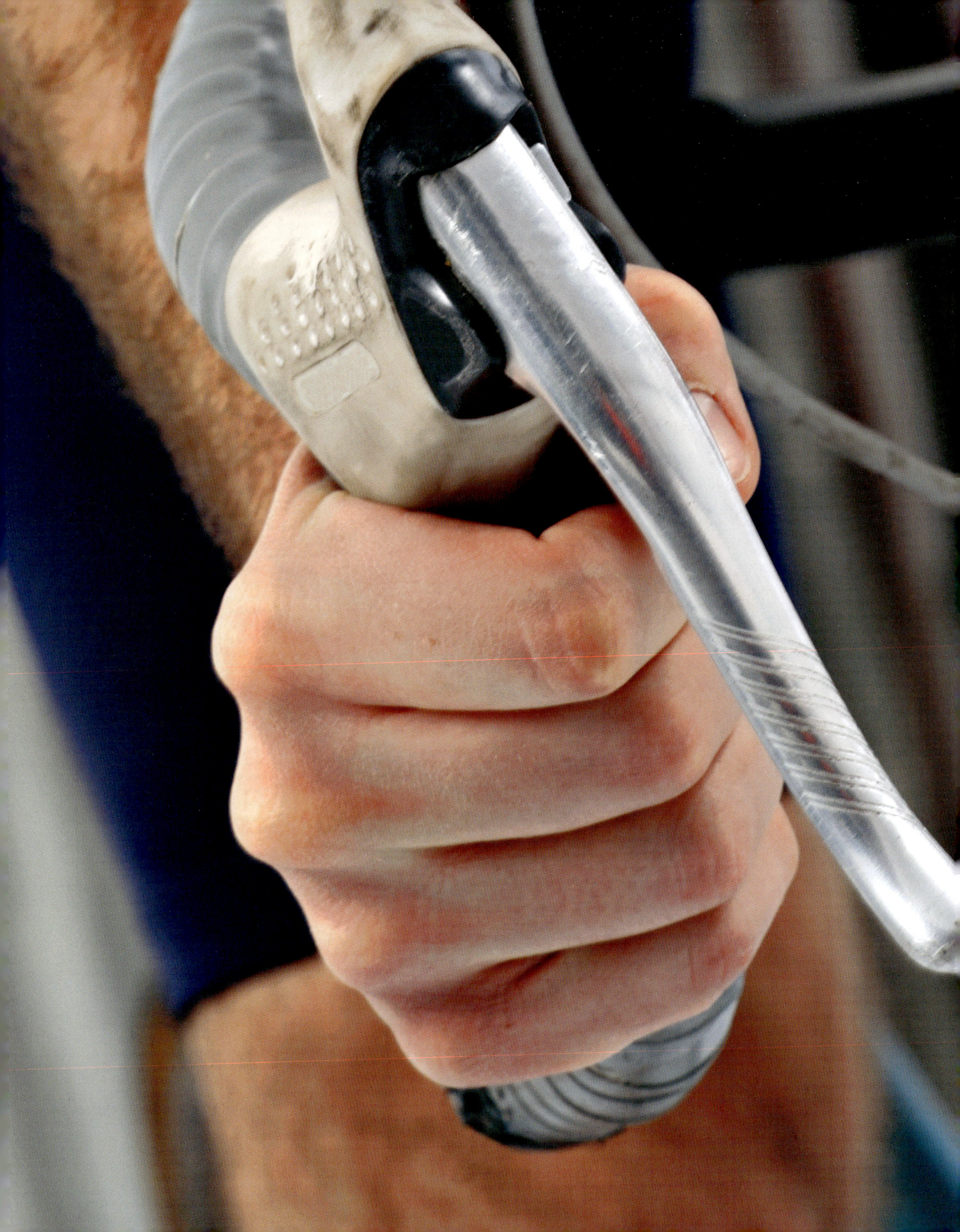

Seviye 2'de uygun bir antrenman yükü (kapsamı) olmadan kalıcı ilerleme sağlamanız mümkün değildir. Hızlı pedal çevirdiğiniz ve yokuş çıktığınız özel antrenmanların çoğu Seviye 2 içinde yapılır. Seviye 2'deki antrenmanlar, maksimum nabzınızın %80-90'ında ya da anaerobik eşiğinizin %70-90'ında binilen 1 ile 2 saatlik bloklardan oluşur. Nefes alıp verme hızı daha ritmik ve fark edilir ölçüde daha derin olur. Konuşmanız mümkündür ama nefes alıp verme düzeninizi yeniden tutturmak için sık sık ara vermeniz gerekir. Hedefler şunlardır:

1. Dolaşım sistemine daha çok oksijen taşıyarak, solunum sistemini geliştirmek.

2. Vücudun yakıt kaynağı olarak her derde deva karbonhidratlar yerine öncelikli tercih olarak yağları kullanma yeteneğini geliştirmek.

3. Vücudunuzun çalışan kaslarınız içindeki kas liflerinden sürekli olarak daha fazlasını kullanması ve böylece kaslardaki glikojenin yeteri kadar depolanabilmesini sağlamak.

Tempo antrenmanı
Tempo antrenmanları Seviye 3 antrenmanlardır. Dayanıklılık antrenmanlarıyla oluşturduğunuz iyi bir aerobik kapasiteniz, eksiğiniz olan şey bu yoğunlukta bir antrenman türü olabilir.

Seviye 3, Tempo (T)
Bu seviye yüksek hızlıdır. Seviye 2'den bir basamak daha üst yoğunluktadır. Bu seviye, maksimum nabzın %90-95 kadarı ile anaerobik eşiğinizin %90-100'ü gibi bir değer arasında gidip gelir. Bu seviyenin amacı anaerobik eşiğinizi giderek artırmak ve aşırı laktik asit birikimini önlemektir. Bu seviyedeki antrenmanlar normalde en fazla 40 dakika boyunca sürdürülebilir.

Bu antrenman, hem 20 ile 180 saniye uzunluğunda kısa aralıklarla, hem de 3 ile 20 dakikalık uzun aralıklarla aerobik interval antrenman yapılabilir. Özellikle soğuk kış günlerinde ve dağlık bir alanda antrenman yapmanıza imkân olmadığı durumlarda bir ergometre yardımıyla çok verimli bir şekilde yapılabilir. Seviye 3 antrenmanları ciddi konsantrasyon gerektirir ve fiziksel olarak çok zorlayıcıdır.

- Seviye 3 antrenmanları, vücudunuzun çalışan kaslara oksijen taşıma yeteneği üzerine ciddi bir yük bindirir.

- Eşit derecede önemli başka bir nokta da kaslarda aşırı hızlı çalışma durumunda ortaya çıkan ve bitkinliğe neden olan süreçleri kontrol eden mekanizmaları zorlamasıdır.

- Seviye 3'teki antrenmanları yapmak, pek çok yarış esnasında karşılaşacağınız fiziksel yüklere vücudunuzu alıştıracaktır.

Interval antrenmanlar

Seviye 4, Maksimum (M)
Bu düzey en yüksek hızdadır. Seviye 4 antrenmanları, yoğun çaba ve toparlanma intervallerinin tekrarlanması üzerine kurulur ve antrenman yoğunluğu maksimum nabızda ya da ona çok yakın bir hızdadır. Seviye 4'teki antrenmanları yapmak, kritik eşiğinizin üzerinde yoğunluklu aralıklarla çalışmanızı gerektirir, dolayısıyla sabit bir egzersiz yapısı fiziksel olarak mümkün değildir.

Bu tür antrenmanların amacı, vücudunuzun, oksijenin kas hücrelerine yeteri kadar hızlı bir şekilde iletilmediği yoğunluk düzeylerinde çalışabilme yeteneğini geliştirmektir. Hücreler, kandan iletilen oksijen yerine kendi içlerinde saklanan yakıtları kullanacaklardır. Bu da laktik asit birikmesine sebep olur ve kas liflerinin yıkılmasına (bitkinlik durumu) yol açar. Seviye 4'teki antrenmanlar hem fiziksel hem de ruhsal açıdan en zorlayıcı antrenmanlardır ama Seviye 2 ve 3'teki hayati önem taşıyan dayanıklılık antrenmanlarının yerini alamazlar.

Antrenman programları

1. Hafta için antrenman programı (Altyapı oluşturma döneminin 1. haftası)

Gün	Antrenman tanımı	Yoğunluk düzeyi	Saat	Güç antrenmanı
Pazartesi	Güç antrenmanı sonrası çevikliğin geri kazanımı, 95-110 devir arası pedal temposu	1	1	Evet
Salı	2x5-10 dk (O) seviye dayanıklılık antrenmanı; yokuş yukarı 80-90 devir, düz yolda 90-100 devir pedal temposu	1-2	2	
Çarşamba	Güç antrenmanı sonrası çevikliğin geri kazanımı, 100-110 devir arası pedal temposu	1	1	Evet
Perşembe	Dinlenme			
Cuma	Güç antrenmanı sonrası çevikliğin geri kazanımı, 90-100 devir arası pedal temposu	1	1	Evet
Cumartesi	3x7 dk (O) seviye dayanıklılık antrenmanı. Yokuş yukarı 80-90 devir ve/veya düz yolda 100 devir gibi yüksek bir pedal temposunu korumaya odaklanın.	1-2	3	
Pazar	Yarış bisikleti dışında bir dayanıklılık antrenmanı (dağ bisikleti, dağ yürüyüşü, koşma, kros kayağı gibi)	1-2	2-2,5	

2. Hafta için antrenman programı (Altyapı oluşturma döneminin 2. haftası)

Gün	Antrenman tanımı	Yoğunluk düzeyi	Saat	Kuvvet antrenmanı
Pazartesi	Güç antrenmanı sonrası çevikliğin geri kazanımı, 95-110 devir arası pedal temposu	1	1	Evet
Salı	5 adet 20 saniyelik yokuş aşağı depar ve 2x10 dk (O) seviye dayanıklılık antrenmanı; yokuş yukarı 60-70 devir, düz yolda 95-100 devir pedal temposu	1-2	2,5	
Çarşamba	Güç antrenmanı sonrası çevikliğin geri kazanımı, 90-100 devir arası pedal temposu	1	1	Evet
Perşembe	Dinlenme			
Cuma	Güç antrenmanı sonrası çevikliğin geri kazanımı, 90-100 devir arası pedal temposu	1	1	Evet
Cumartesi	3x10 dk (O) seviye dayanıklılık antrenmanı. Yokuş yukarı 80-90 devir ve/veya düz yolda 100 devir gibi yüksek bir pedal temposunu korumaya odaklanın.	1-2	3,5	
Pazar	Yarış bisikleti dışında bir dayanıklılık antrenmanı (dağ bisikleti, dağ yürüyüşü, koşma, kros kayağı gibi), bu esnada 1-3 dakikalık kısa ve yoğun bir efor gösterilebilir (T)	1-3	3	

3. Hafta için antrenman programı (Altyapı oluşturma döneminin 3. haftası)

Gün	Antrenman tanımı	Yoğunluk düzeyi	Saat	Güç antrenmanı
Pazartesi	Güç antrenmanı sonrası çevikliğin geri kazanımı, 95-110 devir arası pedal temposu	1	1	Evet
Salı	Basit dayanıklılık antrenmanı, 85-100 devir pedal temposu	1	1,5	
Çarşamba	Güç antrenmanı sonrası çevikliğin geri kazanımı, 100-110 devir arası pedal temposu	1	0,5	Evet
Perşembe	Dinlenme			
Cuma	Güç antrenmanı sonrası çevikliğin geri kazanımı, 90-100 devir arası pedal temposu	1	2,5	Evet
Cumartesi	3x5 dk (O) seviye dayanıklılık antrenmanı. Yokuş yukarı 80-90 devir ve/veya düz yolda 100 devir gibi yüksek bir pedal temposunu korumaya odaklanın.	1-2	2	
Pazar	Yarış bisikleti dışında bir dayanıklılık antrenmanı (dağ bisikleti, dağ yürüyüşü, koşma, kros kayağı gibi)	1-2	3	

4. Hafta için antrenman programı (Altyapı oluşturma döneminin 4. haftası)

Gün	Antrenman tanımı	Yoğunluk düzeyi	Saat	Kuvvet antrenmanı
Pazartesi	Güç antrenmanı sonrası çevikliğin geri kazanımı, 95-110 devir arası pedal temposu	1	1	Evet
Salı	5 adet 20 saniyelik yokuş aşağı depar ve 3x10 dk (O) seviye dayanıklılık antrenmanı; yokuş yukarı 60-70 devir, düz yolda 95-100 devir pedal temposu	1-2	3	
Çarşamba	Güç antrenmanı sonrası çevikliğin geri kazanımı, 90-100 devir arası pedal temposu	1	2	Evet
Perşembe	Dinlenme			
Cuma	Güç antrenmanı sonrası çevikliğin geri kazanımı, 100-110 devir arası pedal temposu	1	2	Evet
Cumartesi	5 adet 20 saniyelik yokuş aşağı depar ve 3x12 dk (O) ve 1 dk (T) seviye dayanıklılık antrenmanı; yokuş yukarı 80-90 devir ve/veya düz yolda 100 devir gibi yüksek bir pedal temposunu korumaya odaklanın.	1-2-3	3,5	
Pazar	Yarış bisikleti dışında bir dayanıklılık antrenmanı (dağ bisikleti, dağ yürüyüşü, koşma, kros kayağı gibi), bu esnada 1-3 dakikalık kısa ve yoğun eforlar gösterilebilir (T)	1-2-3	3,5	

5. Hafta için antrenman programı (Altyapı oluşturma döneminin 5. haftası)

Gün	Antrenman tanımı	Yoğunluk düzeyi	Saat	Kuvvet antrenmanı
Pazartesi	Güç antrenmanı sonrası çevikliğin geri kazanımı, 95-110 devir arası pedal temposu	1	2	Evet
Salı	6 adet 20 saniyelik yokuş aşağı depar ve 4x10 dk (O) seviye dayanıklılık antrenmanı; yokuş yukarı 60-70 devir, düz yolda 95-100 devir pedal temposu	1-2	3,5	
Çarşamba	Güç antrenmanı sonrası çevikliğin geri kazanımı, 90-100 devir arası pedal temposu	1	1	Evet
Perşembe	Dinlenme			
Cuma	Güç antrenmanı sonrası çevikliğin geri kazanımı, 100-115 devir arası pedal temposu	1	2	Evet
Cumartesi	6 adet 20 saniyelik yokuş aşağı depar ve 3x15 dk (O) ve 1 dk (T) seviye dayanıklılık antrenmanı; yokuş yukarı 80-90 devir ve/veya düz yolda 100 devir gibi yüksek bir pedal temposunu korumaya odaklanın.	1-2-3	4	
Pazar	Yarış bisikleti dışında bir dayanıklılık antrenmanı (dağ bisikleti, dağ yürüyüşü, koşma, kros kayağı gibi), bu esnada 1-3 dakikalık kısa ve yoğun eforlar gösterilebilir (T)	1-2-3	4	

6. Hafta için antrenman programı (Altyapı oluşturma döneminin 6. haftası)

Gün	Antrenman tanımı	Yoğunluk düzeyi	Saat	Kuvvet antrenmanı
Pazartesi	Güç antrenmanı sonrası çevikliğin geri kazanımı, 95-110 devir arası pedal temposu	1	1	Evet
Salı	Basit dayanıklılık antrenmanı, 85-100 devir pedal temposu	1	2	
Çarşamba	Güç antrenmanı sonrası çevikliğin geri kazanımı, 100-110 devir arası pedal temposu	1	0,5	Evet
Perşembe	Dinlenme			
Cuma	Güç antrenmanı sonrası çevikliğin geri kazanımı, 90-100 devir arası pedal temposu	1	1	Evet
Cumartesi	3x5 dk (O) seviye dayanıklılık antrenmanı; yokuş yukarı 80-90 devir ve/veya düz yolda 100 devir gibi yüksek bir pedal temposunu korumaya odaklanın.	1-2	2,5	
Pazar	Yarış bisikleti dışında bir dayanıklılık antrenmanı (dağ bisikleti, dağ yürüyüşü, koşma, kros kayağı gibi)	1-2	2,5	

7. Hafta için antrenman programı (Hazırlık aşamasının 1. haftası)

Gün	Antrenman tanımı	Yoğunluk düzeyi	Saat	Kuvvet antrenmanı
Pazartesi	Güç antrenmanı sonrası çevikliğin geri kazanımı, 95-110 devir arası pedal temposu	1	1,5	Evet
Salı	10x20 sn T ve yokuş yukarı 40 sn (Y-O) seviyesinde 2 seri aerobik interval antrenmanı. T'de pedal temposu 40 devir ile 70 devir arası ve (Y-O)'da 50-70 devir arası. Seriler arasında 10 dk (Y). (T) seviyesinde güç düzeyleri anaerobik eşiğin yüzde 200'üne kadar çıkmalı. Ama nabız anaerobik eşiği geçmemeli! Daha sonra düz bir yolda maksimum hızla 3x15 sn'lik deparlardan oluşan 2 seri ve seriler arasında 52-53x14,5 dk aktif dinlenme (Y) ile seriler arasında 10 dk süre. 20 km/s (12 mil/s) hızla giderken sıçrayın.	1-2-3-4	3	
Çarşamba	3x15 dk (O) - 3 dk (T) şeklinde dayanıklılık antrenmanı. 5 dk dönüşümlü şekilde 60 ve 90 devir pedal temposu arasında geçiş yapın. 2 seri yokuş yukarı, 1 seri düz yolda (90 devir hızda 3 dk (T)).	1-2-3	3,5	Evet
Perşembe	Dinlenme			
Cuma	Güç antrenmanı sonrası çevikliğin geri kazanımı, 100-115 devir arası pedal temposu	1	1,5	Evet
Cumartesi	10x20 sn (T) ve yokuş yukarı 40 sn (Y-O) seviyesinde 2 seri aerobik interval antrenmanı. (T)'de pedal temposu 40 devir ile 70 devir arası ve (Y-O)'da 50-70 devir arası. Seriler arasında 10 dk (Y). (T) seviyesinde güç düzeyleri anaerobik eşiğin yüzde 200'üne kadar çıkmalı. Ama nabız anaerobik eşiği geçmemeli! Daha sonra düz bir yolda maksimum hızla 3x15 sn'lik deparlardan oluşan 2 seri ve seriler arasında 52-53x14,5 dk aktif dinlenme (Y) ile seriler arasında 10 dk süre. 20 km/s (12 mil/s) hızla giderken sıçrayın.	1-2-3-4	3,5	
Pazar	6 adet 20 saniyelik yokuş aşağı depar ve 3x15 dk (O) ve 3 dk (T) seviye dayanıklılık antrenmanı; yokuş yukarı 80-90 devir ve/veya düz yolda 100 devir gibi yüksek bir pedal temposunu korumaya odaklanın.	1-2-3	4	

8. Hafta için antrenman programı (Hazırlık aşamasının 2. haftası)

Gün	Antrenman tanımı	Yoğunluk düzeyi	Saat	Kuvvet antrenmanı
Pazartesi	Güç antrenmanı sonrası çevikliğin geri kazanımı, 95-110 devir arası pedal temposu	1	1,5	Evet
Salı	10x20 sn (T) ve yokuş yukarı 40 sn (Y-O) seviyesinde 3 seri aerobik interval antrenmanı. (T)'de pedal temposu 40 devir ile 70 devir arası ve (Y-O)'da 50-70 devir arası. Seriler arasında 10 dk (Y. T) seviyesinde güç düzeyleri anaerobik eşiğin %200'üne kadar çıkmalı. Ama nabız anaerobik eşiği geçmemeli! Daha sonra düz bir yolda maksimum hızla 3x20 sn'lik deparlardan oluşan 2 seri ve seriler arasında 52-53x14,5 dk aktif dinlenme (L) ile seriler arasında 10 dk süre. 20 km/s (12 mil/s) hızla giderken sıçrayın.	1-2-3-4	3	
Çarşamba	3x20 dk (O) - 3 dk (T) şeklinde dayanıklılık antrenmanı. 5 dk dönüşümlü şekilde 60 ve 90 devir pedal temposu arasında geçiş yapın. 2 seri yokuş yukarı, 1 seri düz yolda (90 devir hızda 3 dk (T)).	1-2-3	4	Evet
Perşembe	Dinlenme			
Cuma	Güç antrenmanı sonrası çevikliğin geri kazanımı, 100-115 devir arası pedal temposu	1	1,5	Evet
Cumartesi	10x20 sn (T) ve yokuş yukarı 40 sn (Y-O) seviyesinde 3 seri aerobik interval antrenmanı. (T)'de pedal temposu 40 devir ile 70 devir arası ve (Y-O)'da 50-70 devir arası. Seriler arasında 10 dk (L). (T) seviyesinde güç düzeyleri anaerobik eşiğin %200'üne kadar çıkmalı. Ama nabız anaerobik eşiği geçmemeli! Daha sonra düz bir yolda maksimum hızla 3x20 sn'lik deparlardan oluşan 2 seri ve seriler arasında 52-53x14,5 dk aktif dinlenme (Y) ile seriler arasında 10 dk süre. 20 km/s (12 mil/s) hızla giderken sıçrayın.	1-2-3-4	3,5	
Pazar	6 adet 20 saniyelik yokuş aşağı depar ve 3x15 dk (O) ve 3 dk (T) seviye dayanıklılık antrenmanı; yokuş yukarı 80-90 devir ve/veya düz yolda 100 devir gibi yüksek bir pedal temposunu korumaya odaklanın.	1-2-3	4,5	

ANTRENMAN PROGRAMLARI

9. Hafta için antrenman programı (Hazırlık aşamasının 3. haftası)

Gün	Antrenman tanımı	Yoğunluk düzeyi	Saat	Kuvvet antrenmanı
Pazartesi	Basit dayanıklılık antrenmanı; 80-90 devir pedal temposu	1	1,5	Evet
Salı	Laboratuvarda ya da saha testinde laktat eşiği testi	1-2-3-4	1	
Çarşamba	3x10 dk (O) seviyesinde dayanıklılık antrenmanı. Yokuş yukarı 80-90 devir ve/veya düz yolda 100 devir gibi yüksek bir pedal temposunu korumaya odaklanın.	1-2-3	2,5	
Perşembe	Dinlenme			
Cuma	Güç antrenmanı sonrası çevikliğin geri kazanımı, 100-115 devir arası pedal temposu	1	1	Evet
Cumartesi	5x20 sn (T) ve yokuş yukarı 40 sn (Y-O) seviyesinde 3 seri aerobik interval antrenmanı. (T)'de pedal temposu 40 devir ile 70 devir arası ve (Y-O)'da 50-70 devir arası. Seriler arasında 10 dk (Y). (T) seviyesinde güç düzeyleri anaerobik eşiğin %200'üne kadar çıkmalı. Ama nabız anaerobik eşiği geçmemeli! Daha sonra düz bir yolda maksimum hızla 3x15 sn'lik deparlardan oluşan 2 seri ve seriler arasında 52-53x14,5 dk aktif dinlenme (Y) ile seriler arasında 10 dk süre. 20 km/s (12 mil/s) hızla giderken sıçrayın.	1-2-3-4	2	
Pazar	3x10 dk (O) ve 1 dk (T) seviyesinde dayanıklılık antrenmanı. Yokuş yukarı 80-90 devir ve/veya düz yolda 100 devir gibi yüksek bir pedal temposunu korumaya odaklanın.	1-2-3	2,5	

10. Hafta için antrenman programı (Hazırlık aşamasının 4. haftası)

Gün	Antrenman tanımı	Yoğunluk düzeyi	Saat	Kuvvet antrenmanı
Pazartesi	Güç antrenmanı sonrası çevikliğin geri kazanımı, 95-110 devir arası pedal temposu	1	1,5	Evet
Salı	10x20 sn (T) ve yokuş yukarı 40 sn (Y-O) seviyesinde 4 seri aerobik interval antrenmanı. (T)'de pedal temposu 40 devir ile 70 devir arası ve (Y-O)'da 50-70 devir arası. Seriler arasında 10 dk (Y). (T) seviyesinde güç düzeyleri anaerobik eşiğin yüzde 200'üne kadar çıkmalı. Ama nabız anaerobik eşiği geçmemeli! Daha sonra düz bir yolda maksimum hızla 4x20 sn'lik deparlardan oluşan 2 seri ve seriler arasında 52-53x14,5 dk aktif dinlenme (Y) ile seriler arasında 10 dk süre. 20 km/s (12 mil/s) hızla giderken sıçrayın.	1-2-3-4	3,5	
Çarşamba	3x25 dk (O) - 5 dk (T) şeklinde dayanıklılık antrenmanı. 5 dk dönüşümlü şekilde 60 ve 90 devir pedal temposu arasında geçiş yapın.	1-2-3	4	
Perşembe	Dinlenme			
Cuma	Güç antrenmanı sonrası çevikliğin geri kazanımı, 100-115 devir arası pedal temposu	1	1,5	Evet
Cumartesi	10x20 sn (T) ve yokuş yukarı 40 sn (Y-O) seviyesinde 4 seri aerobik interval antrenmanı. (T)'de pedal temposu 40 devir ile 70 devir arası ve (Y-O)'da 50-70 devir arası. Seriler arasında 10 dk (Y). (T) seviyesinde güç düzeyleri anaerobik eşiğin %200'üne kadar çıkmalı. Ama nabız anaerobik eşiği geçmemeli! Daha sonra düz bir yolda maksimum hızla 4x20 sn'lik deparlardan oluşan 2 seri ve seriler arasında 52-53x14,5 dk aktif dinlenme (Y) ile seriler arasında 10 dk süre. 20 km/s (12 mil/s) hızla giderken sıçrayın.	1-2-3-4	4	
Pazar	6 adet 20 saniyelik yokuş aşağı depar ve 3x20 dk (O) ve 3 dk (T) seviye dayanıklılık antrenmanı; yokuş yukarı 80-90 devir ve/veya düz yolda 100 devir gibi yüksek bir pedal temposunu korumaya odaklanın.	1-2-3	4,5	

11. Hafta için antrenman programı (Hazırlık aşamasının 5. haftası)

Gün	Antrenman tanımı	Yoğunluk düzeyi	Saat	Kuvvet antrenmanı
Pazartesi	Güç antrenmanı sonrası çevikliğin geri kazanımı, 95-110 devir arası pedal temposu	1	1,5	Evet
Salı	10x20 sn (T) ve yokuş yukarı 40 sn (Y-O) seviyesinde 4 seri aerobik interval antrenmanı. (T)'de pedal temposu 40 devir ile 70 devir arası ve (Y-O)'da 50-70 devir arası. Seriler arasında 10 dk (Y). (T) seviyesinde güç düzeyleri anaerobik eşiğin %200'üne kadar çıkmalı. Ama nabız anaerobik eşiği geçmemeli! Daha sonra düz bir yolda maksimum hızla 4x20 sn'lik deparlardan oluşan 2 seri ve seriler arasında 52-53x13,5 dk aktif dinlenme (Y) ile seriler arasında 10 dk süre. 20 km/s (12 mil/s) hızla giderken sıçrayın.	1-2-3-4	4	
Çarşamba	3x30 dk (O) - 5 dk (T) şeklinde dayanıklılık antrenmanı. 5 dk dönüşümlü şekilde 60 ve 90 devir pedal temposu arasında geçiş yapın. 2 seri yokuş yukarı, 1 seri düz yolda.	1-2-3	4,5	
Perşembe	Dinlenme			
Cuma	Güç antrenmanı sonrası çevikliğin geri kazanımı, 100-115 devir arası pedal temposu	1	1,5	Evet
Cumartesi	10x20 sn (T) ve yokuş yukarı 40 sn (Y-O) seviyesinde 4 seri aerobik interval antrenmanı. (T)'de pedal temposu 40 devir ile 70 devir arası ve (Y-O)'da 50-70 devir arası. Seriler arasında 10 dk (Y). (T) seviyesinde güç düzeyleri anaerobik eşiğin %200'üne kadar çıkmalı. Ama nabız anaerobik eşiği geçmemeli! Daha sonra düz bir yolda maksimum hızla 4x20 sn'lik deparlardan oluşan 2 seri ve seriler arasında 52-53x13,5 dk aktif dinlenme (Y) ile seriler arasında 10 dk süre. 20 km/s (12 mil/s) hızla giderken sıçrayın.	1-2-3-4	4	
Pazar	6 adet 20 saniyelik yokuş aşağı depar ve 3x25 dk (O) ve 3 dk (T) seviye dayanıklılık antrenmanı; yokuş yukarı 80-90 devir ve/veya düz yolda 100 devir gibi yüksek bir pedal temposunu korumaya odaklanın.	1-2-3	5	

12. Hafta için antrenman programı (Hazırlık aşamasının 6. haftası)

Gün	Antrenman tanımı	Yoğunluk düzeyi	Saat	Kuvvet antrenmanı
Pazartesi	Güç antrenmanı sonrası çevikliğin geri kazanımı, 90-100 devir arası pedal temposu	1	1	Evet
Salı	10x20 sn (T) ve yokuş yukarı 40 sn (Y-O) seviyesinde 2 seri aerobik interval antrenmanı. (T)'de pedal temposu 40 devir ile 70 devir arası ve (Y-O)'da 50-70 devir arası. Seriler arasında 10 dk (Y). (T) seviyesinde güç düzeyleri anaerobik eşiğin %200'üne kadar çıkmalı. Ama nabız anaerobik eşiği geçmemeli! Daha sonra düz bir yolda maksimum hızla 3x20 sn'lik deparlardan oluşan 1 seri ve seriler arasında 52-53x13,1 dk aktif dinlenme (Y) ile seriler arasında 10 dk süre. 20 km/s (12 mil/s) hızla giderken sıçrayın.	1-2-3-4	2	
Çarşamba	3x10 dk (O) seviyesinde dayanıklılık antrenmanı. Yokuş yukarı 80-90 devir ve/veya düz yolda 100 devir gibi yüksek bir pedal temposunu korumaya odaklanın.	1-2-3	2,5	
Perşembe	Dinlenme			
Cuma	Güç antrenmanı sonrası çevikliğin geri kazanımı, 100-115 devir arası pedal temposu	1	1	Evet
Cumartesi	10x20 sn (T) ve yokuş yukarı 40 sn (Y-O) seviyesinde 2 seri aerobik interval antrenmanı. (T)'de pedal temposu 40 devir ile 70 devir arası ve (Y-O)'da 50-70 devir arası. Seriler arasında 10 dk (Y). (T) seviyesinde güç düzeyleri anaerobik eşiğin %200'üne kadar çıkmalı. Ama nabız anaerobik eşiği geçmemeli! Daha sonra düz bir yolda maksimum hızla 3x20 sn'lik deparlardan oluşan 1 seri ve seriler arasında 52-53x13,1 dk aktif dinlenme (Y) ile seriler arasında 10 dk süre. 20 km/s (12 mil/s) hızla giderken sıçrayın.	1-2-3-4	2	
Pazar	3x10 dk (O) ve 1 dk (T) seviyesinde dayanıklılık antrenmanı. Yokuş yukarı 80-90 devir ve/veya düz yolda 100 devir gibi yüksek bir pedal temposunu korumaya odaklanın.	1-2-3	2,5	

ANTRENMAN PROGRAMLARI

13. Hafta için antrenman programı (Özel antrenmanlara geçiş döneminin 1. haftası)

Gün	Antrenman tanımı	Yoğunluk düzeyi	Saat	Kuvvet antrenmanı
Pazartesi	Spor salonunda güç antrenmanından sonra yokuş yukarı depar antrenmanı; 5x12 sn süreli 2 seri. Egzersize bisikletinizi çok yavaş sürerek başlayın ve neredeyse duracakken aniden fırlayın, yokuşun sonuna kadar bütün yol boyunca oturur durumda kalarak depar atın. Her bir yokuş deparından sonra, kaslarınızdaki gerginliği boşaltmak için 2 dk dinlenin. Seriler arasında 10 dk (Y).	1-4	2	Evet
Salı	4 dk (T) 50 devir ve 4 dk (T) 90 devir hızda yokuş yukarı 4 seriden oluşan aerobik interval antrenman, seriler arasında 10 dk (Y). Sonra interval antrenman; düz bir yolda 52-53x13 ve maksimum hızda 4x20 sn süreli 1 seri depar. Deparlar arasında 1 dk 40 sn ve seriler arasında 10 dk aktif dinlenme (Y). 20 km/s (12 mil/s) hızla sürerken aniden fırlayın.	1-3-4	3	
Çarşamba	3x30 dk (O) dayanıklılık antrenmanı. Yokuş yukarı 80-90 devir ve/veya düz yolda 100 devir gibi yüksek bir pedal temposunu korumaya odaklanın.	1-2	4	
Perşembe	Dinlenme			
Cuma	Spor salonunda güç antrenmanından sonra yokuş yukarı depar antrenmanı; 5x12 sn süreli 2 seri. Egzersize bisikletinizi çok yavaş sürerek başlayın ve neredeyse duracakken aniden fırlayın, yokuşun sonuna kadar bütün yol boyunca oturur durumda kalarak depar atın. Her bir yokuş deparından sonra, kaslarınızdaki gerginliği boşaltmak için 2 dk dinlenin. Seriler arasında 10 dk (Y).	1-4	2	Evet
Cumartesi	4 dk (T) 50 devir ve 4 dk (T) 90 devir hızda yokuş yukarı 4 seriden oluşan aerobik interval antrenman, seriler arasında 10 dk (Y). Sonra interval antrenman; düz bir yolda 52-53x13 ve maksimum hızda 4x20 sn süreli 1 seri depar. Deparlar arasında 1 dk 40 sn ve seriler arasında 10 dk aktif dinlenme (Y). 20 km/s (12 mil/s) hızla sürerken aniden fırlayın.	1-3-4	3	
Pazar	3x25 dk (O) - 5 dk (T) dayanıklılık antrenmanı. Yokuş yukarı 80-90 devir gibi yüksek bir pedal temposunu koruyarak 2 seri yapın. Antrenmanın ikinci kısmında, 25 dk (O) ve 5 dk (T) serisini bir motosikletin arkasında giderken ve 105-110 devir gibi bir pedal temposunu koruyarak yapın.	1-2-3	4,5	

ANTRENMAN PROGRAMLARI

14. Hafta için antrenman programı (Özel antrenmanlara geçiş döneminin 2. haftası)

Gün	Antrenman tanımı	Yoğunluk düzeyi	Saat	Kuvvet antrenmanı
Pazartesi	Basit dayanıklılık antrenmanı	1	1,5	
Salı	Spor salonunda güç antrenmanından sonra yokuş yukarı depar antrenmanı; 6x12 sn süreli 2 seri. Egzersize bisikletinizi çok yavaş sürerek başlayın ve neredeyse duracakken aniden fırlayın, yokuşun sonuna kadar bütün yol boyunca oturur durumda kalarak depar atın. Her bir yokuş deparından sonra, kaslarınızdaki gerginliği boşaltmak için 2 dk dinlenin. Seriler arasında 10 dk (Y).	1-4	2	Evet
Çarşamba	3x20 dk (O) ve 10 dk (T) dayanıklılık antrenmanı. 5 dk dönüşümlü şekilde 60 ve 90 devir pedal temposu arasında geçiş yapın. 2 seri yokuş yukarı, 1 seri düz yolda.	1-2-3	4,5	
Perşembe	Dinlenme			
Cuma	Spor salonunda güç antrenmanından sonra yokuş yukarı depar antrenmanı; 6x12 sn süreli 2 seri. Egzersize bisikletinizi çok yavaş sürerek başlayın ve neredeyse duracakken aniden fırlayın, yokuşun sonuna kadar bütün yol boyunca oturur durumda kalarak depar atın. Her bir yokuş deparından sonra, kaslarınızdaki gerginliği boşaltmak için 2 dk dinlenin. Seriler arasında 10 dk (Y).	1-4	2	Evet
Cumartesi	4 dk (T) 50 devir ve 4 dk (T) 90 devir hızda yokuş yukarı 5 seriden oluşan aerobik interval antrenman, seriler arasında 10 dk (Y). Sonra interval antrenman; düz bir yolda 52-53x13 ve maksimum hızda ve ayağa kalkarak 3x20 sn süreli 2 seri depar. Deparlar arasında 1 dk 40 sn ve seriler arasında 10 dk aktif dinlenme (Y). 20 km/s (12 mil/s) hızla sürerken aniden fırlayın.	1-3-4	4	
Pazar	3x(25 dk (O) - 10 dk (T) - 1 dk (MX)) dayanıklılık antrenmanı. Yokuş yukarı 80-90 devir gibi yüksek bir pedal temposunu koruyarak 2 seri yapın. Antrenmanın ikinci kısmında 25 dk (O) ve 10 dk (T) serisi yaparak bir motosikletin arkasında 105-110 devir gibi bir pedal temposunu koruyarak 1 dk aralıksız (MX) ile bitirin.	1-2-3-4	5	

15. Hafta için antrenman programı (Özel antrenmanlara geçiş döneminin 3. haftası)

Gün	Antrenman tanımı	Yoğunluk düzeyi	Saat	Kuvvet antrenmanı
Pazartesi	Basit dayanıklılık antrenmanı	1	1,5	
Salı	Spor salonunda güç antrenmanından sonra yokuş yukarı depar antrenmanı; 8x12 sn süreli 2 seri. Egzersize bisikletinizi çok yavaş sürerek başlayın ve neredeyse duracakken aniden fırlayın, yokuşun sonuna kadar bütün yol boyunca oturur durumda kalarak depar atın. Her bir yokuş deparından sonra, kaslarınızdaki gerilimi boşaltmak için düşük bir vitesle 2 dk dinlenin. Seriler arasında 10 dk (Y).	1-4	3	Evet
Çarşamba	3x20 dk (O) - 15 dk (T) ve 1 dk (MX) dayanıklılık antrenmanı. 5 dk dönüşümlü şekilde 70 ve 100 devir pedal temposu arasında geçiş yapın. 2 seri yokuş yukarı, 1 seri düz yolda.	1-2-3-4	4,5	
Perşembe	Dinlenme			
Cuma	Spor salonunda güç antrenmanından sonra yokuş yukarı depar antrenmanı; 8x12 sn süreli 2 seri. Egzersize bisikletinizi çok yavaş sürerek başlayın ve neredeyse duracakken aniden fırlayın, yokuşun sonuna kadar bütün yol boyunca oturur durumda kalarak depar atın. Her bir yokuş deparından sonra, kaslarınızdaki gerilimi boşaltmak için 2 dk dinlenin. Seriler arasında 10 dk Y.	1-4	3	Evet
Cumartesi	4 dk (T) 50 devir ve 4 dk (T) 90 devir hızda yokuş yukarı 5 seriden oluşan aerobik interval antrenman, seriler arasında 10 dk (Y). Sonra interval antrenman; düz bir yolda 52-53x13 ve maksimum hızda ve seleden ayağa kalkarak 3x20 sn süreli 2 seri depar. Deparlar arasında 1 dk 40 sn ve seriler arasında 10 dk aktif dinlenme (Y). 20 km/s (12 mil/s) hızla sürerken aniden fırlayın.	1-3-4	4	
Pazar	3x(25 dk (O) - 10 dk (T) - 2 dk (MX)) dayanıklılık antrenmanı. Yokuş yukarı 80-90 devir gibi yüksek bir pedal temposunu koruyarak 2 seri yapın. Antrenmanın ikinci kısmında 25 dk (O) ve 10 dk (T) serisinden sonra 15 dk (M) yapan bir motosikletin arkasında gidin ve 105-110 devir gibi bir pedal temposunu koruyarak 20 sn'lik (MX) yoğunlukta bir depar ile bitirin.	1-2-3-4	5	

16. Hafta için antrenman programı (Özel antrenmanlara geçiş döneminin 4. haftası)

Gün	Antrenman tanımı	Yoğunluk düzeyi	Saat	Kuvvet antrenmanı
Pazartesi	Basit dayanıklılık antrenmanı	1	1	
Salı	Spor salonunda güç antrenmanından sonra yokuş yukarı depar antrenmanı; 4x10 sn süreli 2 seri. Egzersize bisikletinizi çok yavaş sürerek başlayın ve neredeyse duracakken büyük bir vitesle aniden fırlayın, yokuşun sonuna kadar bütün yol boyunca oturur durumda kalarak depar atın. Her bir yokuş deparından sonra, kaslarınızdaki gerilimi boşaltmak için düşük bir vitesle 2 dk dinlenin. Seriler arasında 10 dk (Y).	1-4	1,5	Evet
Çarşamba	3x10 dk (O) - 5 dk (T) dayanıklılık antrenmanı. 5 dk dönüşümlü şekilde 70 ve 100 devir pedal temposu arasında geçiş yapın. 2 seri yokuş yukarı, 1 seri düz yolda.	1-2-3	2,5	
Perşembe	Dinlenme			
Cuma	Spor salonunda güç antrenmanından sonra yokuş yukarı depar antrenmanı; 4x10 sn süreli 2 seri. Egzersize bisikletinizi çok yavaş sürerek başlayın ve neredeyse duracakken büyük bir vitesle aniden fırlayın, yokuşun sonuna kadar bütün yol boyunca oturur durumda kalarak depar atın. Her bir yokuş deparından sonra, kaslarınızdaki gerilimi boşaltmak için düşük bir vitesle 2 dk dinlenin. Seriler arasında 10 dk (Y).	1-4	1,5	Evet
Cumartesi	3 dk (T) 50 devir ve 3 dk (T) 90 devir hızda yokuş yukarı 3 seriden oluşan aerobik interval antrenman, seriler arasında 10 dk (Y). Sonra interval antrenman; düz bir yolda 52-53x13 ve maksimum hızda ve seleden ayağa kalkarak 3x20 sn süreli 1 seri depar. Deparlar arasında 1 dk 40 sn ve seriler arasında 10 dk aktif dinlenme (Y). 20 km/s (12 mil/s) hızla sürerken aniden fırlayın.	1-3-4	2	
Pazar	3x12 dk (O) - 5 dk (T) dayanıklılık antrenmanı. Yokuş yukarı 80-90 devir gibi yüksek bir pedal temposunu koruyarak 2 seri yapın. Antrenmanın ikinci kısmında 25 dk (O) ve 10 dk (T) serisinden sonra 15 dk (M) yapan bir motosikletin arkasında gidin ve 105-110 devir gibi bir pedal temposunu koruyarak 20 sn'lik (MX) yoğunlukta bir depar ile bitirin.	1-2-3-4	2,5	

ANTRENMAN PROGRAMLARI

17. Hafta için antrenman programı (Yarış aşamasının 1. haftası)

Gün	Antrenman tanımı	Yoğunluk düzeyi	Saat	Güç antrenmanı
Pazartesi	Basit dayanıklılık antrenmanı, güç antrenmanı sonrası çevikliğin geri kazanımı	1	1	Evet
Salı	10x40 sn (T) - 20 sn (Y) hızda yokuş yukarı 3 seriden oluşan aerobik interval antrenman. (T)'deki pedal temposu 60 devirden 90 devire çıkmalı ve (Y)'de 60-70 devir civarında olmalı. Seriler arasında 10 dk (Y). Güç düzeyleri anaerobik eşiğin %200'üne kadar çıkmalı. Ama nabız anaerobik eşiği geçmemeli!	1-3	3,5	
Çarşamba	3x25 dk (O) - 5 dk (T) dayanıklılık antrenmanı. 5 dk dönüşümlü şekilde 60 ve 100 devir pedal temposu arasında geçiş yapın. 2 seri yokuş yukarı, 1 seri düz yolda.	1-2-3	5	
Perşembe	Dinlenme			
Cuma	Hızınızı geliştirme amaçlı 20 sn uzunluğunda 3 giriş ve çıkışlı basit dayanıklılık antrenmanı. Deparlar arasında dinlenme (Y): en az 5 dk!	1-4	2	
Cumartesi	Basit dayanıklılık antrenmanı	1	1	
Pazar	150 km yol yarışı	1-2-3-4	4	

18. Hafta için antrenman programı (Yarış aşamasının 2. haftası)

Gün	Antrenman tanımı	Yoğunluk düzeyi	Saat	Güç antrenmanı
Pazartesi	%50'de bir güç antrenmanı yapın (yani normal değerlerin %50 oranında azaltılmış setler ve tekrarlar içeren hali)	1	1	Evet (%50)
Salı	Yavaş ve orta yoğunlukta ve karışık arazi üzerinde 3 ila 4 saat süreli dayanıklılık sürüşü	1-2	3,5	
Çarşamba	Dinlenme			
Perşembe	Basit dayanıklılık antrenmanı	1	1	
Cuma	Etaplı bir yarışın ilk etabı (giriş). En az 30 dk boyunca ısının!	1-2-3-4	1	
Cumartesi	İkinci etap	1-2-3-4	4	
Pazar	Üçüncü etap	1-2-3-4	4